ES LEBE DER TOD

HEINRICH JAENECKE

ES LEBE DER TOD

EIN
STERN
BUCH

Herausgeber: Henri Nannen
Redaktion: Hans-Joachim Maass
Gestaltung: Dietmar Meyer, Ekkhart Blunck
Produktion: Druckzentrale G+J
Druck: Gerhard Stalling AG, Oldenburg

1. Auflage 1980
ISBN: 3-570-01771-0

INHALT

Vorwort

Dies ist ein ungeheurer Sieg des Faschismus, vielleicht der größte bisher", schrieb der italienische Außenminister Graf Ciano am 28. März 1939 in sein Tagebuch. Es war der Tag, an dem Francos Truppen in Madrid einzogen, das Ende des Spanischen Bürgerkrieges. Für den geschlagenen Gegner, die europäische Linke, blieb es bis heute die Stunde der tiefsten Demütigung.

Wir wissen immer noch wenig über die spanische Tragödie. Der Zweite Weltkrieg, der kurz danach ausbrach, hat die Auseinandersetzung mit diesem Kapitel der Zeitgeschichte überlagert. Dennoch ist uns der Spanische Bürgerkrieg auf beklemmende Weise nahe geblieben. Es war kein Bürgerkrieg im herkömmlichen Sinn. Spanien hat damals den großen europäischen Bürgerkrieg dieses Jahrhunderts auf seinem Boden ausgetragen und mit 600 000 Toten und der Verwüstung des Landes bezahlt.

Der Krieg wurde von Anfang an durch Legenden verklärt und verdunkelt, auf der Rechten wie auf der Linken. Doch die Fronten verliefen nicht so geradlinig, wie es heute manchen Romantikern erscheint. In diesem Krieg wurden drei Kriege zugleich geführt: Der Krieg der Spanier untereinander, der Krieg der Achsenmächte gegen die Sowjetunion und schließlich der innere Krieg der Linken. Dieser Bürgerkrieg im Bürgerkrieg stellt die eigentliche Tragödie der Republik dar.

Ohne die Zersplitterung der Linken, ohne den Kampf aller gegen alle hinter der Front hätte Franco schwerlich gesiegt. Nicht die Bomber der Legion Condor zermürbten den Widerstandswillen der Republik, sondern die Unfähigkeit der Linken, ihre sektiererischen Strategien zu überwinden und eine gemeinsame Antwort auf die Bedrohung zu finden. Ihr Versagen wiegt um so schwerer, als das Recht auf ihrer Seite war. Selten wurde so viel Engagement so bitter enttäuscht. Die Folgen reichen bis in unsere Tage.

Die Literatur über den Spanischen Bürgerkrieg geht inzwischen ins Uferlose. Hunderte von Einzeluntersuchungen und Memoiren sind in den letzten zehn Jahren hinzugekommen. Dieses Buch kann und will keine neuen Details liefern. Es will als Erzählung gelesen werden, als Bericht über eine europäische Tragödie, die in Deutschland weitgehend aus dem politischen Bewußtsein entschwunden ist, obwohl Deutsche einen entscheidenden Anteil an ihr hatten.

Der Bericht erschien zuerst als Serie im „Stern". Er wurde für das Buch wesentlich erweitert und um einen Anhang ergänzt, der zeitgenössische Stimmen zu Wort kommen läßt. Aus ihnen klingen selbst nach über vier Jahrzehnten noch jene Leidenschaft und jenes Pathos, die den spanischen Krieg zu einem ideologischen Weltkrieg machten.

Der bürgerliche Demokrat und Republikaner Salvador de Madariaga schrieb vor 30 Jahren in einer Analyse des Bürgerkrieges: „Es mag manchmal scheinen, als hätte ich die Irrtümer und Schwächen der Linken stärker hervorgehoben als die der Rechten. Der Grund ist, daß wir für unsere Zukunft mehr von der Linken erwarten als von der Rechten. Deshalb hat die Linke die Kritik besonders nötig."

Ich möchte diese Bemerkung als Motto für dieses Buch übernehmen.

H.J.

1. KAPITEL

EINE REPUBLIK WIRD ERMORDET

Warten auf die Stunde X: General Franco und sein Stab im Juni 1936 auf Teneriffa

Der Juli 1936 lastete mit brütender Hitze über Europa. Wer es sich leisten konnte, machte Ferien. Die Seebäder von Nizza bis Zoppot waren so voll wie nie. Die Zeitungen hatten Sauregurkenzeit. Für eine Weile konnte man sogar die Politik vergessen.

Das ganze Jahr über hatten die Fanfarenstöße der faschistischen Ära die Welt in Atem gehalten. Mussolini eroberte Abessinien und proklamierte die Wiedererrichtung des römischen Imperiums. Hitlers neue Wehrmacht marschierte in das entmilitarisierte Rheinland ein, und in Berlin übte die HJ seit Wochen Massenaufmärsche für die Olympischen Spiele. Das ,,Fest der Jugend" im August sollte eine Triumphschau des nationalsozialistischen Staates werden.

Jetzt erstickte der Sommer all das Getöse unter einer Hitzeglocke. Die Gespräche auf den Strandpromenaden drehten sich um harmlosere Sensationen – den neuen König von England, das Luftschiff ,,Hindenburg", die Freikörperkultur und die schwarzen Athleten aus Amerika. Aber die Ruhe war trügerisch. Es blieben Europa nur noch wenige Tage, bis es von einer Explosion erschüttert wurde, die einen neuen Weltbrand ankündigte. In jenen Tagen wurden in Madrid die letzten Fäden einer weitgespannten Verschwörung geknüpft. Ihr Ziel war einfach: Beseitigung der Demokratie in Spanien und Errichtung einer Militärdiktatur. Keiner der Beteiligten sah voraus, daß ihr Unternehmen einen dreijährigen Krieg auslösen würde – einen Krieg, der Spanien zum Manöverfeld der Großmächte machte und alles vorwegnahm, was später folgte, alle Greuel, alle Lügen, alle Illusionen – und den Verrat der Ideale im Namen der Ideologien.

Ende Juni war die Verschwörung so weit abgeschlossen, daß die Vorbereitungen beginnen konnten. Am Abend des 5. Juli klingelte das Telefon bei einem spanischen Journalisten in London. Der Mann hieß Luis Bolín. Er war Korrespondent der Madrider Zeitung ,,ABC", des führenden konservativen Blattes Spaniens. Aber Luis Bolín war mehr als ein Korrespondent. Verschwägert mit der Aristokratie Englands und Spaniens, war er in allen wichtigen Klubs von Madrid und London zu Hause, kannte die Leute, über die man nicht schreibt, und war in allerlei Dinge verwickelt, für die gewöhnliche Korrespondenten weder Zeit noch Neigung haben.

Auch an jenem 5. Juli 1936, als bei Luis Bolín das Telefon klingelte, ging es nicht um einen Bericht für ,,ABC". Der Anruf kam aus dem französischen Biarritz. Am Apparat war Bolíns Chef, der ,,ABC"-Verleger Marquis de Luca de Tena. Er gehörte zu einer der reichsten und mächtigsten Familien Spaniens. Der Marquis gab seinem Korrespondenten und Vertrauten folgenden Auftrag:

,,Chartern Sie bitte in England ein Flugzeug. Es muß eine absolut zuverlässige Maschine sein, die in der Lage ist, ohne Zwischenlandung von den Kanarischen Inseln nach Spanisch-Marokko zu fliegen. Ein Spanier namens Mayorga bei Kleinworts Bank in London wird Ihnen das nötige Geld aushändigen. Beeilen Sie sich. Die Maschine muß kommenden Samstag, den 11. Juli, in Casablanca sein. Der Pilot bleibt dort im Carlton-Hotel. Er wartet auf einen Mann, der sich ihm gegenüber mit dem Losungswort ‚Galizien grüßt Frankreich' ausweist. Dieser Mann wird dem Piloten weitere Anweisungen geben. So wie es jetzt aussieht, wird die Maschine von Casablanca nach den Kanarischen Inseln fliegen, um dort einen Passagier abzuholen und nach Spanisch-Marokko zu bringen. Der Pilot soll sich in Teneriffa bei einem Arzt namens Gabarda melden. Er wohnt in Santa Cruz in der Straße Viera y Clavijo Nr. 52. Ihm sagt der Pilot das Losungswort, das er in Casablanca gehört hat, und meldet ‚Die Maschine ist eingetroffen'. Haben Sie das alles verstanden? – In Ordnung, viel Glück!"

Damit hängte der Marquis auf. Luis Bolín war sehr stolz über den Auftrag. Er hatte keinen Zweifel, wer der Passagier war, der aus Teneriffa abgeholt werden sollte: General Franco, Militärgouverneur der Kanarischen Inseln, die Hoffnung der Rechten. Francisco Franco war das Wunderkind der Armee. Er war der jeweils jüngste Hauptmann, Major, Oberst und schließlich mit 39 Jahren der jüngste General Spaniens. Dabei war er völlig farblos, ein Mann, über den es keine Kasino-Anekdoten, keine Frauengeschichten, keine Heldenlegenden, überhaupt nichts gab. Er soff nicht einmal. Er war nur tüchtig.

Politisch galt er lange Zeit als neutral, so daß ihn die Republik mit 40 Jahren zum Generalstabschef ernannte. Als sich jedoch im Frühjahr 1936 die Putschgerüchte verdichteten und immer häufiger Francos Name fiel, wurde er auf den weitest entfernten Posten versetzt, der in Spanien zu vergeben war, eben auf die Kanarischen Inseln. Dort war er praktisch ein Gefangener der Regierung. Ohne Genehmigung des Kriegsministeriums durfte der Militärgouverneur nicht einmal von einer Insel zur anderen reisen.

So brauchte Luis Bolín auch nicht lange zu raten, was Franco in Marokko sollte: Dort standen die besten und zuverlässigsten Truppen Spaniens, die Fremdenlegion und die marokkanischen Söldner, die „Moros", zusammen rund 34 000 Mann. Franco besaß ihr Vertrauen. Er war in den zwanziger Jahren selbst Kommandeur der spanischen Fremdenlegion gewesen. Wenn er jetzt nach Spanisch-Marokko flog, konnte das nur heißen, daß er die Führung einer militärischen Erhebung übernehmen würde.

„Es war die Stunde, auf die ich seit Jahren wartete", schrieb Bolín später. Er wollte diese Stunde nicht in London verschlafen, sondern sie an der Seite Francos erleben. So startete er am 11. Juli morgens um 7.15 Uhr auf dem Londoner Flughafen Croydon mit einer zweimotorigen de Havilland. Sie trug die Registernummer G-ACYR und den exotischen Namen „Dragon Rapide", Schneller Drache. Am Steuerknüppel saß der britische Pilot Cecil Bebb. Mit von der Partie waren ein pensionierter englischer Major namens Hugh Pollard und zwei junge Damen. Die eine war die Tochter Pollards, die andere ihre Freundin. Das Ganze sah aus wie der exzentrische Sommerspaß einiger gelangweilter Briten. Und so sollte es auch aussehen. Der Todesstoß gegen die spanische Demokratie wurde nach dem Textbuch einer billigen Komödie geführt.

Zwischen Rechts und Links

Die spanische Republik lag indessen schon in Agonie, als der „Dragon Rapide" in Croydon startete. Genaugenommen war sie seit ihrer Geburt nie zu Kräften gekommen. Sie war erst fünf Jahre alt, aber diese fünf Jahre waren eine einzige Kette von Wirren, so wie die ganze spanische Geschichte des 19. und 20. Jahrhunderts. In den hundert Jahren von 1833 bis 1931 hatte es drei Bürgerkriege, sieben Staatsstreiche, eine kurzfristige Republik und ein halbes Dutzend sich gegenseitig aufhebender Verfassungen gegeben. Die Dynastie der spanischen Bourbonen erwies sich als unfähig, auch nur ein einziges der spanischen Probleme zu lösen, obwohl diese Probleme immer die gleichen blieben. Spaniens Lebensfragen hießen seit hundert Jahren: Großgrundbesitz oder Landreform, Zentralstaat oder Autonomie für Basken und Katalanen, Staatskirche oder laizistischer Staat, Autoritarismus oder Demokratie.

Spaniens letzter König, Alfons XIII., versuchte es zum Schluß mit der Diktatur. Er setzte 1923 den General Primo de Rivera als Diktator ein – und setzte ihn sieben Jahre später wieder ab, als der General sich als ebenso erfolglos erwies wie alle früheren Regierungschefs. Es gehört zur Ironie der Geschichte, daß Alfons XIII. in der glanzlosen Reihe der Bourbonen-Könige einer der wenigen politisch denkenden Monarchen war. Er sah die Gefahr eines neuen Bürgerkrieges auf das Land zukommen, und das einzige, was er tun konnte, um diesen Krieg zu verhindern, war zu gehen. Als bei den Kommunalwahlen im April 1931 die republikanischen Parteien die Mehrheit in fast allen Städten gewannen, warf er das Handtuch und verließ sang- und klanglos das Land. Niemand erhob sich, um ihn zum Bleiben zu bewegen.

Damit war die spanische Monarchie erloschen. Kein Aufstand, kein Militärputsch hatte sie hinweggefegt. Sie war ohne einen einzigen Schuß von selbst zusammengebrochen wie ein morscher Stamm, der eines Tages unter einem leisen Windhauch fällt.

Unbeschreiblicher Jubel erfüllte im April 1931 ganz Spanien. „Die Revolution war so sauber vor sich gegangen", schreibt Salvador de Madariaga, „so unbefleckt von jeder Ausschreitung, so klar in ihrem geordneten Ausdruck der öffentlichen Meinung, daß das erste Gefühl, das ihr Triumph in den Herzen aller Republikaner erweckte, das Gefühl stolzer Freude war. Spanien hatte der Welt gezeigt, daß eine der ältesten Monarchien Europas von der geistigen Kraft der Demokratie mit einem sauberen Streich gefällt werden konnte, ohne daß dabei im ganzen Land auch nur eine Fensterscheibe zu Bruch ging. Es ist schon richtig, die Republik ist lächelnd gekommen und verdiente sehr wohl den wunderlichen Namen, den ihr im 19. Jahrhundert ihre getreuen Verschworenen zu geben pflegten: ,La niña bonita', das schöne Mädchen."

Doch das ,,schöne Mädchen" erwies sich bald als anämisch, ja als todkrank. Die Republik war ebenso außerstande, die spanischen Lebensfragen zu lösen wie die Monarchie. Die Staatsform hatte sich geändert, die Probleme blieben die gleichen. Nach wie vor zog sich durch die Nation ein Graben, der die Spanier in zwei unversöhnliche Lager teilte, die ,,Traditionalisten" und die ,,Progressisten". Diese beiden Lager bildeten das einzige Kontinuum in der ganzen chaotischen Geschichte des Landes. Sie hatten alle Bürgerkriege und Umstürze überlebt, und sie standen sich in der Republik mit größerem Haß als je zuvor gegenüber.

Alfons XIII.

Die ,,Traditionalisten", das waren die Monarchisten, der Adel, die Kirche, die Großgrundbesitzer, das katholische Bürgertum und das Offizierskorps. Diese Gruppen waren nicht einfach konservativ wie die gleichen Gesellschaftsschichten in West- und Mitteleuropa. Sie waren auf eine irrationale Weise reaktionär. Ihre Ideologie war die ,,Hispanidad", ein mystischer Glaube an die Größe, Auserwähltheit und historische Sendung Spaniens. Es war jener Glaube, der den Konquistadoren so ein erstaunlich ruhiges Gewissen gab, als sie die alten Kulturen der Inkas und Azteken zerstörten.

Das Lager der Traditionalisten bestand jedoch nicht nur aus den Reichen und Mächtigen. Im Norden Spaniens, in Navarra, gab es eine breite antirepublikanische Massenbewegung, die ,,Karlisten". Sie waren fanatische Katholiken und Monarchisten, hatten sich in den blutigen Bürgerkriegen des 19. Jahrhunderts den Ruf erworben, eher zu sterben als zu kapitulieren, und stellten mit 30 000 rotbemützten ,,Requetés" eine einsatzbereite Insurgentenarmee.

Die Karlisten unterhielten Kontakte zu Mussolini. Der Duce hatte ihnen schon 1934 Waffenhilfe zugesagt, falls sie sich gegen die Republik erhöben. Seither ließen sich die Rotmützen in Italien militärisch ausbilden und legten in den Pyrenäen Waffenlager an.

Weitere Verstärkungen erhielten die Antirepublikaner Anfang der dreißiger Jahre durch eine ganz neue Gruppe, die ,,Falange" (Phalanx). Es war eine klassische faschistische Bewegung. Ihr Führer war José Antonio Primo de Rivera, ein Sohn des Diktators, der unter Alfons XIII. regiert hatte . Die ,,Falange" kopierte die Ideologien Mussolinis und Hitlers, übernahm den faschistischen Gruß und gab sich eine ähnliche Uniform. Zur Unterscheidung von den italienischen Schwarzhemden und den deutschen Braunhemden trugen die Falangisten Blau. Sie waren zahlenmäßig nicht sehr stark, konnten nie ein Parlamentsmandat über eigene Listen gewinnen, machten aber schnell von sich reden, da sie den terroristischen Kampfstil der SA übernahmen. Geld und gute Ratschläge bekam die Falange von der Auslandsorganisation der NSDAP, die in spanischen Großstädten Zweigbüros unterhielt.

Auf der anderen Seite standen die ,,Progressisten", die Republikaner, auch sie ein buntgeschecktes Lager, zusammengehalten nur durch die Rundum-Verteidigung gegen die gemeinsamen Todfeinde. Ihr authentischer Kern waren die Liberalen, die staatstragende Kraft der Republik. Aber die Liberalen waren in fünf Parteien zersplittert, obwohl im Grunde alle das gleiche wollten: ein fortschrittliches, aufgeklärtes Spanien, in dem die Kirche nichts zu sagen hatte und im übrigen alles vom Parlament entschieden wurde – kurz, ein Spanien wie Frankreich. Die Liberalen stellten bis zum bitteren Ende den Präsidenten der Republik, aber sie waren die schwächste von allen politischen Gruppen in Spanien.

Den stärksten Block im republikanischen Lager bildete die Spanische Sozialistische Arbeiterpartei (PSOE). Ihre Basis war der Gewerkschaftsbund UGT (Unión General de Trabajadores), mit 1,5 Millionen Mitgliedern eine der größten Gewerkschaften Europas. Ihr Chef, zugleich erster Mann der Sozialistischen Arbeiterpartei, war Francisco Largo Caballero, schon zu Lebzeiten eine Legende. Er hatte erst mit 24 Jahren lesen gelernt, aber es gab in ganz Spanien keinen, der mehr Menschen mobilisieren konnte als der große alte Demagoge. Im Spektrum des europäischen Sozialismus stand er auf der äußersten Linken, ein klassischer Marxist des 19. Jahrhunderts.

Francisco Largo Caballero

Das Unglück der Republik war die Spaltung der Linken. Denn als einziges Land der Welt besaß Spanien neben den Sozialisten eine anarchistische Arbeiterbewegung. Ihr Kampfinstrument war der Gewerkschaftsbund CNT (Confederación General del Trabajo), mit einer Million Mitgliedern fast so stark wie die sozialistische UGT.

Die Anarchisten beherrschten Katalonien, vor allem Barcelona, damals das größte Industriezentrum Spaniens. Und so wie die Verfechter der „Hispanidad" auf der Rechten, verkörperten die Anarchisten auf der Linken die spanische Irrationalität. Ihr Programm war ein großes, todernstes Nein. Sie lehnten den Staat schlechthin ab. Jeden Staat. Auch die Republik. Sie boykottierten die Wahlen und waren deshalb nie im Parlament vertreten. Sie wollten die Revolution und sonst nichts.

Der spanische Anarchismus oder „freiheitliche Kommunismus" (Comunismo libertario), wie er oft von seinen Anhängern genannt wurde, hatte seine Wurzeln im Landproletariat des agrarischen Südens. Nirgendwo sonst in Spanien war die Kluft zwischen Besitzenden und Besitzlosen so groß wie auf den Latifundien Andalusiens oder der Extremadura. Die Gutsherren besaßen alles, einschließlich der Macht über Leib und Leben ihrer Tagelöhner, die Proletarier dagegen besaßen nichts als das Hemd, das sie auf dem Leib trugen. In diesem Milieu entwickelte sich der mystische Glaube an den radikalen Umsturz, an die Abschaffung der Herrschaft, an die Zerschlagung der Kirche, die immer zur Herrschaft hielt, an die Wiederherstellung des Gemeineigentums, an eine Gesellschaft, in der es kein Geld, keine Polizei und keine Richter mehr geben würde.

In dieser radikalen Utopie war kein Platz für den Gedanken der politischen Evolution, für Staatstheorien, für den „wissenschaftlichen Sozialismus" oder gar für Parlamente und Wahlen. Die spanischen Anarchisten vertrauten nur auf eines: auf die Macht des Dynamits. Kein guter Anarchist, der nicht in seiner Jugend wenigstens einmal einen Posten der Guardia Civil, der verhaßten Land-Gendarmerie, überfallen, der nicht wenigstens einmal eine Bombe geworfen oder eine Eisenbahnlinie gesprengt hatte.

Die landlosen Proletarier, die um die Jahrhundertwende zu Zehntausenden aus dem Süden in das aufstrebende Barcelona einwanderten, brachten den Anarchismus mit nach Katalonien. So wurde die am weitesten entwickelte Region Spaniens paradoxerweise zur Hochburg nicht nur des spanischen, sondern des europäischen Anarchismus. In den Industriezentren um Barcelona entstand der Anarcho-Syndikalismus, eine gewerkschaftliche Form des „freiheitlichen Kommunismus". Er lehnte jede Zusammenarbeit mit dem „bürgerlichen Staat" ab und sah sein Ziel, ähnlich wie der Agraranarchismus, in der Kollektivierung der Wirtschaft, in der Umwandlung der Betriebe in selbständig operierende Genossenschaften. Der Anarcho-Syndikalismus lehnte nicht nur den Kapitalismus, sondern auch die marxistischen Modelle der Sozialisten und Kommunisten ab. „Der revolutionäre Syndikalismus", heißt es in der Prinzipienerklärung der anarchistischen Internationale von 1922, „erstrebt nicht die Eroberung der politischen Macht, sondern die Ausschaltung jeder staatlichen Funktion aus dem Leben der Gesellschaft. Er ist der Meinung, daß zusammen mit dem Monopol des Besitzes auch das Monopol der Herrschaft verschwinden muß und daß der Staat in jeder Form, auch in der Form der sogenannten ‚Diktatur des Proletariats', niemals ein Werkzeug für die Befreiung der Arbeit, sondern immer nur der Schöpfer neuer Monopole und neuer Privilegien sein kann."

Ende der zwanziger Jahre entstand in Spanien ein politisches Instrument des Anarcho-Syndikalismus, die „Federación Anarquista Ibérica" (FAI). Sie blieb allerdings immer ein Geheimbund, eher ein ideologischer Debattierklub als eine politische Partei. Das Millionenheer der CNT, das der schwarz-roten Fahne als dem Sturmbanner der Revolution verschworen war, akzeptierte keine Führer und keine Parteiorganisationen. Es wartete ungeduldig auf den Tag, an dem die Pistolen und Gewehre, die fast jeder unter dem Bett oder im Schrank hatte, endlich scharf geladen werden konnten.

Dem Abgrund entgegen

Die fünf „Friedensjahre" der Republik waren nichts anderes als eine teils offene, teils verdeckte Vorbereitung auf den Bürgerkrieg. Bei den ersten Wahlen 1931 hatte die Linke die Mehrheit in den Cortes, dem Madrider Parlament, gewonnen. Die neue Verfassung trug ihre Handschrift. Sie verwandelte Spanien in eine „demokratische Republik der Arbeitenden aller Klassen" – so die Präambel. Staat und Kirche wurden getrennt, die Ehescheidung und das Frauenwahlrecht eingeführt. Basken und Katalanen erhielten das langersehnte Recht zur Autonomie mit eigenen Parlamenten und Regionalregierungen. Für ganz Spanien wurde eine Agrarreform beschlossen. Sie sah die stufenweise Enteignung des Großgrundbesitzes vor.

Doch auch unter der liberalen Verfassung dauerten die Unruhen an. Die Anarchisten sahen in den Reformen einen Freibrief zur Gewalt. Kirchen und Klöster gingen in Flammen auf, Güter wurden besetzt, Polizisten ermordet. Auf der anderen Seite unternahm die Rechte schon ein Jahr nach Ausrufung der Republik den ersten Militärputsch unter Führung des Generals Sanjurjo. Das Unternehmen scheiterte an der dilettantischen Vorbereitung, Sanjurjo mußte nach Portugal fliehen.

Im Jahr darauf brachten Neuwahlen einen Rechtsruck. Millionen Frauen, die erstmals ihre Stimme abgaben, folgten nicht dem politischen Rat ihrer Männer, sondern dem Hirtenbrief der katholischen Bischöfe, die vor den gottlosen Roten warnten. Die neugegründete katholische CEDA (Confederación Católica Española de Derechas Autónomas – Spanischer Katholischer Bund der Unabhängigen Rechten) unter Führung des Hitler-Bewunderers Gil Robles wurde stärkste Partei des Landes. Der Liberale Alejandro Lerroux bildete eine Mitte-Rechts-Regierung.

Die Antwort der Linken auf den Wahlsieg der Rechten war eine Welle von neuen Terroranschlägen und politischen Streiks, die schließlich in offenen Aufruhr übergingen. 1934 schien Spanien im Chaos zu versinken: Die UGT proklamierte den Generalstreik, in Barcelona riefen die Separatisten ein unabhängiges Katalonien aus, und in Asturien eroberten aufständische Bergarbeiter mit Waffengewalt die Macht in der wichtigen Industriezone des Nordens.

Die Regierung schlug mit großer Härte zurück. Der Generalstreik der Sozialisten wurde gebrochen, die gesamte Parteiführung mit Largo Caballero an der Spitze verhaftet und zu langjährigen Freiheitsstrafen verurteilt. Über Katalonien wurde das Kriegsrecht verhängt, die soeben erst gewährte Autonomie wieder aufgehoben. Die Führer der katalanischen Nationalisten wanderten ebenso wie die Sozialisten ins Gefängnis, darunter der Präsident der „Generalidad" (der katalanischen Regionalregierung) Luis Companys.

Der Bergarbeiteraufstand in Asturien wurde von der Armee niedergewalzt. Zum Chef der Operation ernannte Kriegsminister Gil Robles den General Francisco Franco, zu jener Zeit Staatssekretär im Kriegsministerium. Franco holte seine alte Truppe, die Fremdenlegion, aus Marokko und kartätschte die Bergarbeiter zusammen, die sich mit Dynamit wehrten. Bilanz: rund 1600 Tote, davon 1 300 Bergarbeiter und 300 Soldaten und Polizisten. Tausende von Arbeitern wurden verhaftet und verurteilt. Insgesamt saßen Ende 1934 etwa 30 000 Spanier wegen politischer Straftaten in Haft.

Doch die Mitte-Rechts-Regierungen konnten sich wegen der instabilen Mehrheitsverhältnisse in den Cortes ebensowenig halten wie zuvor die Mitte-Links-Regierungen. Nach der 26. Regierungskrise der Republik wurden die Cortes Anfang 1936 abermals aufgelöst und Neuwahlen ausgeschrieben. Es waren die spanischen Schicksalswahlen. Die Rechte wie die Linke wußten, daß es diesmal nicht um eine normale parlamentarische ,,Wachablösung'' ging, sondern um eine unwiderrufliche historische Entscheidung über den politischen Weg des spanischen Volkes. Beide Seiten machten klar zum Gefecht.

Für die Mitte gab es längst keine Chance mehr. Rechts und links organisierten sich jetzt auch formell in Wahlblöcken, die Linke in der ,,Frente Popular'' (Volksfront), die Rechte in der ,,Frente Nacional'' (Nationale Front). Es waren die vorweggenommenen Fronten des Bürgerkrieges, der fünf Monate später ausbrach.

Die Volksfront umfaßte drei linksliberale Parteien (die ,,Republikanische Linke'', die ,,Republikanische Union'' und die katalanische ,,Esquerra''), die Sozialistische Partei (PSOE) und die Kommunistische Partei Spaniens (PCE). Die Anarchisten beteiligten sich wie üblich nicht an den Wahlen, sie gehörten formell nicht zur Volksfront.

Die Kommunisten hatten bis dahin im politischen Leben Spaniens so gut wie keine Rolle gespielt. Die Partei besaß 1936 knapp 10 000 Mitglieder, verschwindend wenig im Vergleich zu den Millionenheeren der Sozialisten und Anarchisten. Erst 1933 war die PCE erstmals in die Cortes eingezogen. Im Schatten der mächtigen PSOE und ihres Gewerkschaftsbundes und im Schatten der Anarchisten und der CNT konnte keine linke ,,Konkurrenz'' aufkommen. Die spanischen Kommunisten waren ohne Tradition, ein Häuflein abtrünniger Sozialisten und Anarchisten, das brav an der Leine der Komintern ging und jede stalinistische Schwenkung getreulich mitmachte. Die ,,Volksfront'' war die neueste Parole aus Moskau, erst wenige Monate zuvor vom Generalsekretär der Komintern, Georgi Dimitrov, verkündet. ,,Volksfront'' bedeutete Abkehr vom erbitterten Kampf gegen Sozialisten und bürgerliche Demokraten und statt dessen gemeinsame Frontstellung gegen den Faschismus. In Spanien wurde das Modell erstmals in der Praxis erprobt. Die Gegner von gestern wurden zu umworbenen Verbündeten, die ,,Sozialfaschisten'' wieder zu ,,lieben Genossen''. Die neue Taktik trug ihre Früchte. Unter dem Dach der Volksfront schlug die Stunde der spanischen Kommunisten.

Auf der anderen Seite sammelte sich die Rechte in der ,,Nationalen Front'': die katholisch-konservative CEDA, die Monarchisten, Karlisten, Agrarier (Großgrundbesitzer) und Falangisten. Sie knüpften eifrig Fäden zur Armeeführung und zur Guardia Civil, der paramilitärischen Gendarmerie, und sie erhielten Geld und Waffen aus Deutschland und Italien.

So traten die beiden Spanien am 16. Februar 1936, insgeheim schon zum Krieg gerüstet, noch einmal zur Wahl an. Der Wahlkampf verlief erstaunlich ruhig. Es schien, als sei das Land in letzter

Minute zur Vernunft zurückgekehrt. Die Wahl brachte einen klaren Sieg der Linken. Die Volksfront erhielt in den neuen Cortes die absolute Mehrheit, die Sozialisten wurden mit 99 Abgeordneten stärkste Partei, gefolgt von der bürgerlich-liberalen ,,Izquierda Republicana" (IR), der Republikanischen Linken, mit 87 Mandaten. Die Kommunisten errangen mit 17 Sitzen einen Achtungserfolg.

Erster Ministerpräsident der neuen Volksfront-Regierung wurde IR-Chef Manuel Azaña. Er bildete eine liberale Minderheitsregierung, die nur aus Vertretern der nicht-sozialistischen Volksfrontparteien bestand. Seine erste Maßnahme war eine Amnestie für alle politischen Gefangenen, die seit den Unruhen von 1934 im Gefängnis saßen, darunter der Chef der Sozialisten, Largo Caballero, und der Führer der katalanischen ,,Esquerra", Luis Companys.

José Antonio Primo de Rivera

Doch die schwache Hoffnung, die 1931 begonnene Reformpolitik fortsetzen zu können, zerstob nach wenigen Tagen. Der Wahlsieg der Linken war für die Rechte das Signal zum Angriff. Bereits am Tag nach der Stimmenauszählung forderte der Sprecher der ,,Nationalen", der monarchistische Abgeordnete Calvo Sotelo, die Annullierung der Wahlen. Kurz darauf klopfte General Franco, der mittlerweile zum Generalstabschef avanciert war, bei Staatspräsident Alcalá Zamora mit dem gleichen Vorschlag an.

Die Regierung begriff, daß es jetzt um die Existenz der Republik ging. Sie traf administrative Abwehrmaßnahmen. Generalstabschef Franco und einige andere Befehlshaber wurden strafversetzt, Franco als Militärgouverneur auf die Kanarischen Inseln. Die Falange wurde verboten, ihr Führer José Antonio Primo de Rivera, der bei den Wahlen durchgefallen war, verhaftet.

Doch es gelang der Volksfront-Regierung nicht, die Lage unter Kontrolle zu bekommen. Der Terror entwickelte seine Eigendynamik. Täglich wurden Überfälle, Morde, Brandschatzungen gemeldet. Nicht nur die Rechte, sondern auch die Linke goß Öl ins Feuer. In der Sozialistischen Partei brach ein offener Streit zwischen dem reformistischen Flügel unter Indalecio Prieto und den revolutionären Marxisten unter Largo Caballero aus. Der UGT-Chef war während seiner Haftzeit noch radikaler geworden als vorher und sah sich jetzt als ,,spanischen Lenin". Während die Parlamentsfraktion unter Prieto die Volksfront-Regierung unterstützte, reiste Largo Caballero im Lande umher und predigte die ,,Revolution" und die ,,Diktatur des Proletariats". Der Republikaner Salvador de Madariaga, damals spanischer Vertreter beim Völkerbund, schrieb später erbittert: ,,Im Jahre 1936 spielten Largo Caballero und Franco genau die gleiche Rolle in der spanischen Geschichte. Beide stießen der Republik den Dolch in den Rücken, der eine von links, der andere von rechts."

Der letzte Versuch, die Katastrophe abzuwenden, war die Neuwahl des Staatspräsidenten. Die Volksfront zwang den bisherigen Amtsinhaber Alcalá Zamora zum Rücktritt, weil sie ihn im Verdacht hatte, einen eventuellen Rechtsputsch zu unterstützen. Sein Nachfolger wurde der bisherige Ministerpräsident Manuel Azaña. Sein Parteifreund, der Liberale Casares Quiroga, übernahm das Amt des Regierungschefs.

Doch damit änderte sich nichts. Der Terror verstärkte sich noch. Fast täglich ging irgendwo eine Kirche in Flammen auf, fast täglich wurde ein „Roter" von der Falange umgebracht. Aus dem Gefängnis heraus steuerte „José Antonio" die Terroraktionen seiner Truppe. Im April erschoß sie einen Richter, der einen Falangisten wegen Mordes zu 30 Jahren verurteilt hatte. Kurz darauf verübte die Falange ein Attentat auf Azaña, ermordete einen Polizeioffizier und schoß beim Begräbnis des Opfers in den Trauerzug. Beim anschließenden Feuergefecht mit der Polizei gab es zwölf Tote.

Manuel Azaña

Auch der flotte Luis Bolín, der Franco von den Kanarischen Inseln abholte, rühmt sich seiner Hilfe für die Falangisten: „Im März/April 1936 brauchte José Antonio Maschinenpistolen, um seine Leute davor zu bewahren, von den Roten ermordet zu werden. Er bat mich in einer Botschaft [aus dem Gefängnis,] die Waffen zu besorgen und nach Spanien zu schmuggeln. Das Geschäft wurde innerhalb weniger Minuten erledigt. Die Waffen sollten in Deutschland besorgt und mit einer Hochseejacht in Champagnerkisten nach Portugal gebracht werden. Aber bevor die Maschinenpistolen eintrafen, brach der Bürgerkrieg aus."

Die Falange eskalierte den Terror von Tag zu Tag. Am 11. Juli, als Bolín in London startete, überfiel sie den Sender Valencia und verbreitete folgende Rundfunkbotschaft: „Hier spricht die Falange! Mut gefaßt! In wenigen Tagen geht die syndikalistische Revolution auf die Straße. Wir grüßen alle Spanier!"

Am nächsten Tag, dem 12. Juli, ermordete ein Falange-Kommando in Madrid wieder einen Polizeioffizier, den Hauptmann José del Castillo. Er hatte im April, bei jenem Feuergefecht auf dem Friedhof, einen Falangisten erschossen. Der Hauptmann gehörte zur republikanischen „Guardia de Asalto", der Bereitschaftspolizei. Diese Truppe nahm jetzt exemplarisch Rache. Ein Kommando holte am nächsten Tag den Führer der Monarchisten und einflußreichsten Sprecher der Nationalen Front, Calvo Sotelo, unter dem Vorwand aus seiner Wohnung, er möge zu einer Unterredung ins Polizeipräsidium kommen. Im fahrenden Auto wurde Calvo Sotelo durch Genickschuß getötet. Die Leiche warfen die Polizisten im Madrider Ostfriedhof aus dem Wagen. Es war der erste Fall einer Hinrichtungsart, die kurz darauf im Bürgerkrieg zur täglichen Praxis wurde.

Die Lawine rollt

Die Nationalen behaupteten später, der Mord an Calvo Sotelo habe den Spanischen Bürgerkrieg ausgelöst. Doch an jenem Tag war der Countdown der Verschwörer längst angelaufen: Der „Dragon Rapide" war auf Gran Canaria gelandet, die übrigen Mitverschworenen verständigt, die

Kontakte nach Berlin und Rom hergestellt. Die letzte Einsatzbesprechung der Offiziere fand am 12. Juli beim Abschluß der Routine-Manöver in Spanisch-Marokko statt. In der Wüstenfestung Llano Amarillo leisteten sich die Verschwörer den Treueschwur.

Der Plan sah so aus: Am 18. Juli sollten die Insurgenten schlagartig alle Garnisonen in Spanisch-Marokko in ihre Hand bringen. Am 19. Juli sollte Franco in Marokko landen, den Aufstand proklamieren und das Kommando übernehmen. Dann sollte die Afrika-Armee (Fremdenlegion plus Moros) von der Flotte auf das Festland übergesetzt werden. Dort sollten die Armeechefs die Macht in ihren Bereichen übernehmen: General Mola im Norden, General Goded in Barcelona, General Queipo de Llano im Süden. Im Zangengriff sollten sie auf Madrid marschieren (falls die Regierung überhaupt Widerstand leistete). Den Vorsitz der Generalsjunta sollte General Sanjurjo übernehmen, der seit dem mißglückten Putsch von 1932 im portugiesischen Exil lebte.

Alles war klar. In den staubigen Forts von Marokko fieberten die jungen Leutnants der Stunde X entgegen. Sie begrüßten sich auf der Straße mit dem Losungswort „Cafe", der Abkürzung für „Camaradas, arriba Falange Española!" (Kameraden, hoch die spanische Falange!).

Doch selbst in Marokko gab es noch republiktreue Offiziere. Am Morgen des 17. Juli erfährt der Platzkommandant von Melilla, General Romales, daß seine Offiziere putschen wollen. Der General tut zwei Dinge: Er verständigt zuerst das Kriegsministerium in Madrid und schickt dann ein Polizeikommando mit Hausdurchsuchungsbefehl zum Militärgeographischen Institut, wo die Verschwörer tagen.

Dreißig Minuten später betritt ein Oberst mit gezogener Pistole das Dienstzimmer des Generals.

„Herr General, bestehen Sie auf der Durchsuchung?" fragt der Oberst.

„Was erlauben Sie sich!" schreit Romales.

„Sie täuschen sich über die Situation, Herr General", antwortet der Oberst kühl. „Wenn Sie einmal aus dem Fenster sehen wollen . . ."

Der General zieht die Gardinen zurück. Die Kommandantur ist von Legionären umstellt. „Sie hören nur noch auf mein Kommando", sagt der Oberst. „Geben Sie mir Ihre Waffe, Herr General."

General Romales ist das erste Opfer des Bürgerkrieges. Er wird im Hof erschossen.

Über das Telefon des Generals alarmieren die Offiziere von Melilla alle Garnisonen in Marokko. Die Aktion rollt ab wie am Schnürchen, bloß einen Tag früher als vorgesehen.

Der Oberbefehlshaber der Afrika-Armee, General Gómez Morato, erfährt die Nachricht in der Garnison Larache durch ein Ferngespräch aus Madrid. Am Apparat ist Ministerpräsident Casarés Quiroga: „Was ist in Melilla los, General?"

„In Melilla? Nichts, wieso?"

„Weil die Garnison sich erhoben hat."

Der General fliegt nach Melilla und wird verhaftet. Am Abend ist ganz Marokko in den Händen der Insurgenten. Fremdenlegionäre und Moros haben alle Rathäuser, Postämter, Schulen und Parteilokale der Volksfront besetzt. Exekutionskommandos stellen alle führenden „Roten" an die Wand, und das sind alle, die nicht „Arriba Falange Española!" schreien. Das große Massaker beginnt.

Die letzte Bastion der Republik in Marokko ist das Generalkommando der Guardia Civil in Tetuan. Spät in der Nacht kommt der Funker noch einmal nach Madrid durch, zum Innenministerium: „Madrid! Madrid! Hier spricht Tetuan, Tetuan ... Madrid! Das Gebäude ist von Aufständischen umstellt, sie sind hier, sie kommen herauf! Madrid! Was soll ich tun?"

Ehe der Chef der Guardia Civil in Madrid etwas sagen kann, bricht der Kontakt ab. Marokko antwortet nicht mehr.

Zu dieser Stunde verläßt der Militärgouverneur der Kanarischen Inseln, General Francisco Franco, seinen Posten. Auf dem kleinen Flugplatz von Gran Canaria wartet Captain Bebb mit dem „Dragon Rapide". Um eventuelle Straßensperren zu umgehen, nähert sich Franco mit einem Boot von See her dem Flugplatz und watet durch das Wasser an Land. Er trägt Zivil und hat sich den Schnurrbart abrasiert. Ein Mitverschworener, der spätere spanische Botschafter in Rom, José Antonio de Sangróniz, hat ihm seinen Paß gegeben – für den Fall, daß es bei einer Zwischenlandung in Französisch-Marokko Komplikationen gibt. Am 19. Juli, morgens um 7 Uhr, landet Captain Bebb in Tetuan, der Hauptstadt Spanisch-Marokkos. Luis Bolín klopft dem Engländer auf die Schulter und sagt: „Eines Tages werden Sie begreifen, was Sie für uns getan haben." Der Pilot lacht. Er findet das Ganze noch immer sehr sportlich.

General Franco fährt zum Regierungsgebäude in Tetuan. Die Moros stehen den ganzen Weg Spalier. Der spanische Hochkommissar von Marokko ist verhaftet. Franco setzt sich an seinen Schreibtisch und vollzieht seine erste Amtshandlung. Er verkündet den Kriegszustand. In 15 Artikeln verfügt er unter anderem:

> Die Verfassung der Republik ist außer Kraft gesetzt;
> Publikationen jeder Art unterliegen der Militärzensur;
> Versammlungen jeder Art, auch in Cafés und Restaurants, sind verboten;
> Streiks sind verboten;
> Folgende Verbrechen werden standrechtlich geahndet: Rebellion, Meuterei, Widerstand, Ungehorsam, Beleidigung oder Verleumdung von Militärpersonen, Verteilung von Flugblättern oder subversiven Proklamationen sowie Anstiftung zu diesen Verbrechen.

Dieses Edikt blieb die Regierungsgrundlage für Franco bis zum letzten Tag seiner sechsunddreißigjährigen Herrschaft. Es bildete den Kern seiner politischen Philosophie und enthielt sein ganzes Instrumentarium. Es schloß mit den Worten „Viva España!".

Dann fragt Franco, was es Neues gibt. Ein Hauptmann reicht ihm ein Telegramm: ,,Spanische Kriegsschiffe kreuzen in verdächtiger Weise vor Ceuta. Sie blockieren den Hafen und antworten nicht auf unsere Signale."

Einige Stunden später weiß Franco, daß er in Marokko in einer Falle sitzt: Die Flotte macht den Putsch nicht mit. Ein entscheidendes Detail im Aufstandsplan ist fehlgeschlagen. Niemand hatte mit den Matrosen gerechnet:

Die Funker auf den Kriegsschiffen haben den Sprechverkehr der marokkanischen Garnisonen aufgefangen. Sie alarmieren die Besatzungen, die längst geheime Matrosenräte gebildet haben. Die Matrosen stürmen die Brücken und erschießen alle Offiziere, die nicht sofort ,,Viva la república!" rufen. Auf dem Schlachtkreuzer ,,Jaime I." bringt die Besatzung ein MG auf dem Vorderdeck in Stellung und feuert so lange auf die Brücke, bis die Überlebenden mit erhobenen Armen herauskommen.

Nach Übernahme des Kommandos fragen die Matrosen per Funk beim Kriegsministerium in Madrid an, was mit den Leichen der Offiziere geschehen soll. ,,Mit militärischen Ehren ins Meer versenken", ist die Antwort. Die Leichen werden versenkt, die militärischen Ehren unterbleiben. So blockiert die nunmehr rote Flotte die Straße von Gibraltar. Franco sitzt mit seiner Afrika-Armee fest. Es gibt nur eine Möglichkeit, die Truppen nach Spanien zu bringen, freilich eine phantastische – Flugzeuge.

Franco besitzt keine einzige Transportmaschine. Die kleine spanische Luftwaffe ist republiktreu, zudem haben die Moros bei der Besetzung der marokkanischen Flughäfen die meisten Maschinen am Boden zerstört. Aber Bolín, der Alleskönner, steht noch immer mit seiner startklaren ,,Dragon Rapide" herum. Franco schickt ihn sofort auf die Reise. Er bevollmächtigt den ,,ABC"-Korrespondenten schriftlich, ,,in England, Deutschland oder Italien Flugzeuge und Material für die spanische nichtmarxistische Armee zu besorgen".

Zwei Tage später steht Luis Bolín in Rom dem italienischen Außenminister Graf Ciano gegenüber. ,,Wir kämpfen in Spanien gegen den Kommunismus", sagt er, ,,ohne Flugzeuge sind wir verloren." Er braucht nicht lange zu reden.

Gleichzeitig geht beim Auswärtigen Amt in Berlin eine Depesche des deutschen Konsulats in Tetuan ein: ,,General Franco bittet durch deutsche private Firmen Sendung von zehn Flugzeugen für Truppentransporte mit möglichst vielen Plätzen. Sehr dringend!"

Noch ehe der erste Kanonenschuß fällt, wird aus der spanischen Tragödie ein europäischer Krieg, der erste klassische Stellvertreterkrieg dieses Jahrhunderts.

2. KAPITEL

DIE STUNDE DER REVOLUTION

Madrid, 20. Juli 1936: Das Volk stürmt die Kasernen

Madrid hält Siesta, als am 17. Juli 1936 die Nachricht von einem Militärputsch in Spanisch-Marokko durchsickert. Die Straßen sind menschenleer. Die Mittagsglut hat die Bewohner der Millionenstadt in die Häuser getrieben. Im Parlamentsgebäude döst ein Grüppchen Journalisten in den kühlen Lederpolstern der Bar. Ein sechster Sinn hält die Reporter davon ab, sich für ein paar Stunden hinzulegen, obwohl die politische Hektik der letzten Tage ihnen kaum Zeit zum Schlafen ließ.

Plötzlich sind sie hellwach: Indalecio Prieto ist im Parlament gesichtet worden, der Führer des rechten Flügels der Sozialisten. Ein prominenter Politiker um 16 Uhr in den Cortes – das ist ein Alarmsignal. Die Reporter umringen „Don Inda". Sein rundes Gesicht ist gerötet. Unter schweren Augenlidern blickt er die Journalisten der Reihe nach an. Dann sagt er: „Die Garnison von Melilla hat sich erhoben. Die Arbeiter werden massakriert."

Die Reporter stürzen zu den Telefonkabinen. Sie wissen, was die Stunde geschlagen hat. Der Bürgerkrieg, über den sie seit Wochen reden und schreiben, ist ausgebrochen.

Es sind zehn parlamentarische Berichterstatter, die sich zu dieser Stunde in den Cortes aufhalten. Einer von ihnen ist Eduardo de Guzmán, Redakteur des CNT-Blattes „Libertad". „Keiner von uns zehn", schreibt er später, „beurteilt die Lage an jenem Tag optimistisch. Aber auch der Pessimistischste hätte sich das Schicksal, das uns erwartete, nicht vorstellen können. Von den zehn, die sich an diesem Nachmittag zufällig in den Cortes trafen, starb die Hälfte noch vor Jahresende eines gewaltsamen Todes, darunter mein Bruder Angel. Ein sechster wurde nach Kriegsende erschossen. Von den übrigen vier wurden drei, darunter ich selbst, von Kriegsgerichten zum Tode verurteilt. Wir verbrachten unsere Jugend in Gefangenschaft. Nur einem von uns zehn ist es etwas besser ergangen: Er entkam beim Zusammenbruch über die Grenze nach Frankreich."

An jenem 17. Juli 1936 teilt sich Spanien in zwei kriegführende Völker, die sich mit dem blinden Fanatismus mittelalterlicher Kreuzzügler aufeinanderstürzen (tatsächlich nennt Franco seine Revolte gegen die Republik bald „La Cruzada", den Kreuzzug). Es gibt in diesem Kampf kein Maß und keine Mitte mehr, keine Vernunft und kein Erbarmen. Es gibt keine Menschen mehr, sondern nur noch „Rote" und „Faschisten".

Die Regierung der bürgerlichen Liberalen steht dem Generalsputsch ohnmächtig gegenüber. Am nächsten Tag springt die Militärrevolte von Spanisch-Marokko auf das Mutterland über, breitet sich wie ein Steppenbrand in alle Himmelsrichtungen aus. Überall erheben sich die Garnisonen. Die regierungstreuen Truppen schmelzen dahin wie Schnee in der Sonne. Nach 48 Stunden besitzt die Regierung kein einziges Regiment mehr.

Es gibt nur eine Chance, die Republik zu retten – die unverzügliche Bewaffnung der Arbeiter, der Millionenarmee der sozialistischen und anarchistischen Gewerkschaften, der UGT und CNT. Sie haben bereits den Generalstreik erklärt und errichten überall Barrikaden. In Madrid und Barcelona ziehen Hunderttausende jubelnder, freudetrunkener Arbeiter mit roten und schwarz-roten Fahnen durch die Straßen. Das ist die Revolution. Doch Ministerpräsident Casares Quiroga will die parlamentarische Republik nicht der Straße preisgeben. Er legt sein Amt nieder.

José Giral

Auch Staatspräsident Azaña ist ein bürgerlicher Liberaler. Aber er sieht, daß die Republik nur die Wahl hat zwischen der Kapitulation vor dem faschistischen Putsch oder dem risikoreichen, vielleicht lebensgefährlichen Bündnis mit der Revolution. Azaña entschließt sich für das Risiko. Sein Parteifreund Dr. José Giral, ein Chemieprofessor, wird neuer Ministerpräsident. In der Nacht zum 19. Juli gibt er Order, die der Regierung verbliebenen Waffen-Arsenale den Arbeiterorganisationen zur Verfügung zu stellen.

Das ,,Ja'' der Regierung zur Volksbewaffnung ist nur der letzte Knopfdruck, der die Schleusen der Revolution öffnet. In dieser Nacht geht die Macht des Staates auf die Straße über. Die Stunde, auf die die Anarchisten so lange gewartet haben, ist endlich gekommen. Alles ist längst vorbereitet. Die Gewerkschaften öffnen ihre eigenen geheimen Waffenlager und übernehmen die Verteilung der Regierungswaffen, die meist aus Polizeibeständen stammen. Sie besetzen alle öffentlichen Gebäude und Nachrichtenzentren und kontrollieren den Straßen- und Eisenbahnverkehr.

Als Madrid am Morgen des 20. Juli erwacht, ist es eine andere Stadt. Es ist Petersburg 1917, es ist Paris 1789. Und es hat auch seine Bastille – die Montaña-Kaserne.

Die Montaña-Kaserne, ein riesiger Komplex zwischen Nordbahnhof und Plaza España (heute ein hübscher Park), ist das Hauptquartier der Madrider Garnison. Hier hat sich General Fanjul mit zwei Regimentern Infanterie und Pionieren verschanzt. Laut Plan sollte Fanjul die Hauptstadt nehmen. Jetzt sitzt er in der Falle.

Am Morgen des 20. Juli 1936 wälzen sich bewaffnete Arbeiterkolonnen zur Montaña-Kaserne. Zehntausende von Neugierigen folgen ihnen. Alle fünf Minuten spuckt die U-Bahn, die immer noch verkehrt, neue Massen auf die Plaza España.

General Fanjul ist von einer vielfachen Übermacht umzingelt. Die Arbeiter schicken einen Parlamentär in die Kaserne. Aber Fanjul lehnt die Kapitulation ab. Er läßt das Feuer eröffnen.

Auf den Barrikaden rings um die waffenstarrende Festung gibt es die ersten Toten. Von irgendwoher schleppen die Arbeiter drei leichte Feldgeschütze an. Die Granaten reißen die Mauern der Kaserne auf. Gegen zehn Uhr hängt plötzlich eine weiße Fahne aus dem Fenster.

,,Sie ergeben sich!'' schreit die Menge. ,,Adelante – viva la república!''

Sie stürmen ohne Deckung auf das zerschossene Portal zu, an der Spitze ein Polizeioffizier der republiktreuen Guardia de Asalto. Aber noch bevor er das Portal erreicht, hämmert aus dem oberen

Stockwerk der Kaserne ein Maschinengewehr los. Der Polizeioffizier überschlägt sich, bleibt tot liegen. Das MG schießt weiter, mäht eine Reihe nach der anderen nieder, bis die Arbeiter zurückfluten.

General Fanjul hat mit diesem Trick das Todesurteil über seine Leute gesprochen. Die Arbeiter schießen die Kaserne sturmreif. Um 12 Uhr mittags, als die senkrechten Sonnenstrahlen Madrid in einen Glutofen verwandeln, ist es soweit. Ein Bergarbeiter hat sich bis zum Portal vorgearbeitet und sprengt die Trümmer mit einer Ladung Dynamit weg. Ein tausendfacher Schrei, zum zweitenmal an diesem Vormittag: ,,Adelante – viva la república!''

Wieder stürmt die Menge ohne Deckung vor, wieder hämmern die Maschinengewehre. Aber diesmal erreichen die Arbeiter den Innenhof. Sie kämpfen sich von Stockwerk zu Stockwerk hoch, bis der letzte Widerstand gebrochen ist. Die meisten Offiziere sind gefallen, einige haben sich erschossen.

An den Überlebenden tobt sich die Rache der Arbeiter aus. Viele werden von den oberen Stockwerken auf den gepflasterten Hof geworfen, andere aus der Kaserne geführt und auf der Straße niedergemacht. Mit Mühe gelingt es einigen Polizeioffizieren, General Fanjul vor der Lynchjustiz zu bewahren. Er wird später von einem Militärgericht zum Tode verurteilt und erschossen.

Als der 20. Juli zur Neige geht, hat die Revolution in Madrid gesiegt. Über allen Kasernen weht die rote Fahne der UGT oder das schwarz-rote Banner der CNT. Die Waffen der Armee werden von den Arbeitern übernommen. Die ,,Volksmiliz'' ist geboren. Die Toten dieses Tages wurden nie gezählt.

In Barcelona, der zweiten Metropole Spaniens, ist Francos Putsch schon 24 Stunden vorher im Blut erstickt. Dort sollte General Manuel Goded die Macht übernehmen. Er zögerte nicht so lange wie Fanjul in Madrid, sondern ging überfallartig vor. Schon in der Nacht vom 18. zum 19. Juli holten Militärkommandos zahlreiche führende ,,Rote'' aus den Betten. Am nächsten Morgen, einem Samstag, ließ General Goded 12 000 Mann konzentrisch auf das Stadtzentrum vorrücken. Die Offiziere hatten den Soldaten erklärt, sie zögen zum Schutz der Republik aus.

Barcelona ist die Hochburg der Anarchisten und ihres Gewerkschaftsbundes CNT. Die CNT wartet nicht, bis ihr die Regierung die Erlaubnis zur Bewaffnung gibt. Kaum verbreitet sich die Nachricht von einem Militärputsch, öffnet die CNT ihre geheimen Waffenlager und stellt die Polizei vor die Wahl, sich der Revolution anzuschließen oder umgebracht zu werden. Die CNT verfügt allein in Barcelona über 350 000 Mitglieder. Die Polizei überlegt nicht lange.

Als General Godeds Soldaten im Morgengrauen jenes Sonntags das Stadtzentrum erreichen, stoßen sie auf Barrikaden. Die Anarchisten eröffnen sofort das Feuer. An anderen Stellen gehen sie aufrecht und waffenlos auf die Soldaten zu und fordern sie auf, ihre Offiziere zu erschießen und sich der Revolution anzuschließen. Die Soldaten tun es.

Wo die Truppen Widerstand leisten, stürmen die Anarchisten. Sie werden reihenweise niedergemäht, aber sie erobern die Maschinengewehre, die sie brauchen. Am Sonntagabend ist General Goded ein geschlagener Mann. Er sitzt ohne Truppen im Generalkapitanat am Hafen.

Als die Anarchisten am nächsten Morgen Artillerie auffahren, hißt Goded die weiße Fahne. Die meisten seiner Offiziere werden an Ort und Stelle erschossen, aber der General wird noch gebraucht. Man bringt ihn ins Regierungsgebäude. Dort spricht Goded folgenden Text auf eine Schallplatte: ,,Ich teile dem spanischen Volk mit, daß das Schicksal mir feindlich war. Ich bin gefangen. Ich sage es allen denen zuliebe, die den Kampf nicht weiterführen wollen. Sie sind jeder Verpflichtung mir gegenüber entbunden.''

Die Erklärung wird von allen Rundfunksendern ausgestrahlt. Auch Franco hört sie im fernen Marokko. Sie läßt ihn kalt. Weder jetzt noch später zeigt der ,,Caudillo'' die geringste Emotion.

General Goded wird zwei Monate später nach einem Kriegsgerichtsverfahren erschossen. Außer ihm werden vier seiner überlebenden Offiziere exekutiert. Der Vorsitzende des republikanischen Verteidigungskomitees von Barcelona, Jaume Miravitlles, erlebte den Tod der vier als Augenzeuge:

,,Drei der Gefangenen wurden an die Mauer gestellt, der vierte auf einen Stuhl gesetzt. Er war schwerverwundet. Foix machte auf mich den stärksten Eindruck. Er wirkte völlig gelassen, sehr ruhig, und rauchte eine Zigarette. Ich war ganz sicher, daß er völlig überzeugt war, für eine gute Sache gekämpft zu haben und uns alle als Abgesandte des Teufels betrachtete. Der Mann im Stuhl betete. Lopez-Amor grüßte mit dem faschistischen Gruß. Er war der Oberst, der die Truppen durch die Stadt geführt hatte. Als der Offizier des Exekutionskommandos den Feuerbefehl gab, rief der vierte Verurteilte, Lizcano de la Rosa: ,Viva España!' Die Milizmänner antworteten: ,Viva!' Dann schossen sie.''

,,Man erschießt hier, wie man Bäume fällt''

Militärisch gesehen hatte Franco die erste Runde verloren. Als sich eine Woche nach Beginn der Erhebung so etwas wie eine Front abzuzeichnen begann, stellte sich die Lage folgendermaßen dar:

Die Putschisten kontrollierten in Südspanien nur einen kleinen Brückenkopf um Sevilla und im Norden einen breiten Streifen von der französischen bis zur portugiesischen Grenze. In Burgos, der alten Hauptstadt Kastiliens, errichtete die Generalsjunta ihr Hauptquartier. Aber es war ein Hauptquartier ohne Chef: Der vorgesehene politische Kopf der Erhebung, General Sanjurjo, der aus dem portugiesischen Exil in das ,,befreite Gebiet'' einfliegen sollte, war beim Start in Lissabon abgestürzt. Und General Franco, der militärische Führer, saß noch immer in Marokko fest.

Die Volksfront-Regierung dagegen kontrollierte den größten Teil des Landes mit der Hauptstadt und den wichtigen Industriegebieten Kataloniens und des Baskenlandes. Allerdings waren das Baskenland und die ganze Biskayaküste vom Rest der Republik abgeschnitten.

Doch was nun die spanische Republik genannt wurde, hatte mit dem Staat, der bis zum 18. Juli bestand, nicht mehr viel gemeinsam. Dieser Staat war unter dem doppelten Anprall des Militärputsches und der Revolution zusammengestürzt wie ein Kartenhaus.

Zwar war die äußere Fassade – Präsident, Regierung, Parlament – erhalten geblieben, doch dahinter stand keine reale Macht mehr. Die Amtsgewalt der Ministerien reichte nicht über ihre Büros hinaus. Es gab keine Polizei, keine Justiz, keine Bürgermeister mehr. Der alte Traum der Anarchisten war erfüllt – der Staat hatte sich aufgelöst. Es gab nur noch die Macht der „Komitees". Für einen kurzen historischen Augenblick war Spanien eine Räterepublik, die einzige echte der modernen Geschichte.

„Sobald man die Grenze überschritten hat, wird man von Bewaffneten angehalten", berichtet im August 1936 der französische Journalist Robert Louzon. „Wer sind diese Menschen? Sie sind Milizangehörige, das heißt Arbeiter in ihrer gewöhnlichen Kleidung, aber mit Waffen. Bei ihnen liegt die Entscheidung, ob man gleich zurückgeschickt oder ob das ‚Komitee' eingeschaltet wird. Das Komitee ist eine Gruppe von Menschen, die droben im Nachbardorf residiert und dort die gesamte Macht ausübt. Es hat die lokale Miliz organisiert, es genehmigt das Betreten und Verlassen des Ortes, es hat die Geschäfte der Faschisten geschlossen und nimmt die unvermeidlichen Requisitionen vor."

So ähnlich sah es in den ersten Monaten des Bürgerkrieges überall auf dem Territorium der Republik aus. In Madrid lag die wahre Macht bei der UGT, dem sozialistischen Gewerkschaftsbund. Er besaß eine gut funktionierende Infrastruktur, darunter einen völlig autonomen Nachrichtenapparat, nämlich das Telefonnetz der Eisenbahn.

Die Revolution nahm in Madrid karnevalistische Züge an. Der deutsche Kommunist Gustav Regler, der in jenen Tagen in der spanischen Hauptstadt eintraf, schreibt: „Es war etwas Trunkenes in den Menschen, ein heiterer Irrsinn im Spiel, ein Fanatismus für eine Freiheit, die nie zu einem geordneten Staatsgebilde der alten Vorbilder führen konnte. In ihrem äußeren Gebaren wirkten die Milizionäre, als hätte die Französische Revolution sie auf die Straße geschleust. Sie liebten wehende Fahnen, sie bauten Barrikaden, die mehr den Verkehr behinderten als der Revolution dienten. Mit Schärpen umgürtet und in phrygischen Mützen rasten sie in beschlagnahmten Cadillacs durch die Gran Vía. Keiner wußte, wie gut oder wie schlecht der Krieg stand."

Barcelona war anders. In der Hauptstadt Kataloniens herrschten die Anarchisten. Vom ersten Tag an versuchten sie ihre Utopie von der klassenlosen Gesellschaft in die Praxis umzusetzen – ohne Rücksicht auf die Erfordernisse des Krieges. Sie führten in der lebenslustigsten Stadt Spaniens ein düsteres proletarisches Regiment. Ihre Milizen, mit schwarz-roten Halstüchern, Revolver im Gürtel, beherrschten die Straßen. Theater, Restaurants, Luxushotels waren geschlossen. Dafür verteilten „Wohlfahrtsausschüsse" kostenlos Suppe an die Armen. Die Regierung Kataloniens „empfahl" der Bevölkerung, keine bürgerliche Kleidung, insbesondere keine Hüte mehr zu tragen.

Wo die CNT die Macht besaß – und das war praktisch ganz Katalonien und Aragonien, aber auch weite Gebiete im Süden –, wurden Landwirtschaft und Industrie radikal kollektiviert. Die Latifundien wurden zwar im gesamten republikanischen Gebiet enteignet, aber darüber hinaus zwangen die Anarchisten auch die Klein- und Mittelbauern in Kolchosen. In der Industrie wurden durch ein Dekret der Madrider Regierung alle Betriebe beschlagnahmt, die von ihren Eigentümern verlassen worden waren, und das war die überwiegende Mehrheit. Darüber hinaus aber kollektivierte die CNT in Barcelona alle Hotels, Warenhäuser und sogar die städtischen Dienstleistungsbetriebe, vom Wasserwerk bis zum Hauptpostamt. In manchen ländlichen Gebieten ging die „Vergesellschaftung" bis hinunter zum kleinen Krämer und zum Bäcker. Es gab Regionen, in denen das Geld abgeschafft und statt dessen Gutscheine ausgegeben wurden, selbst zum Haareschneiden beim Friseur.

Dreißig Jahre danach erschien der „kurze Sommer der Anarchie" einer neuen revolutionären Generation in Frankreich und Deutschland in romantisch verklärtem Licht als verlorenes Paradies. Doch jener Sommer in Spanien war begleitet vom tausendfachen Echo der Erschießungskommandos. Der Auftakt des Bürgerkrieges war ein Blutrausch, wie ihn Spanien noch nicht erlebt hatte. Er stieg aus den Tiefen der Geschichte auf und entlud sich in einer Orgie gegenseitiger Vernichtung – auf der Rechten wie auf der Linken. Nach Schätzungen des britischen Historikers Hugh Thomas wurden in diesem Sommer 80 000 Menschen umgebracht. Es war der Versuch der beiden Spanien, die andere Seite auszurotten.

Hier ist zunächst vom Terror der Linken die Rede. Er verdunkelt bis heute das Bild der kämpfenden Republik. Den Faschisten diente er als billige Propagandawaffe, und den Freunden der Republik schlug er ins Gesicht. Es war, wie der deutsche Augenzeuge Franz Borkenau schreibt, ein „Massenterror im doppelten Sinn des Wortes. Er wurde von den Massen geführt, und er forderte Massen von Opfern. Er erinnerte an die Massaker vom September 1792 in Paris und an die Massaker von 1918 in Rußland."

Der Terror richtete sich gegen die Kirche, gegen das Bürgertum, gegen „rechte" Politiker, gegen die Funktionsträger des bürgerlichen Staates. Er richtete sich schlechthin gegen alle Andersdenkenden, und er war ein bequemer Deckmantel für Abrechnungen mit privaten Feinden und politischen Rivalen.

Das Instrument des Terrors waren die „Tschekas", so genannt nach der ersten bolschewistischen Geheimpolizei. Aber die spanischen Tschekas von 1936 waren nichts anderes als Mordkommandos bestimmter Gruppen und oft simple Gangsterbanden. Alle Milizgruppen, alle politischen Parteien der Linken, alle Stadtteile, alle Dörfer hatten ihre Tschekas. Allein in Madrid soll es 277 Tschekas gegeben haben, darunter die berüchtigte „Brigade der Morgendämmerung".

Alle Tschekas hatten die gleiche Methode: Vor Sonnenaufgang holte sich das Kommando sein Opfer, setzte es in ein Auto und erledigte es irgendwo außerhalb am Straßenrand. Die spanische Redensart „dar un paseo" (eine Spazierfahrt machen) wurde zum Synonym für Mord, und bis heute hat das Wort seinen makabren Klang nicht verloren.

Franz Borkenau begegnete dem Terror bei einer nächtlichen Autofahrt: „Auf der Chaussee standen zwei Lastwagen ohne Licht, und in der Mitte der Straße von Madrid nach Córdoba lagen – oh, entsetzlicher Schrecken – Leichen. Nichts, was ich in meinem Leben gesehen hatte, kam diesem Eindruck des Grauens gleich. Die Lastwagen schienen ein furchtbares Geheimnis zu bergen. Einige meiner Begleiter glaubten, Geräusche zu hören, die von diesen Wagen kamen. Ich wollte halten. Aber der Fahrer, fast wahnsinnig vor Angst, gab Vollgas. Wie viele Leichen dort lagen, konnte ich in dem kurzen Augenblick nicht ausmachen. Aber der Körper einer weißgekleideten Frau, von deren Brust Blut herabfloß, war klar erkennbar . . ."

Die Regierung war außerstande, den Terror einzudämmen. Sie schloß die Augen vor den Blutbädern. Erst ein Jahr später, als die Republik versuchte, die staatliche Autorität wiederherzustellen, raffte sich der neuernannte Justizminister Manuel de Irujo, ein katholischer Baske, dazu auf, den Terror öffentlich zu verurteilen. Er sagte: „Dieser Bürgerkrieg ist gekennzeichnet durch die Grundauffassung des Faschismus, der die Gewalt zum Dogma erhebt. Aber auch die Volksbewegung hat sich mit Blut befleckt. Das republikanische Hinterland hat ungezählte Morde zu verzeichnen. In den Straßengräben, in den Friedhöfen, in den Gefängnissen und an anderen Orten haben sich die Leichen gehäuft. Frauen, Priester, Arbeiter, Kaufleute und die Ärmsten der Gesellschaft fielen den sogenannten ‚paseos' zum Opfer, ein Wort, das in der Volkssprache den Mord umschreibt. Dieser barbarische und verbrecherische Terror hat den reinen Boden der Volksdemokratie mit unschuldigem Blut getränkt."

Der Terror wütete am erbarmungslosesten gegen die Kirche. Die Revolutionäre glaubten, „daß die Kirche der schlimmste, böseste und gefährlichste Feind des Fortschritts, der Reform, der sozialen Gerechtigkeit sei", so die französischen Historiker Broué und Témime. „Wenn spanische Arbeiter und Bauern Kirchen in Flammen aufgehen ließen und Geistliche erschossen, glaubten sie nicht nur den Erzfeind zu treffen, sondern auch das schlechthin Böse auszurotten."

Es gibt Dokumente unbeschreiblichen Grauens über die Kirchenverfolgung. Heute erschrecken selbst spanische Anarchisten darüber. Die Fakten genügen: Mit Ausnahme des Baskenlandes wurden fast alle Kirchen in Spanien geplündert oder in Brand gesteckt. In Barcelona blieb nur die Kathedrale verschont. Insgesamt wurden 7937 Kleriker ermordet, darunter 12 Bischöfe und 283 Nonnen. Am 11. August 1936 verbot die Zentralregierung in Madrid auch offiziell den Gottesdienst und ordnete die Schließung aller Kirchen an.

Der französische Dichter und Flieger Saint-Exupéry zieht im Sommer 1936 mit einer Kommission durch Spanien, um Unschuldige zu retten. „Man erschießt hier, wie man Wälder abholzt", schreibt er. Er kommt in ein Dorf: „Sie haben 17 ‚Faschisten' füsiliert. Den Pfarrer, seine Haushälterin, den Küster und 14 kleine Honoratioren."

In einem anderen Dorf hat Saint-Exupéry Glück. Das Komitee gibt ihm einen Mönch heraus: „Der Bürgermeister, dem wir dieses Geschenk eines Lebens verdanken, erklärt uns voller Stolz: ‚Wir haben viele Schüsse auf ihn abgegeben, wir glaubten, wir hätten ihn erledigt.' Er entschuldigt seine Ungeschicklichkeit: ‚Allerdings war es Nacht.' Als wir abfahren, wechseln wir endlose Händedrücke mit diesen berühmten Terroristen. Vor allem schüttelt man dem Geretteten die Hand. Man beglückwünscht ihn, daß er noch lebt."

Es war ein politisches Wunder, daß aus dieser Republik, die vom Fieber des Massenterrors geschüttelt wurde, die keine Armee mehr besaß, die nur noch ein Spielball der Anarchie war – daß aus dieser Republik wieder ein Staat wurde. Daß sie das wahllose Morden, das Chaos überwand und sich ihrem eigentlichen Gegner, dem General Franco, zuwenden konnte.

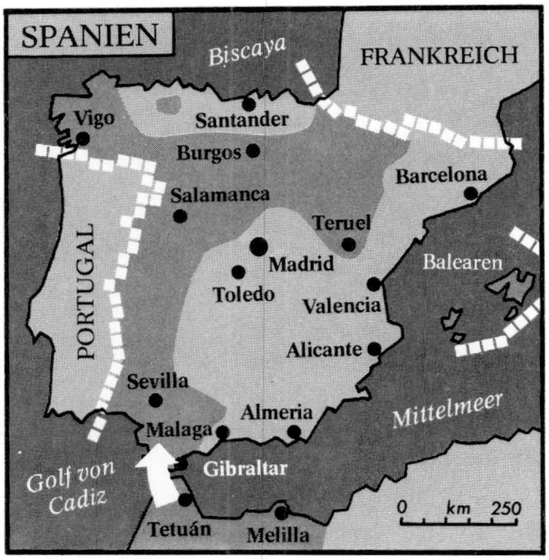

Spanien August 1936
Franco Republik

3. KAPITEL

HITLER GREIFT EIN

Deutsche JU-52 fliegen Francos Marokko-Armee aufs spanische Festland

Der Spanische Bürgerkrieg war gerade eine Woche alt, als Hitler beschloß, militärisch einzugreifen. Die Entscheidung fiel in Bayreuth, wo der „Führer" den Wagner-Festspielen die nationalsozialistischen Weihen verlieh. Am 26. Juli 1936 empfing er in der Festspielstadt eine Delegation, die direkt aus Francos Hauptquartier in Spanisch-Marokko kam. Sie bestand aus zwei Deutschen, dem Ortsgruppenleiter der NSDAP in Tetuan, Adolf Langenheim, und dem ebenfalls in Tetuan ansässigen Geschäftsmann und NSDAP-Mitglied Johannes Bernhardt. Die beiden Parteigenossen hatten auch einen Spanier mitgebracht, den Fliegerhauptmann Francisco Arranz, aber der blieb draußen vor der Tür. Er verstand ohnehin kein Wort Deutsch.

Der Spiritus rector dieser Mission war Johannes Bernhardt, eine jener zwielichtigen Figuren, die an den Kreuzwegen der Geschichte aus dem Nichts auftauchen und für einen Augenblick Schicksal zu spielen glauben. Vermutlich hätte Hitler auch ohne diesen Mann in den Spanischen Bürgerkrieg eingegriffen, doch zweifellos war es Bernhardt, der ihn dazu bewog, es *sofort* zu tun.

Noch eine Woche vor seiner Begegnung mit Hitler hätte Bernhardt nicht im Traum daran gedacht, je in seinem Leben eine politische Rolle zu spielen, geschweige denn dem „Führer" Auge in Auge gegenüberzustehen. Bernhardt war ein kleiner Importeur, der sich nach mißglückten Geschäften in Südamerika in Spanisch-Marokko niedergelassen hatte. Er unterhielt freundschaftliche Caféhaus-Beziehungen zu den Offizieren der spanischen Garnison, denn er belieferte die Truppen mit deutschen Elektrogeräten und Zeiss-Gläsern. Aber als General Franco in Tetuan landete und die verschlafene Hauptstadt von Spanisch-Marokko über Nacht zum Zentrum der Rebellion gegen die Republik wurde, witterte Bernhardt eine unwiederholbare Chance.

Durch Vermittlung der ihm befreundeten Offiziere erhielt er drei Tage nach der Ankunft Francos eine Audienz bei dem General. Die Situation sah zu diesem Zeitpunkt schlecht aus. Franco besaß kein einziges Flugzeug und kein einziges Kriegsschiff. Die republikanische Flotte lag vor der marokkanischen Küste und beschoß die Häfen. Die Truppen, mit denen Franco Spanien erobern wollte, die Fremdenlegion und die „Regulares" (marokkanische Kolonialtruppe), saßen auf dem trockenen. Es gab nur einen Weg, sie auf das Festland zu bringen – per Flugzeug. Über das deutsche Konsulat in Tetuan hatte Franco bereits beim Auswärtigen Amt in Berlin um Hilfe bitten lassen, doch eine Antwort stand bisher aus. Offenbar war man sich in der Wilhelmstraße über den Charakter des Militärputsches nicht im klaren und hielt das Ganze für eine neue Arabeske der spanischen Wirren, die das Deutsche Reich wenig angingen.

In dieser Situation bot Kaufmann Bernhardt dem General Franco an, nach Berlin zu fliegen und Hitler persönlich von der Dringlichkeit deutscher Hilfe zu überzeugen. Es war eine ziemlich wahnwitzige Idee, wie Bernhardt selbst wohl wußte, denn er kannte buch-

Johannes Bernhardt

stäblich niemanden in Berlin. Doch Franco griff nach jedem Strohhalm und stimmte zu. Er gab dem Deutschen einen handschriftlichen Brief für Hitler mit, in dem er um ,,10 Transportflugzeuge, 20 Flugabwehrgeschütze, 6 Jagdflugzeuge'' sowie die ,,größtmögliche Menge von Maschinengewehren samt Munition'' bat.

Jetzt fehlte nur noch ein Flugzeug, um Bernhardt nach Berlin zu bringen. Es wurde kurzerhand gekidnappt. Als das reguläre Postflugzeug der Lufthansa auf dem Weg nach Südamerika auf den Kanarischen Inseln zwischenlandete, wurde es beschlagnahmt und mit einer Militäreskorte an Bord nach Tetuan geschickt. Dort stieg Bernhardt mit seinen Begleitern Langenheim und Arranz ein. Langenheim, ein älterer erfolgloser Geschäftsmann, war als NSDAP-,,Ortsgruppenleiter'' der Chef des halben Dutzend Nazis, die es in Tetuan gab. Bernhardt nahm ihn aus Gründen der Parteidisziplin dazu. Der spanische Hauptmann Arranz kam nur zur Dekoration mit.

Flugkapitän Alfred Henke, Pilot der gekaperten Ju 52, protestierte heftig gegen die konspirative Verwendung seiner Maschine, doch es half ihm nichts. Er mußte statt nach Südamerika zurück nach Berlin. Am 24. Juli landete er mit seinen merkwürdigen Passagieren in Tempelhof.

Bernhardt meldete sich bei der Auslandsorganisation (AO) der NSDAP, der einzigen Anlaufadresse, die er besaß. In richtiger Einschätzung der Machtverhältnisse umging er das Auswärtige Amt und wählte statt dessen den direkten Weg über die Partei. Schon am nächsten Morgen wurden er und Langenheim zu Rudolf Heß, dem ,,Stellvertreter des Führers'', geflogen, der in Thüringen Ferien machte. Heß schickte die Delegation mit seiner Privatmaschine weiter nach Bayreuth. Am gleichen Abend, dem 25. Juli, standen Bernhardt und Langenheim in Haus Wahnfried dem ,,Führer'' gegenüber.

Über den genauen Verlauf der Unterredung gibt es keine amtlichen Aufzeichnungen, doch Bernhardt hat dem Autor dieses Buches die Szene geschildert. Hitler kam gerade aus der ,,Walküre''. Er ließ sich von Bernhardt und Langenheim Bericht erstatten und las den Brief Francos. Franco hatte auch eine eigenhändige Skizze über die Lage auf dem spanischen Festland beigefügt. Hitler ließ sich die letzten Meldungen bringen und korrigierte die Karte zugunsten der ,,Roten''. Dann fragte er, womit Franco die Flugzeuge bezahlen wolle, wieviel Geld er überhaupt habe. Bernhardt sagte, in Tetuan lägen nur 12 Millionen Peseten. Hitler fragte, wieviel das sei. Bernhardt sagte: ,,Rund vier Millionen Mark.'' Darauf Hitler: ,,Aber damit kann man doch keinen Krieg führen!'' Bernhardt erwiderte, wenn Franco erst auf dem Festland gelandet sei, stünde ihm ja mehr zur Verfügung.

Nach Mitternacht wurden Hermann Göring als Oberbefehlshaber der Luftwaffe sowie Generalfeldmarschall Werner von Blomberg, der Reichskriegsminister und Oberbefehlshaber der Wehrmacht, zugezogen. Sie befanden sich, wie die ganze Spitze des Regimes, ebenfalls in Bayreuth. Hitler teilte ihnen mit, daß er beschlossen habe, dem spanischen General Franco Flugzeuge und Waffen zu schicken. Göring war begeistert. Ihn faszinierte die Chance, zum erstenmal in der Kriegsgeschichte ein Heer auf dem Luftweg von einem Kontinent zum anderen zu transportieren. Zehn Jahre später sagte er im Nürnberger Prozeß: ,,Ich drängte den Führer lebhaft, Franco unter allen Umständen die Unterstützung zu geben. Einmal, um der Ausweitung des Kommunismus entgegenzutreten, zum zweiten aber, um meine junge Luftwaffe zu erproben.''

Um 1.30 Uhr, nach dreistündiger Konferenz – Hitler war die ganze Zeit auf und ab gegangen, es hatte nichts zu essen und zu trinken gegeben, Rauchen war verboten –, verabschiedete Hitler die beiden Besucher aus Tetuan. Sie mußten sich auf Ehrenwort verpflichten, mit niemandem über diese Begegnung zu sprechen. Bernhardt: ,,Es war eine wunderschöne Sommernacht, und als ich auf der Straße stand, war ich ganz benommen von diesen ungeheuren Stunden des Zusammenseins mit Hitler.''

Mit der gleichen Lufthansa-Maschine, die ihn nach Berlin gebracht hatte, kehrte Bernhardt nach Tetuan zurück. Außer der Ehre war für ihn bei dieser Mission das Geschäft seines Lebens herausgekommen: Er wurde Direktor einer Tarnfirma namens HISMA, über die fortan die deutsche Militärhilfe für Franco abgewickelt wurde. Sie weitete sich nach dem Sieg Francos zu einem Riesenkonzern aus, der schließlich über 30 Firmen kontrollierte, darunter fünf Bergbauunternehmen und sechs Reedereien. Bernhardt stieg zu einem der einflußreichsten Magnaten in Franco-Spanien auf. Ausgestattet mit deutschen und spanischen Sondervollmachten sowie mit dem Rang eines SS-Brigadeführers (Generals) hatte er direkten Zutritt zu höchsten Regierungsstellen. Sein Draht zu Göring riß nie ab. Als ,,Sonderbeauftragter'' übernahm er während des Zweiten Weltkriegs die Belieferung der deutschen Rüstungsindustrie mit spanischen Rohstoffen wie Eisenerz und Kupfer.

Als Bernhardt am 28. Juli 1936 nach Tetuan zurückkehrt, ist der Ausgang des Unternehmens allerdings noch ungewiß. Doch die deutsche Hilfe läuft bereits am Morgen nach der Bayreuther Entscheidung an. Das Codewort für die Intervention heißt ,,Feuerzauber'', nach der Schlußszene der ,,Walküre'', die es an jenem Abend in Bayreuth gegeben hatte. Die zentrale Einsatzleitung liegt bei einem Sonderstab ,,W'' in Görings Luftfahrtministerium. Die ganze Aktion wird unter strengster Geheimhaltung durchgeführt, denn die Intervention ist das erste außenpolitische Abenteuer des Dritten Reiches. Sie verwandelt den Spanischen Bürgerkrieg in einen Probelauf für den Zweiten Weltkrieg. Wäre dieser Test weniger triumphal für die faschistischen Mächte ausgefallen, hätten sie den Ernstfall vielleicht nicht ganz so schnell folgen lassen.

Das Unternehmen ,,Feuerzauber'' läuft mit einer Präzision ab, auf die alle Beteiligten noch Jahre später stolz sind. Am 1. August landen die ersten drei Transportmaschinen vom Typ Ju 52 in Tetuan. Bernhardt: ,,Als erstes baten die Besatzungen um Terpentin, um die deutschen Hoheitszeichen zu entfernen. Der Jubel des spanischen Bodenpersonals war unbeschreiblich, als es dann die spanischen nationalen Farben aufmalen durfte.''

Die deutschen Jagdflugzeuge, die nicht die Reichweite der Ju 52 besitzen, werden mit dem Woermann-Dampfer ,,Usaramo'' verschifft. An Bord befindet sich zugleich die erste deutsche Kampfgruppe für Spanien – 86 Offiziere und Unteroffiziere der Luftwaffe in Zivil. Die Gruppe wurde pro forma aus der Wehrmacht entlassen und hat sich als ,,Reisegesellschaft Union'' eingeschifft. Nicht einmal die Frauen der Offiziere wissen, wohin die Reise ihrer Männer geht. Am 1. August 1936 läuft das Schiff aus Hamburg aus.

Die ,,Reisegesellschaft Union'' ist der Kern der späteren Legion Condor. Zu der Gruppe gehören zehn Bomberbesatzungen und sechs Jagdflieger, unter ihnen Hannes Trautloft, später einer der erfolgreichsten Weltkrieg-II-Jäger und noch später Stabschef der Bundesluftwaffe. Die Maschinen der Jagdstaffel, sechs Doppeldecker vom Typ He 51, liegen zusammen mit Munitions- und Bombenkästen im Bauch der ,,Usaramo''.

Mit abgeblendeten Lichtern läuft die ,,Usaramo'' am Abend des 5. August im südspanischen Hafen Cádiz ein, der in der Hand der Franquisten ist. Die Bomberbesatzungen werden sofort nach Tetuan geflogen, wo sie die bereitstehenden Ju 52 aus Berlin übernehmen: In 20 Tagen bringen sie 13000 Mann mit Waffen und Ausrüstung, 36 Geschütze, 127 schwere Maschinengewehre und 134 Tonnen Munition aufs spanische Festland.

Es ist die erste Luftbrücke der Kriegsgeschichte. Hauptmann Rudolf Freiherr von Moreau leitet die Operation: ,,Noch nie sind in einer Ju 52, die normal 17 Passagiere faßt, so viele Menschen untergekommen. Bis zu 42 bewaffnete Moros (marokkanische Söldner) faßte solch eine Ju 52 dieser neuen Verkehrsgesellschaft. Die Knie bis zum Kinn angezogen, das Gewehr zwischen den Füßen, so erlebten diese Soldaten ihren ersten Flug. Bevorzugte Zeiten waren die Früh- und Abendstarts, dann war die Luft ruhig. Schlimm wurde es manchmal um die Mittagsstunden. Das ganze Flugzeug verwandelte sich dann in jene berühmte Tüte, wie sie mancher Luftreisende kennt.''

Hauptmann Moreau beschränkt sich indessen nicht auf das Transportgeschäft. Er wirft die ersten deutschen Bomben im Spanischen Bürgerkrieg ab. Ihn ärgert, daß das republiktreue Schlachtschiff ,,Jaime I.'', das vor der andalusischen Küste kreuzt, seine Maschinen bei jedem Überflug mit Flak beschießt. Kurzentschlossen läßt Moreau zwei Ju 52 zu Bombern umrüsten. Sein Kamerad Oberleutnant Graf Hoyos beschrieb den Einsatz in einem Erlebnisbericht:

,,Moreau rief zwei Besatzungen zu sich. In einem Hinterzimmer im Hotel wurde die Sache besprochen. Am 12. August konnte man ihm melden, daß alles fertig war. Die Nacht reichte gerade, um mit behelfsmäßigen Vorrichtungen zwölf 50-kg-Bomben in die zwei Maschinen zu laden. Eine Stunde vor Dämmerung starteten sie. Im Morgengrauen warf die eine Maschine aus 500 Meter Höhe drei Bomben auf das rote Flaggschiff ab. Zwei Volltreffer rissen ihm den Leib auf und machten es für den weiteren Verlauf des Krieges kampfunfähig. Der erste Einsatz der Luftwaffe war geschehen."

Die Jäger mochten nicht hinter den Bombern zurückstehen. Obwohl sie ursprünglich nur Geleitschutz geben und spanische Piloten ausbilden sollten, fliegen sie bald scharfe Einsätze bis nach Madrid – in Turnhosen und Tennisschuhen, denn eine Uniform hat die ,,Reisegesellschaft Union" noch nicht. Hannes Trautloft erntet beim Einsatz über Madrid ersten Ruhm:

,,Plötzlich gibt Eberhard das Angriffszeichen und drückt in Richtung Madrid im Sturzflug nach unten weg. Ich erkenne 500 Meter tiefer eine rote Breguet (das französische Kampfflugzeug der spanischen Luftwaffe). Ruhig fliegt er auf uns zu. Ich schalte das Visier ein, mit Händen, die vor Aufregung zittern. Im Angriff sehe ich, wie der Beobachter sein Maschinengewehr auf mich richtet, und dann leuchtet drüben auch schon das Mündungsfeuer auf. Ich fliege auf etwa 30 Meter heran und lasse meine Maschinengewehre sprechen. Mit der ersten Garbe verschwindet mein Gegner in seinem Sitz; sein Maschinengewehr steht senkrecht zum Himmel. Meine zweite Garbe ist nur kurz, aber sie sitzt gut, denn plötzlich bäumt sich die Breguet auf, rutscht über die Tragflächen ab, schlägt nördlich des Dörfchens Colmenar hart auf. Mein erster Abschuß! Zugleich der erste Abschuß der deutschen Legion!"

Es ist der 25. August 1936. Fünf Tage später hat Trautloft schon wieder eine Premiere: Er wird selbst abgeschossen. Zu seinem Glück schwebt er mit dem Fallschirm auf der eigenen Seite der Front nieder. Drüben hätte jeder Milizsoldat den kriegführenden Zivilisten nach der Haager Landkriegsordnung an die Wand stellen können.

Aber keiner der jungen Flieger schien darüber nachzudenken, für welche Sache er eigentlich sein Leben einsetzte. Der Gegner, das waren für sie schlicht ,,die Roten", die gleichen, mit denen der Führer zu Hause Schluß gemacht hatte. Die ,,Nationalen", das waren die ,,echten", die patriotischen Spanier. Keinem der Deutschen schien es aufzufallen, daß die fremden Soldaten, die sie in ihren Ju 52 aus Marokko herübergeholt hatten, keine glühenden Patrioten waren, in ihrer Mehrzahl nicht einmal Spanier. Diese Truppen waren Söldner – Fremdenlegionäre und Marokkaner. Sie führten Krieg, weil sie dafür bezahlt wurden. Töten war ihr Beruf.

Die Speerspitze des „Kreuzzugs" – fanatische Moslems

Die spanische Fremdenlegion war eine klassische Kolonialtruppe, 1920 zur Niederwerfung der Rif-Kabylen gegründet. Wie in der französischen Legion wurde kein Bewerber nach seinem richtigen Namen gefragt. Doch im Unterschied zu ihrem französischen Vorbild bestand die spanische Legion zu einem erheblichen Teil aus Spaniern, denn der Sold war höher als in der regulären Armee. Was diese Truppe zusammenhielt, waren eine eiserne Disziplin und kalte Brutalität. Die rote Quaste am Käppi, das Kennzeichen der Legion, wurde bald zum Symbol des Terrors in Spanien. Der Wahlspruch der Fremdenlegionäre hieß „Viva la muerte – abajo la inteligencia!" – „Es lebe der Tod, nieder mit der Intelligenz!"

Das Rückgrat der Franco-Truppen bildete jedoch das marokkanische Korps. Die „Moros" (Mauren) oder „Regulares" waren Franco persönlich ergeben. Sie stellten seine Leibwache noch 20 Jahre nach dem Bürgerkrieg, bis 1956, als Spanien auf das Protektorat Marokko verzichtete.

Ihre gefürchtetste Waffe war das Messer. Im übrigen führten sie den Krieg so, wie im Orient immer Krieg geführt wurde: Die Gefangenen wurden niedergemacht, die eroberten Orte geplündert, die Frauen vergewaltigt. Diese fanatischen Moslems, die den gefallenen Gegnern nach überliefertem Ritus häufig die Genitalien abzuschneiden pflegten, bildeten die Speerspitze für Francos „Cruzada", den Kreuzzug zur Rettung der christlich-abendländischen Kultur. Ein halbes Jahrtausend nach der Vertreibung der Mauren aus Spanien hallte der Schreckensruf „Die Moros kommen!" wieder durch das Land.

Oberst José Moscardó

Fremdenlegion und Moros bildeten zusammen eine Streitmacht von 34 000 Mann. Nachdem der größte Teil auf das Festland transportiert worden war, traten sie aus dem Brückenkopf um Sevilla zur Offensive nach Norden an. Sie rollten die dünnen Linien der republikanischen Milizen in wenigen Wochen auf. Anfang September war die Verbindung zwischen den franquistischen Aufstandsgebieten im Norden und Süden Spaniens hergestellt. Anschließend stießen die Moros auf Toledo vor. Der Kampf um Toledo wurde zum Heldenepos der „Nationalen".

Im Alcázar von Toledo, einer mittelalterlichen Festung, waren seit Ausbruch des Bürgerkrieges 1300 Mann, in der Mehrzahl Kadetten, unter dem Kommando des Obersten José Moscardó von der Miliz der Anarchisten eingeschlossen. Anders als in Madrid und Barcelona war es den Anarchisten nicht gelungen, die Garnison zu überwältigen.

Schließlich versuchten es die Belagerer mit einer Erpressung. Der Sohn des Obersten Moscardó, ebenfalls ein Soldat, war ihnen in die Hände gefallen. Der Milizführer Cándido Cabello rief Moscardó im Alcázar an (das Telefon funktionierte noch) und sagte: „Wenn der

Alcázar in zehn Minuten nicht kapituliert, werde ich Ihren Sohn erschießen lassen. Er steht hier neben mir." Damit übergab er das Telefon an den Sohn. Es folgte ein Dialog, den später jedes spanische Schulkind auswendig lernte:

Sohn: ,,Vater!"

Vater: ,,Was ist los, mein Junge?"

Sohn: ,,Nichts. Sie sagen, sie erschießen mich, wenn du den Alcázar nicht übergibst."

Vater: ,,Dann befiehl deine Seele Gott, rufe ‚Es lebe Spanien' und stirb wie ein Held."

Sohn: ,,Sei umarmt, Vater!"

Vater: ,,Sei umarmt, mein Sohn."

Als der Milizchef wieder am Apparat ist, sagt Moscardó: ,,Sie können sich die Zehn-Minuten-Frist sparen. Der Alcázar ergibt sich nicht." Damit knallt er den Hörer auf die Gabel. Nach Darstellung der ,,Nationalen" wurde der Sohn unverzüglich erschossen. Nach späteren neutralen Untersuchungen wurde er einen Monat später nach einem Fliegerangriff zusammen mit anderen Geiseln erschossen.

Die Belagerung ging indessen weiter. Der Alcázar hielt stand, obwohl die Milizen ihn im Laufe der Zeit in Trümmer schossen und schließlich Stück für Stück sprengten.

Allerdings hatten auch die Republikaner schwere Verluste. Italienische Jagdbomber flogen ununterbrochen Einsätze und versorgten die eingeschlossene Besatzung mit Waffen und Nachschub. Auch die deutsche Gruppe Moreau warf Proviant ab.

Nach zweimonatiger Belagerung erreicht Francos Entsatzarmee Toledo. Am 27. September befreien die Moros die ausgemergelte Besatzung. Oberst Moscardó empfängt den Kommandeur der Entsatzarmee, General Varela, mit der pathetischen Meldung: ,,Nichts Neues im Alcázar, Herr General!"

Nach der Eroberung Toledos nahmen die Moros furchtbare Rache. Die gefangenen Milizionäre wurden wie Tiere abgeschlachtet, die Verwundeten in ihren Betten erstochen. 40 Mann, die bis zuletzt in einem Stützpunkt ausharrten, sprengten sich selbst in die Luft, um nicht in die Hände der Araber zu fallen.

,,Viva la muerte"

Toledo war der erste große Sieg Francos. Drei Tage später, am 1. Oktober 1936, wurde er von der Generalsjunta offiziell zum ,,Caudillo" mit diktatorischen Vollmachten und zum Generalissimus ernannt. Im ,,nationalen" Lager brach das ,,Jahr 1" der ,,blauen Ära" an, so genannt nach den Blauhemden der Falange.

Die ,,blaue Ära" begann mit einer Terrorwelle, die die Greuel auf der anderen Seite noch übertraf, sowohl nach der Zahl der Opfer wie an kalter Brutalität. Während die ,,Roten" ihre Morde zu vertuschen suchten und sie in der Regel ohne Zeugen verübten, taten die „Nationalen" in der ersten Phase genau das Gegenteil. Sie erschossen ihre Opfer am hellichten Tage auf Marktplätzen und in Stierkampfarenen. Die Absicht war klar – Terror war das einzige Mittel, um den Widerstand einer Bevölkerung zu brechen, die in ihrer Mehrheit noch vor wenigen Monaten Volksfront gewählt hatte.

General Queipo de Llano

Todeskandidaten waren alle republiktreuen Beamten, alle Gewerkschaftsfunktionäre, alle Mitglieder der Volksfrontparteien, alle Milizangehörigen. Die Legionäre pflegten nach der Einnahme einer Stadt den jungen Männern das Hemd vom Leib zu reißen. Wenn auf der Schulter eine Druckstelle zu erkennen war, kam der Junge an die Wand – er hatte ein Gewehr getragen. Besonderen Anteil an der Ausrottung der „Roten" hatte der Befehlshaber der Südfront und Eroberer von Sevilla, General Queipo de Llano. Sein Pressechef Antonio Bahamonde ertrug den Terror nicht lange und setzte sich nach Portugal ab.

Bahamonde hat den Anbruch der „blauen Ära" in Sevilla beschrieben:

„Nach der Einnahme der Stadt holten Falange-Kommandos alle Gewerkschaftsfunktionäre aus den Häusern und brachten sie ins Theater an der Plaza del Duque. Im Morgengrauen des nächsten Tages wurden sie gruppenweise in verschiedene Straßen geführt, Sierpes-Straße, Tetuan-Straße, La Carupana und Plaza Nueva. Das ganze Stadtzentrum wurde zum Zeugen der ‚Morgendämmerung': Die Leichen blieben mit dem Gesicht nach oben in der Sonne liegen."

Später wurden die Exekutionen systematischer durchgeführt. In Sevilla wurden die Todeskandidaten allnächtlich vom Polizeihauptquartier im Jesuitenkloster „Jesus der Allmächtige" zur Erschießung auf den Friedhof gebracht. Antonio Bahamonde wohnte einer Exekution als amtlicher Hinrichtungszeuge bei. In jener Nacht waren es 50 Verurteilte. Sie wurden in drei Lastwagen zum Friedhof gefahren. Das Exekutionskommando bestand aus einem Zug „Moros" unter Führung eines spanischen Leutnants namens Povil. Bahamonde berichtet:

„Wir hielten wenige Meter vor dem Friedhofstor. Die Scheinwerfer der Lkws beleuchteten die Mauer. Links vom Tor war ein Erdstreifen mit frischem Sand. Die Moros öffneten die Klappen der Lkws, aber niemand stieg aus. Da sprangen zwei Moros in den ersten Wagen und stießen die ersten zwei Verurteilten mit ihren Bajonetten heraus. Sie schossen, ehe die beiden Männer die Mauer erreicht hatten. Dann kamen die beiden nächsten Opfer an die Reihe. Sie fielen über die ersten. Dann kamen wieder zwei. Mir wurde schlecht. Ich konnte es nicht mehr ertragen und ging in meinen Wagen zurück. Ich hörte Schreie, ‚Viva Cristo' oder ‚Viva la libertad' und dazwischen Schüsse. Die Moros schossen wie Automaten, in ihrer typischen Haltung, das Gewehr in der Armbeuge. Sie treffen immer beim erstenmal."

Die Erschießungen wiederholten sich den ganzen Krieg hindurch in jeder Stadt, die Francos Truppen besetzten. Anfang 1937 fiel Málaga. Arthur Koestler, damals Reporter des Londoner ,,News Chronicle'' auf der republikanischen Seite, war in der Stadt geblieben, um den Einzug der Nationalen zu erleben. Er wurde als Spion verhaftet und lernte Francos Gefängnisse von innen kennen:

,,In den ersten Tagen nach der Eroberung Málagas wurden die Gefangenen dort zu jeder Tages- und Nachtzeit in Gruppen hinausgeführt und erschossen. Später, in Sevilla [wo Koestler drei Monate in Einzelhaft saß], wurden die Dinge schon mit einer gewissen Routine erledigt. Die Exekutionen fanden drei- oder viermal in der Woche zwischen Mitternacht und zwei Uhr morgens statt. Es gelang mir nie, hinter das System der Auswahl zu kommen.''

Das war im April 1937, ein halbes Jahr nach der Erschießungswelle, die Bahamonde erlebt hat. Und es war noch immer kein Ende in Sicht. Zahlen wurden nie veröffentlicht. Skeptische Untersuchungen kommen auf wenigstens 40 000 Hinrichtungen allein im ersten halben Kriegsjahr – eine Mordwelle, die alles verschlang, was gegen Franco war, namenlose Bauern ebenso wie den Dichter García Lorca, der auf einem kahlen Feld bei Granada erschossen und verscharrt wurde. Der Tod des berühmtesten zeitgenössischen spanischen Lyrikers, der alles andere als ein politischer Agitator war, lastete immer wie ein Kainsmal auf dem Franco-Regime. Sein Name stand für all die anderen Toten, von denen nur die Witwen wußten. Lange blieben die Umstände dieses Mordes im dunkeln. Das Regime versuchte, den Fall García Lorca als unglückliches Versehen oder gar als privaten Racheakt im Homosexuellen-Milieu darzustellen. Erst vor einigen Jahren wurde Lorcas Tod völlig aufgeklärt.

García Lorca

Der Dichter hatte sich nach der Einnahme Granadas im Haus des Lyrikers Rosales versteckt. Er fürchtete um sein Leben. Das Haus seines Vaters war schon durchsucht, er selbst bedroht worden. Sein Schwager Manuel Fernandez Montesinos, sozialistischer Bürgermeister von Granada, saß bereits in Haft. Er wurde am 16. August 1936 mit 29 anderen Republikanern auf dem Friedhof von Granada erschossen. Am gleichen Tag wurde Lorca aus dem Haus seines Freundes Rosales geholt und in das Gebäude der Provinzregierung gebracht. Vergeblich bemühten sich angesehene Bürger um seine Freilassung. Am 18. oder 19. August schleppte ihn ein Kommando in das Falangistenheim ,,La Colonia'' in der Nähe der Stadt. Es war die übliche Durchgangsstation für die Todeskandidaten.

Walter Haubrich, Korrespondent der ,,Frankfurter Allgemeinen'' in Madrid, hat die letzten Stunden des Lyrikers rekonstruiert: ,,Wir wissen nicht genau, ob García Lorca am 19. oder 20. August starb, aber wir wissen, wie er starb. Eines der unfreiwilligen Mitglieder des Erschießungskommandos – ein gewisser I. G., der noch lebt – erzählte den Vorgang: ,Im Morgengrauen mußten wir fast täglich Gefangene aus La Colonia herausholen, immer in kleinen Gruppen zu höchstens fünf Mann. Wir ließen sie in Richtung Fuente Grande gehen, wir hinterher, die entsicherten Gewehre schon auf die Gefangenen gerichtet. In einem bestimmten Augenblick machte der Chef ein Zeichen, und wir schossen. Dann bekamen sie noch den Gnadenschuß. Wir ließen die Leichen am Rand des Weges liegen. Später wurden sie von anderen beerdigt.'''

Der Dichter García Lorca wurde in einem namenlosen Grab verscharrt, so wie Zehntausende in der „nationalen" Zone. Über das „befreite" Spanien senkte sich das Schweigen der Friedhöfe. Nur einer hatte den Mut, öffentlich Anklage zu erheben: der Philosoph Miguel de Unamuno, Rektor der ehrwürdigen Universität Salamanca. Er hatte Francos Erhebung anfangs mit Sympathie betrachtet, aber jetzt schauderte ihn. Er wollte nicht zum Komplicen von Massenmördern werden. In Salamanca, der Stadt Unamunos, lag damals Francos Hauptquartier. Am 12. Oktober, dem Tag der Entdekkung Amerikas, der in Spanien und Lateinamerika als „Tag der (hispanischen) Rasse" gefeiert wird, versammelten sich die Spitzen des Regimes zu einem Festakt in der Universität. In der Aula hing ein Bild des „Caudillo". Darunter hatte eine Truppe junger Falangisten im Blauhemd Aufstellung genommen. Zu den Festrednern gehörte General José Millán Astray, der einarmige und einäugige Kommandeur der Fremdenlegion. Er sprach, als stünde er auf einem marokkanischen Exerzierplatz und nicht in der Universität Salamanca. Seine Rede gipfelte im Schlachtruf der Legion: „Viva la muerte – es lebe der Tod!"

Miguel de Unamuno

Als sich der dröhnende Beifall und die „Franco–Franco"-Rufe legten, erhob sich der zweiundsiebzigjährige Unamuno, der Hausherr bei diesem makabren Festakt. Mit leiser, beherrschter Stimme hielt er seine letzte Rede. Er sagte, er habe niemals gelernt zu schweigen. Er werde es auch nicht mehr lernen. Er wolle deshalb ein paar Worte zu der Rede des Generals sagen:

„Ich habe eben den sinnlosen Schrei ‚Viva la muerte' gehört. Für mich ist das gleichbedeutend mit dem Schrei ‚Zum Teufel mit dem Leben!' Und ich, der ich Jahre damit verbracht habe, Paradoxa zu formulieren, muß sagen, dies stößt mich ab. Dieses Haus ist ein Tempel der Vernunft, und Sie haben ihn entweiht. Sie werden gewinnen, aber Sie werden nicht siegen. Sie werden gewinnen, weil Sie die nackte Gewalt besitzen. Aber um zu siegen, muß man überzeugen. Und um zu überzeugen, müßten Sie besitzen, was Ihnen fehlt – Vernunft und das Recht zu diesem Kampf. Ich halte es für sinnlos, Sie zu ermahnen, an Spanien zu denken. Ich habe nichts mehr zu sagen."

Es waren Unamunos letzte Worte in der Öffentlichkeit. Er wurde unter Hausarrest gestellt und starb zweieinhalb Monate später.

Franco brauchte in seinem Herrschaftsbereich auf niemanden mehr Rücksicht zu nehmen. Es ging ihm nicht ums Siegen im Sinne Unamunos. Er wollte nicht überzeugen. Er wollte gewinnen. Und er bereitete eben den Großangriff auf Madrid vor. Er plante, noch vor Jahresende in die Hauptstadt einzuziehen.

4. KAPITEL

STALIN GREIFT EIN

„Es lebe Rußland" — ein Parteilokal der Falange wird umfunktioniert

Die spanische Republik befand sich 1936 in der Lage eines Hausherrn, der von einer Räuberbande überfallen wird und laut um Hilfe ruft. Die Nachbarn teilen sich darauf in zwei Gruppen. Die einen helfen den Räubern, die anderen sagen: ,,Wir mischen uns da lieber nicht ein.''

Die Nichteinmischer waren die Westmächte. Sie sahen zu, wie die spanische Republik von Hitler und Mussolini erwürgt wurde. Es war der Beginn einer schmachvollen Kette von Kapitulationen, die geradewegs in den Zweiten Weltkrieg führte.

Léon Blum

Die Volksfrontregierung unter dem linksliberalen José Giral hoffte, wenigstens vom Nachbarland Frankreich Unterstützung zu erhalten, denn in Paris amtierte unter dem Sozialisten Léon Blum ebenfalls eine Volksfrontregierung. Giral bettelte nicht um Spenden. Er wollte ganz normal Waffen kaufen, so wie Spanien das immer in Frankreich getan hatte. Giral bat nicht einmal um Kredit. Er offerierte Barzahlung in Gold, denn die Peseta war eine der solidesten Währungen Europas.

Wäre es allein nach Léon Blum gegangen, hätte das republikanische Spanien alle Waffen bekommen, die es brauchte. Aber Léon Blum wollte nichts ohne England unternehmen. Und Englands konservativer Premierminister Baldwin sagte nein. Er hatte, ebenso wie sein Nachfolger Chamberlain, nur eine Angst – daß es zu einem neuen Krieg mit Deutschland kommen könnte. Unter gar keinen Umständen wollte er irgend etwas tun, was Deutschland und Italien verärgern könnte. Er glaubte allen Ernstes, man könne mit Hitler und Mussolini wie mit all den guterzogenen Leuten reden, die er kannte. Man müßte sich nur mit ihnen an einen Tisch setzen.

So schlugen England und Frankreich allen europäischen Staaten ein ,,Nichteinmischungsabkommen'' vor. Es verpflichtete die Unterzeichner, für ihr Staatsgebiet die ,,Ausfuhr und Durchfuhr'' von Kriegsmaterial mit dem Bestimmungsziel Spanien (gleich welche Seite) zu verbieten. Ein ,,Nichteinmischungskomitee'' in London sollte das Abkommen überwachen. Alle unterzeichneten, auch Deutschland und Italien. Es war eine der zynischsten Komödien, die das 20. Jahrhundert erlebte. Die faschistischen Mächte dachten keine Sekunde daran, das Abkommen einzuhalten. Mussolini hatte längst komplette Jagdgeschwader nach Franco-Spanien geschickt, und als Hitlers Botschafter in London, der spätere Außenminister von Ribbentrop, am 24. August 1936 die Nichteinmischungsakte unterschrieb, kurvten deutsche Jäger und Bomber längst über Madrid, liefen deutsche Schiffstransporte mit Kriegsmaterial nach Franco-Spanien – zur Tarnung vorerst noch über Portugal.

So kabelte die deutsche Botschaft in Lissabon am 22. August 1936 an das Auswärtige Amt in Berlin: ,,Nach Eintreffen Dampfer ‚Kamerun' und ‚Wigbert' wurde Weiterbeförderung Materials in glattester Weise in Gang gebracht. Hierbei hat [Portugals] Ministerpräsident Salazar durch persönliches Eingreifen alle Schwierigkeiten in kürzester Zeit beseitigt.''

Während die Achsenmächte ihre Interventionstruppen ständig verstärkten, hielten sich England und Frankreich peinlich genau an die Nichteinmischungsakte. Frankreich sperrte die Pyrenäengrenze, Spaniens einzige Landverbindung ins neutrale Ausland, für alle Waffentransporte. Doch schlimmer noch als der Mangel an Waffen war für die Republik der Mangel an Soldaten. Die spanische Armee war nahezu komplett zu Franco übergelaufen oder hatte sich in nichts aufgelöst. Von insgesamt 11 000 aktiven Offizieren waren der Republik nicht mehr als 200 geblieben. Zwar gab es in Madrid noch immer ein Kriegsministerium, aber es gebot über keine regulären Truppen mehr. Alles, was die Republik der Kriegsmaschine Francos entgegenzustellen hatte, waren jene tollkühnen und zugleich erbarmungswürdigen Haufen von Amateursoldaten, die sich selbst „Milizen" nannten.

Mit einem dieser Haufen zog ein Ausländer mit, ein unbekannter englischer Schriftsteller namens George Orwell, der später mit seinem Roman „1984" Weltruhm errang. Er war damals 33 Jahre alt und hatte sich in Barcelona bei der Miliz der POUM, einer marxistischen Splitterpartei, gemeldet. Man hatte ihm ein Mausergewehr von 1896 in die Hand gedrückt, aber nicht erklärt, wie es funktionierte, und nun marschierte er zur Front:

„Man kann sich kaum vorstellen, wie wir aussahen. Wir latschten zusammenhangloser durch die Gegend als eine Schafherde. Noch ehe wir zwei Meilen zurückgelegt hatten, war das Ende der Schlange außer Sicht. Gut die Hälfte der sogenannten Männer waren Kinder von höchstens 16 Jahren . . . Abgesehen von dem Waffenmangel hatten wir weder Landkarten noch Ferngläser, noch Schanzgerät. Es gab nicht einmal Schmierfett für die Gewehre. Wir schmierten sie mit Olivenöl, wenn wir etwas auftreiben konnten."

Buenaventura Durruti

Besser ausgerüstet waren die Anarchisten, mit 50 000 Mann die stärkste Miliztruppe. Sie lehnten alle militärischen Formen wie Dienstgrade, Rangabzeichen und das Prinzip Befehl–Gehorsam ab. Folglich besaßen sie keine zentrale Führung, sondern zerfielen in einzelne „Kolonnen", die jeweils ihren eigenen Krieg führten.

Die berühmteste war die Kolonne Durruti. Buenaventura Durruti war schon zu Lebzeiten eine Legende. Er hatte Banküberfälle und Attentate verübt, war nach Südamerika entkommen, hatte in Frankreich im Gefängnis gesessen, wurde nach Marokko deportiert und kehrte kurz vor Ausbruch des Bürgerkrieges nach Barcelona zurück. Er war die Inkarnation des spanischen Anarchismus.

Der sowjetische Schriftsteller Ilja Ehrenburg, damals „Iswestija"-Korrespondent, besuchte den großen Häuptling kurz vor seinem Tod 1936 an der Front. Der Russe wurde zum Essen eingeladen: „An den Tischen saßen Milizmänner, die einen in rot-schwarzen Hemden, die anderen in blauen Trainingsanzügen, alle mit gewaltigen Revolvern bewaffnet. Einer reichte das Essen und die Weinkrüge herum. Neben Durrutis Teller stellte er eine Flasche Mineralwasser. Ich scherzte: ‚Du redest immer von der absoluten Gleichheit.

Dabei trinken alle Wein, nur du allein trinkst Mineralwasser!' Ich konnte nicht ahnen, welchen Eindruck meine Worte auf Durruti machen würden. Er sprang auf und schrie: ,Räumt die Flaschen weg. Bringt mir Wasser aus dem Brunnen!' Lange versuchte er, sich zu rechtfertigen: ,Ich habe nicht darum gebeten. Die Leute wissen, daß ich keinen Wein vertrage und haben irgendwo eine Kiste Mineralwasser aufgetrieben.' Wir aßen wortlos weiter, dann fügte er plötzlich hinzu: ,Es ist schwer, alles auf einen Schlag zu ändern. Die Prinzipien und das Leben decken sich nicht.'''

Francos Herbstoffensive machte der anarchistischen Romantik ein Ende. Als das marokkanische Korps und die Fremdenlegion aus dem Brückenkopf um Sevilla heraus zum Vormarsch auf Madrid antraten, brach die Front der Republikaner auf ganzer Breite zusammen. Die roten Milizen waren den kriegserfahrenen, gut ausgerüsteten Söldnern nicht gewachsen. In einer großangelegten Zangenbewegung von Norden nach Süden drohte Franco, Zentralspanien mit der Hauptstadt Madrid zu umfassen. Das Schicksal der Republik stand auf Messers Schneide. Tapferkeit und revolutionäres Pathos genügten jetzt nicht mehr. Diese Republik mußte wieder ein Staat werden, oder sie war verloren.

Die liberale Regierung, die nominell noch immer in Madrid amtierte, konnte diese Aufgabe nicht erfüllen. Sie war nur noch eine Attrappe. Ministerpräsident Giral gab auf. Am 4. September 1936, sieben Wochen nach Ausbruch des Bürgerkrieges, demissionierte die Regierung. Jetzt erst trat der Mann an die Spitze, der die Massen hinter sich hatte: Francisco Largo Caballero, der Führer der Sozialisten und ihres Gewerkschaftsbundes UGT. Er bildete eine Koalitionsregierung, in der die Liberalen nur noch schmückendes Beiwerk waren. Damit besaß die Republik erstmals eine Regierung, die die wirklichen Machtverhältnisse repräsentierte.

Allzu lange hatte der alte Sozialistenführer sich gesträubt, die Macht mit den ,,Bürgerlichen'' zu teilen. Er wollte die parlamentarische Demokratie gar nicht retten. Für ihn kam zuerst die Revolution und dann erst die Republik. Jetzt allerdings war auch ihm klar, daß Franco im Begriff war, mit beidem Schluß zu machen. Es ging jetzt ums Überleben, um den Sieg über den gemeinsamen Todfeind. Wenn die Republik überhaupt eine Chance haben wollte, dann mußte sie zuerst im eigenen Hinterland Ordnung schaffen.

,,Schluß mit der Revolution!''

So war die paradoxe Folge der Linksregierung ein Rechtsruck in der Republik. Unter dem Motto ,,Erst der Krieg, dann die Revolution'' machte sich Largo Caballero daran, die Staatsautorität wiederherzustellen. Er verfügte die Auflösung aller ,,Komitees'', die sich revolutionäre Macht angeeignet hatten, baute einen neuen Justiz- und Polizeiapparat auf und ordnete schließlich die Eingliederung der Milizen in eine neue ,,Volksarmee'' an. Er selbst übernahm das Kriegsministerium und damit den Oberbefehl über die Streitkräfte. Die berüchtigte anarchistische „Eiserne Kolonne", die sich dem Beschluß widersetzte, wurde kurzerhand entwaffnet und aufgelöst.

Gleichzeitig wurde die wilde Kollektivierung in gesetzliche Bahnen gelenkt. Die von ihren Besitzern verlassenen Güter und Betriebe wurden entschädigungslos enteignet und unter Staatsaufsicht gestellt. Die wichtigste innenpolitische Maßnahme war jedoch die Gewährung der Autonomie für das Baskenland, das, abgeschnitten vom Rest der Republik, im Norden einen einsamen Kampf gegen die vorrückenden Franco-Truppen führte. Es war die einzige Region der Republik, in der eine breite bürgerliche Mehrheit herrschte.

Schließlich traten im November 1936, als sich die militärische Lage immer mehr verschlechterte, auch die Anarchisten in die Regierung ein, der letzte große politische Block, der bisher noch abseits stand. Es war das erste Mal in der Geschichte, daß sich Anarchisten an einer Regierung beteiligten. Der Schritt widersprach ihrer radikalen Philosophie und führte zu schweren inneren Auseinandersetzungen.

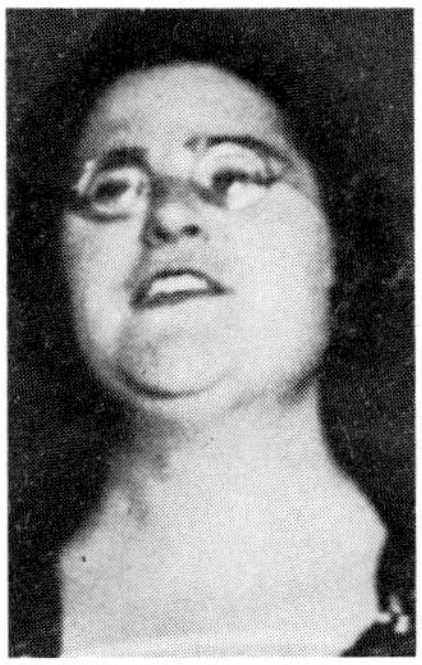

Federica Montseny

Entschiedener noch als die radikalen Sozialisten um Largo Caballero machten die Anarchisten bei Ausbruch des Bürgerkrieges klar, daß sie nicht zur Verteidigung der bürgerlichen Republik angetreten waren. Schon Monate vor dem Franco-Putsch hatten sie erklärt: „Wenn jemand ernsthaft die Feindseligkeiten eröffnet, wird die Demokratie unter zwei Feuern untergehen: Entweder soziale Revolution oder Faschismus!" Nur widerstrebend beugten sie sich jetzt der Notwendigkeit, angesichts der tödlichen Bedrohung auch politische Verantwortung zu übernehmen.

Mit den Anarchisten zog erstmals eine Frau in eine spanische Regierung ein, die Katalanin Federica Montseny, eine leidenschaftliche Frauenrechtlerin. Sie wurde Gesundheitsministerin. In öffentlicher Rede beschrieb sie, welche Gewissensqualen ihr der Regierungsbeitritt bereitete:

„Als Nachkomme einer alten Anarchisten-Dynastie bedeutete mir der Regierungseintritt mehr als nur die Ernennung zum Minister. Für mich war es nicht weniger als der Bruch mit einer prinzipiellen Einstellung und einem ganzen Leben, mit einer ganzen Vergangenheit, die verbunden war mit dem Lebenswerk meiner Eltern. Es kostete mich eine ungeheure Anstrengung. Viele Tränen waren der Preis."

Ähnlich mochte es dem neuen Justizminister Juan García Oliver gehen. Sein Leben lang hatte er gegen die Justiz gekämpft und selbst als Terrorist im Gefängnis gesessen. Jetzt war er verantwortlich für die neugeschaffenen „Volksgerichte", die die Terrorjustiz der Komitees ablösen sollten. Mit Rücksicht auf die öffentliche Meinung des Auslands sorgte er auch dafür, daß der prominenteste politische Häftling der Republik, der Falangeführer José Antonio Primo de Rivera, der schon vor Ausbruch des Bürgerkrieges verhaftet worden war, einen fairen Prozeß erhielt. Er wurde in Alicante, in einem öffentlichen Gerichtsverfahren, das ihm jede Möglichkeit der Verteidigung bot, wegen Verschwörung gegen den Staat zum Tode verurteilt und am 19. November 1936 erschossen. Zur Vergeltung ließ Franco den Sohn Largo Caballeros erschießen – ohne Prozeß. Er war den Nationalen bei Ausbruch des Bürgerkrieges in die Hände gefallen.

Mit der selbstlosen Hingabe, die viele Anarchisten auszeichnete, leisteten sie jetzt ihren Dienst „auf der anderen Seite der Barrikade". Der neuernannte Industrieminister Juan Peiró, ein alter CNT-Gewerkschafter, rief nun die Genossen zur Disziplin auf: „Freunde der Disziplinlosigkeit", sagte er, „ihr müßt euch klar werden, daß jetzt eine Kriegsdisziplin notwendig ist. Den isolierten Entscheidungen muß ein Ende gemacht werden. In der dritten Kriegswoche hielt die Glasindustriegewerkschaft, der ich seit vierzig Jahren angehöre, eine Vollversammlung ab, die für eine Sechsundzwanzig-Stunden-Woche eintrat. Ich frage euch: Kann man unter solchen Bedingungen kämpfen, wenn der Feind so nahe ist?"

Doch es fiel den alten CNT-Kämpfern nicht leicht, sich durchzusetzen. Noch ein Jahr später, im Oktober 1937, beklagte Staatspräsident Azaña, daß es nicht möglich sei, die Rüstungsproduktion zu steigern, weil die Arbeiter sich weigerten, auf die Fünfeinhalb-Tage-Woche zu verzichten und Überstunden zu machen. In Barcelona hätten städtische Arbeiter es sogar abgelehnt, am Wochenende nach Bombenangriffen beim Trümmerräumen zu helfen.

Die eifrigsten Verbündeten bei der Wiederherstellung staatlicher Autorität erwuchsen dem Regierungschef Largo Caballero von der kleinsten, aber geschlossensten Truppe innerhalb der Volksfront – den Kommunisten. Zum erstenmal bekleideten sie jetzt Regierungsämter, wenn auch nur zwei relativ unbedeutende: die Ministerien für Landwirtschaft und Erziehung. Das blieb nach außen auch so bis zum Ende des Bürgerkrieges. Doch nach innen wurde die PCE bald zur beherrschenden Kraft der Republik. Der dunkle Schatten Josef Stalins fiel auf die Bühne des Spanischen Bürgerkrieges.

Bis zum Ausbruch des Bürgerkrieges hatte die Sowjetunion keine Rolle in Spanien gespielt. Es gab nicht einmal diplomatische Beziehungen zwischen Madrid und Moskau. Erst im August 1936 wurden Botschafter ausgetauscht. Stalins Gesandter Marcel Rosenberg, der bald zur Grauen Eminenz der Republik wurde, nahm Quartier im vornehmen Hotel Gaylord. Doch obwohl Moskau gleich nach Ausbruch des Bürgerkrieges eine gewaltige internationale Solidaritätskampagne in Gang setzte, ließ es sich mit konkreter Hilfe Zeit.

Der Spanische Bürgerkrieg setzte Stalin in eine unangenehme Zwangslage. Er strebte zu dieser Zeit ein Bündnis mit den Westmächten gegen Hitler an und wollte alles vermeiden, was Frankreich oder England verprellen könnte. So unterzeichnete er ebenfalls das „Nichteinmischungs"-Abkommen von London und untersagte formell den Export von Kriegsmaterial nach Spanien.

Gleichzeitig trimmte Stalin die spanischen Kommunisten auf streng demokratischen Kurs. Sie traten als Ordnungsfaktor auf. Das Wort „Revolution" kam bei ihnen überhaupt nicht vor. Sie sprachen nur von Disziplin, Gehorsam, Legalität. Die PCE wurde attraktiv für alle, die das Chaos satt hatten. Vor dem Bürgerkrieg zählte die Partei höchstens 15 000 Mitglieder, jetzt schwoll sie innerhalb weniger Monate auf mehrere Hunderttausend an.

Außerdem hatte die PCE etwas sehr Überzeugendes vorzuweisen: die beste Miliz der Republik, das „5. Regiment". Die kommunistische Truppe war in Madrid gegründet worden, wo traditionell vier Regimenter der alten Armee lagen. Das „5. Regiment" unterschied sich von Anfang an von allen anderen Milizen. Bei den Kommunisten gab es die klassischen militärischen Dienstgrade und Rangabzeichen, gründliche Ausbildung, eiserne Disziplin – und politische Kommissare.

Doch wenn Stalin anfangs auch nach außen hin Zurückhaltung übte, so konnte er doch nicht tatenlos zusehen, wie die spanische Arbeiterklasse vom Faschismus zermalmt wurde – das hätte ihn bei Trotzkisten und Anarchisten vollends diskreditiert. Als die Lage für die Republik immer kritischer wurde, gab er schließlich seine Zurückhaltung auf und signalisierte in einem Telegramm an die PCE – die sich zuvor „im Namen des spanischen Volkes" für die „Solidarität der Völker der Sowjetunion" bedankt hatte – seine Bereitschaft, in den Konflikt einzugreifen: „Die Befreiung Spaniens vom Joch der faschistischen Reaktionäre ist keine private Angelegenheit der Spanier, sondern gemeinsame Sache der gesamten fortgeschrittenen und progressiven Menschheit", hieß es in seiner Botschaft.

Palmiro Togliatti

Dies war ein folgenschwerer Satz. Er implizierte den sowjetischen Führungsanspruch in allen inneren und äußeren Angelegenheiten der Republik. Und Stalin war wie immer entschlossen, es nicht bei Floskeln bewenden zu lassen. Schon kurz nach Aufnahme der diplomatischen Beziehungen hatte er ein starkes Komintern-Kommando unter Führung des Italieners Palmiro Togliatti, des späteren KPI-Chefs, nach Madrid geschickt. Er nahm die spanischen Genossen noch stärker an die Kandare und baute mit Hilfe der PCE einen autonomen Kontrollapparat in der republikanischen Staatsverwaltung auf. Außerdem etablierte sich in Madrid eine Filiale der NKWD, der sowjetischen Geheimpolizei. Sie war für die Disziplin der russischen und spanischen Genossen zuständig und unterhielt ein eigenes Gefängnis in Alcalá de Henares, eine Autostunde östlich von Madrid. Der Arm des NKWD reichte bald tief in die spanische Innenpolitik hinein.

Allerdings trafen nun auch die ersten Waffenlieferungen aus Moskau ein – die einzige Art von Hilfe, die die Republik wirklich brauchte. Schon drei Tage vor Stalins „Gemeinsame Sache"-Telegramm, am 12. Oktober, als Francos Truppen bereits kurz vor Madrid standen, lief der erste sowjetische Frachter mit Kriegsmaterial und sowjetischen Instrukteuren in Cartagena ein. Die „brüderliche

Hilfe" war indessen kein Geschenk des sowjetischen Volkes. Stalin ließ sich die Waffen teuer bezahlen: Er kassierte dafür im voraus drei Viertel des Goldschatzes der Bank von Spanien.

Die Goldaffäre führte später zu erbitterten Fehden unter den spanischen Exil-Politikern, und sie beschäftigt noch immer Juristen und Historiker. In kurzen Worten spielte sich folgendes ab: Die in Madrid lagernden Goldreserven der Bank von Spanien, 654 Tonnen Goldmünzen und Barren, verpackt in 10 000 kleinen Kisten, waren bei Annäherung der Front aus Madrid in das Marinearsenal Cartagena ausgelagert worden. Um die Lieferung von Kriegsmaterial sicherzustellen, vereinbarten die spanische und die sowjetische Regierung die Überführung von 7800 Kisten (510 Tonnen im Wert von 584 Millionen Dollar) in die Tresore der Moskauer Gosbank. Das Gold blieb Eigentum der spanischen Republik und sollte zur Begleichung der spanischen Materialeinkäufe verwendet werden.

Unter äußerster Geheimhaltung wurde das Gold Ende Oktober in einem Konvoi nach Odessa verschifft. Beamte der spanischen Staatsbank überwachten den Weitertransport nach Moskau und die Verwahrung in der Gosbank. Bis heute ist jedoch keine korrekte Abrechnung veröffentlicht worden, und es ist fraglich, ob es überhaupt eine gibt.

Die Sowjetregierung behauptete 20 Jahre später, sie habe weit mehr als den Gegenwert des Goldes geliefert, so daß die spanische Republik ihr noch 50 Millionen Dollar schulde. Neutrale Untersuchungen halten diese Forderung für übertrieben, kommen aber auch zu dem Schluß, daß das spanische Gold durch die Lieferung von Kriegsmaterial aufgebraucht worden ist. Der sowjetfreundliche Außenminister der spanischen Republik, Álvarez del Vayo, erklärte später: „Die letzte Rate wurde zwei Monate vor Kriegsende abgerufen."

Wie auch immer – die sowjetische Waffenhilfe erfolgte entgegen den pathetischen Solidaritätsbekundungen auf rein kommerzieller Basis. Das sowjetische Militärpersonal erreichte andererseits nie den Umfang der faschistischen Interventionsstreitkräfte. Während die Italiener bald vier komplette Heeresdivisionen mit 50 000 Mann in Spanien stehen hatten und die deutsche Legion Condor rasch auf 6000 Mann und eine Armada von über 100 Bombern und Jägern anwuchs, unterhielt die Sowjetunion nie mehr als einige hundert Militärberater, Piloten und Panzerfahrer in Spanien.

Dennoch war die republikanische Armee nach kurzer Zeit fest unter sowjetischer Kontrolle. Die neue „Volksarmee" wurde nach dem Vorbild der kommunistischen Milizen aufgebaut. Die Soldatenräte wurden abgeschafft und durch politische Kommissare ersetzt. Da die Kommissare überwiegend Kommunisten waren, bildeten sie den politischen Arm der Partei bis in die vorderste Stellung. In vielen Fällen war der Kommissar mächtiger als der Kommandeur.

Die Internationalen Brigaden werden geboren

Gleichzeitig mit dem Neuaufbau der republikanischen Armee entstand unter Leitung der Komintern eine Truppe, für die es in der modernen Militärgeschichte kein Beispiel gab – die „Internationalen Brigaden". Sie wurden zur großen Saga des Spanischen Bürgerkrieges. Tausende von Freiwilligen hatten sich bald nach Kriegsbeginn bei den spanischen Botschaften im Ausland oder direkt bei den Milizen in Barcelona und Madrid gemeldet. Die meisten kamen aus den Reihen der kommunistischen Parteien, doch es waren auch viele Sozialisten und parteilose Liberale darunter, die spürten, daß auf den glühenden Hochebenen Kastiliens um die Zukunft Europas gekämpft wurde. Unter den Intellektuellen dieser Generation gab es kaum einen, der nicht wenigstens als Augenzeuge dabei sein wollte. Und es gab Tausende, die mit dem Gewehr dabeisein wollten.

Luigi Longo

Ab Oktober, unmittelbar nach Stalins „Gemeinsame Sache"-Telegramm, nahm die Komintern die Rekrutierung und Ausbildung der Freiwilligen in die Hand. In der Stadt Albacete, auf halbem Weg zwischen dem Hafen Cartagena und Madrid, entstand das Hauptquartier der Internationalen Brigaden. Im Gegensatz zu den spanischen Milizen herrschte hier von Anfang an strenge militärische Zucht und bedingungsloser Gehorsam. Generalinspekteur der Brigaden war Luigi Longo, später Chef der italienischen KP. Fast alle Offiziere waren Kommunisten, viele von jenem idealistischen Typus, der bald darauf durch Stalins Säuberungen ausgemerzt wurde. Für sie wurde Spanien zum Wendepunkt ihres politischen Lebenswegs, wenn sie auch bis zum bitteren Ende kämpften.

Es gab insgesamt fünf Internationale Brigaden, bezeichnet mit den römischen Ziffern XI. bis XV. Ihre Höchststärke lag bei 18 000 Mann, ihre Verluste betrugen bis zu 180 Prozent im Jahr. Keine andere Truppe des Bürgerkrieges brachte so hohe Opfer.

Insgesamt kämpften im Verlauf des Krieges 40 000 Mann aus über 50 Nationen bei den Internationalen Brigaden. Die Franzosen stellten mit etwa 10 000 Mann das stärkste Kontingent, gefolgt von den Deutschen (rund 5 000) und Italienern (etwa 4 000). Über 3 000 Amerikaner kämpften im Lincoln-Bataillon, das furchtbare Verluste erlitt, fast ebenso viele Briten und Iren im 16. Bataillon der XV. Brigade. Die meisten Verbände waren jedoch multinational. Das Bataillon „Tschapajew" bildete mit Soldaten aus 36 Nationen die bunteste Truppe. Die Verständigung in den Stäben aller Brigaden war fast nur durch Dolmetscher möglich, da nur wenige Kommandeure die offizielle Befehlssprache Spanisch beherrschten.

Das Durchschnittsalter der Brigaden lag erheblich über dem der spanischen Verbände. Die meisten ausländischen Freiwilligen waren keine ganz jungen Leute mehr, sondern erfahrene Kämpfer der Arbeiterbewegung. Viele Offiziere brachten Fronterfahrung aus dem 1. Weltkrieg mit. Als die schweren Verluste nicht mehr durch neue Freiwillige ersetzt werden konnten, wurden ab Sommer 1937 in zunehmendem Maße spanische Wehrpflichtige zu den Internationalen Brigaden eingezogen.

Die deutschen Interbrigadisten waren in den Bataillonen „Edgar André"* und „Thälmann" zusammengefaßt, die Italiener im Bataillon „Garibaldi". Von allen Interbrigadisten hatten diese Verbände wohl die leidenschaftlichste Kampfmoral. Die Deutschen und Italiener kamen fast ausnahmslos aus der Emigration, hatten Verfolgung, Zuchthaus, Illegalität hinter sich. Sie waren, wie der englische Chronist Robert Colodny schreibt, „unzerstörbare Menschen". Nichts konnte sie mehr umwerfen. Dieser Krieg war für sie die Befreiung aus der Ohnmacht des Exils. Die Front in Spanien war auch die Front ihrer Heimat, und sie standen in manchen Fällen konkret ihren Landsleuten auf der anderen Seite gegenüber.

Ludwig Renn

Diese Menschen paßten in keine Schablone. Zu den deutschen Kommandeuren der Brigaden gehörten so unterschiedliche Männer wie der Stalinist Wilhelm Zaisser, später Staatssicherheitschef der DDR, und der ehemalige Weltkriegs-Offizier Ludwig Renn, der eigentlich Arnold Friedrich Vieth von Golssenau hieß und 1928 mit seinem pazifistischen Roman „Krieg" literarischen Ruhm erworben hatte. Es gab Polit-Kommissare wie den Großbürgersohn, Schriftsteller und Bohemien Dr. phil. Gustav Regler und den bayerischen Proletarier Hans Beimler, bis 1933 Reichstagsabgeordneter der KPD. Beimler war vermutlich der einzige, dem die Flucht aus dem KZ Dachau gelang – nach der Legende erwürgte er einen SS-Mann in der Zelle und zog sich dessen Uniform an.

Es gab Offiziere wie den sensiblen Literaten Alfred Kantorowicz, der elegisch in sein Tagebuch schrieb: „Wir haben auf nichts zu zählen als auf uns selbst, eine Handvoll Proskribierter oder solche, die morgen Proskribierte sein werden." Und es gab Leute wie den späteren DDR-General Richard Staimer, der sein Bataillon antreten ließ und prüfte, „ob die Koppel nicht zu locker saßen" (Kantorowicz).

André Marty

Sie alle versammelten sich in der Provinzstadt Albacete, dem Standort und Ausbildungszentrum der Internationalen Brigaden. Dort herrschte die eiserne Disziplin der Komintern. Herr über Albacete war der Franzose André Marty, Resident der Komintern und Kommandeur des Ausbildungszentrums. Marty hatte seine revolutionäre Karriere als Maschinist bei der französischen Marine begonnen. In Spanien erwarb er sich den Beinamen „Schlächter von Albacete" – nicht weil er so viele Faschisten, sondern so viele von den eigenen Leuten an die Wand stellen ließ.

„Marty", so schreibt Gustav Regler, „deckte seine unverzeihliche Unfähigkeit mit einer unverzeihlichen, passionierten Spionagesucht." Als Regler sich beim Aufnahmestab in Albacete meldet, muß er wie alle ein Kreuzverhör durch Marty über sich ergehen lassen: „Wann verließen Sie Hitler-Deutschland? Wen kennen Sie

* *Der Hamburger KPD-Führer Edgar André war 1936 in Deutschland hingerichtet worden*

denn so in Paris? Malraux? So, so. Wo ist er denn jetzt? Haben Sie auch Anarchisten getroffen?"

„Martys Spiel", schreibt Regler weiter, „war mir plötzlich zuviel. Ich hatte Lust aufzuspringen und ihn zu ohrfeigen. Ich weiß heute, daß ich solch männlichen Wutausbruch zehn Minuten später mit dem Leben bezahlt hätte."

Am knappsten urteilt der sowjetische Schriftsteller Ilja Ehrenburg über Marty: „Seine Worte waren die eines Gemütskranken."

Es gehört zu den Unbegreiflichkeiten des Spanischen Bürgerkrieges, daß trotz Marty aus Tausenden von Freiwilligen aller Herren Länder in kurzer Zeit eine Elitetruppe wurde. Am 7. November 1936, drei Wochen nach Beginn der Ausbildung, verließ die erste einsatzbereite Truppe Albacete. Es war die XI. Internationale Brigade. Sie wurde dringend in Madrid gebraucht. Im Morgengrauen jenes Tages hatte Francos Großangriff auf die Hauptstadt begonnen.

5. KAPITEL

DIE SCHLACHT UM MADRID

Hauptkampflinie Universität: MG-Stellung hinter Bücherstapeln

Madrid war in den dreißiger Jahren eine der großen mondänen Metropolen. Eine Mischung aus Paris und Berlin mit einem gehörigen Schuß spanischer Würze, eine Weltstadt, die Maßstäbe setzte und an der Spitze des Fortschritts marschierte. Madrid besaß ein vielbewundertes U-Bahn-Netz, den einzigen Wolkenkratzer Europas und die modernste Universitätsstadt des Kontinents, kurz vor dem Sturz der Monarchie unter Alfons XIII. errichtet. Die Modesalons auf der Gran Vía wetteiferten mit der Pariser Haute Couture, im „Ritz" trafen sich englische Aristokraten und amerikanische Finanzmagnaten, und in den Straßencafés diskutierten Globetrotter und Literaten über Stierkampf und Goya. Einer von ihnen, Ernest Hemingway, nannte Madrid überschwenglich die „Hauptstadt der Welt". Das war vor dem Bürgerkrieg.

Im November 1936 erlebte diese Stadt als erste die Feuerwalze des modernen Luftkrieges. Nichts, was später kam – Warschau, London, Hamburg –, hat diese erste Erfahrung verschütten können. Die Schlacht um Madrid hat sich in das Gedächtnis der Zeitgenossen als Markstein eingegraben. Etwas Ähnliches gab es vorher nicht.

Francos Afrika-Armee hatte sich Anfang Oktober von Südwesten her bis auf 40 Kilometer an Madrid herangeschoben. Am 15. Oktober griff sie in vier Stoßkeilen an. Nach einer Woche erreichte sie trotz erbitterter Gegenwehr der Milizen das Weichbild der Stadt.

Von der Gran Vía aus konnte man jetzt schon das Artilleriefeuer hören. Der Präsident der Republik, Manuel Azaña, verließ in Panik das königliche Schloß und verlegte in aller Hast seinen Amtssitz nach Barcelona.

Franco traf alle Vorbereitungen für die Besetzung der Hauptstadt. Er ließ Verhaftungslisten ausarbeiten und stellte einen Stab zusammen, der nach dem Einmarsch die zivile Verwaltung übernehmen sollte. Gleichzeitig rief er über den Rundfunk die Bevölkerung auf, die Häuser nicht zu verlassen und die „Befreiung" in Ruhe zu erwarten: „Unsere edlen und disziplinierten Truppen werden eure Wohnungen respektieren."

Die ausländischen Journalisten erwarteten täglich den Fall der Stadt. Hans Heusser, Korrespondent der konservativen „Basler Nachrichten": „Keiner von uns weiß, wie später alles gekommen ist. Ich weiß nur, daß die Millionenstadt ein einziges Chaos war; ein Wirrwarr von ängstlichen Menschen und ein komplettes Manko aller Disziplin, Führung und Zusammengehörigkeit."

In diesem Chaos hielt Ministerpräsident Largo Caballero am 28. Oktober über den Rundfunk eine Durchhalte-Rede, die so unglaubwürdig klang, daß ganz Madrid höhnische Witze machte. Der Regierungschef sagte: „Die Zeit für einen tödlichen Schlag gegen den Feind ist gekommen. Unsere Schlagkraft wächst. Wir haben Panzer und Flugzeuge. Genossen! Im Morgengrauen werden unsere Panzer das Feuer eröffnen. Wir werden siegen!"

Die Madrileños hatten seit Monaten weder eigene Panzer noch Flugzeuge gesehen. Aber Largo Caballero log nicht. Er hatte Panzer und Flugzeuge, wenn auch nur eine Handvoll – es waren russische. Sie waren soeben per Schiff eingetroffen, mit sowjetischen Besatzungen.

Die Russen kamen buchstäblich in letzter Minute. Das erste Kriegsmaterial traf am 12. Oktober in Cartagena ein, 14 Tage später rollten die ersten Panzer von der Verladerampe des Madrider Ostbahnhofs. Sie fuhren direkt an die Front und stießen ohne Halt bis in das Städtchen Seseña vor, wo sich gerade eine Schwadron marokkanischer Kavallerie sammelte. Aus allen Rohren feuernd fuhren die Russen in die Masse hinein und zermalmten in den engen Gassen Pferde und Reiter unter ihren Ketten. Der Vorstoß hatte eine beträchtliche psychologische Wirkung, aber er konnte die Offensive nicht aufhalten.

General José Miaja

Am 4. November durchbrechen die Marokkaner nach schwerer Artillerievorbereitung den inneren Verteidigungsring Madrids beim Vorort Getafe. Die republikanische Miliz wird aufgerieben. Der Holländer Jef Last, der bei den Milizen kämpft, schreibt nach Hause: „Es war ein schrecklicher Abend. Überall stießen wir auf versprengte Gruppen, ohne Waffen, ohne Munition, hungrig, ohne Offiziere, ohne Ziel."

Madrid scheint verloren zu sein. Die Regierung Largo Caballero packt die Koffer und flieht nach Valencia. Bevor sie geht, betraut sie General José Miaja mit der Verteidigung der Hauptstadt.

General Emilio Mola

Miaja ist Berufssoldat. In der alten Armee nannten ihn alle „Papa Miaja". Daß er auf seiten der Republik stand, war purer Zufall: Er befand sich am Tag des Franco-Putsches im Kriegsministerium, wo Rebellion den sofortigen Tod bedeutet hätte. Doch jetzt schwankt er keine Sekunde. Er wird zum ebenbürtigen Gegner seines Kameraden Mola, der auf der anderen Seite den Oberbefehl führt.

Die beiden Generale hatten am ersten Tag des Bürgerkrieges noch miteinander telefoniert. Mola war damals Kommandeur in Pamplona und einer der Hauptverschwörer. Miaja rief ihn vom Kriegsministerium aus an und fragte ihn, ob der Bürgerkrieg nicht zu vermeiden wäre, und wenn ja, zu welchen Bedingungen. Mola antwortete: „Wir haben beide unsere Wahl getroffen. Wenn wir jetzt ein Geschäft machen, würden wir zu Verrätern werden und verdienen, daß man uns totschlägt."

Jetzt also kämpfen sie gegeneinander um Madrid. Miajas Hauptquartier ist der Keller des Finanzministeriums. Es ist das Gebäude mit den dicksten Mauern in Madrid. Aber es gibt noch zwei andere, mächtigere Hauptquartiere. Das eine ist der Stab der sowjetischen Berater. Ihr Chef ist General Jan A. Bersin (Deckname Wladimir Gorjew). Er ist der eigentliche Stratege der Schlacht.

Die dritte Kommandozentrale in Madrid ist die Kommunistische Partei. Sie hat nach dem Abzug der Regierung die Macht in der Hauptstadt ergriffen, bildet eine „Verteidigungsjunta" und organisiert den totalen Krieg. Über Haus- und Straßenkomitees wird jeder Mann, jede Frau, jedes Schulkind mobilisiert. Wer schießen kann, wird an die Front geschickt, wer zu alt ist, zu jung oder zu schwach baut Barrikaden, hebt Gräben aus, wird beim Nachschub für die kämpfende Truppe eingesetzt.

Zugleich fegt eine neue Terrorwelle durch Madrid. Sie ist mit dem Namen von Santiago Carrillo verknüpft, dem heutigen Generalsekretär der wiedererstandenen PCE. Damals war er 21 Jahre alt, Vorsitzender der ,,Vereinigten Sozialistischen Jugend" (JSU), einem Zusammenschluß der sozialistischen und kommunistischen Jugendverbände. Die Madrider Verteidigungsjunta ernennt ihn zum ,,Sicherheitskommissar". Damit ist ein Jugendlicher politischer Polizeichef der Millionenstadt. Carrillo setzt die Kommandos seines Jugendverbandes zur systematischen Jagd auf die ,,Fünfte Kolonne" ein. Mit diesem Schlagwort sind die Franco-Sympathisanten gemeint. Das Wort stammt von General Mola, dem Belagerer Madrids. Als er von Journalisten gefragt wurde, welche seiner vier Kolonnen (Heeresgruppen) die Hauptstadt einnehmen werde, antwortet er: ,,Keine der vier – es wird die fünfte Kolonne sein, die sich schon in Madrid befindet."

Mit dieser Bemerkung schürt Mola die Hysterie der kommunistischen Sicherheitsorgane. Wer auch nur nach ,,Faschist" aussieht, wird verhaftet. Die ‚paseos', die heimlichen Morde, gehen von neuem los. Dem Denunziantentum ist Tor und Tür geöffnet. Carrillos jugendliche Sicherheitsfanatiker fackeln nicht lange.

In der zweiten Novemberwoche ereignet sich ein grauenvolles Blutbad: Die Verteidigungsjunta ordnet die Evakuierung der politischen Gefangenen an. Es sind zwischen 500 und 1000. Niemand kann das später mehr nachprüfen. Sie sitzen im sogenannten ,,Mustergefängnis" von Madrid, das Anfang der dreißiger Jahre gebaut wurde. Schon einmal hat es dort kurz nach Beginn des Bürgerkrieges ein Massaker gegeben. Bei einem plötzlich ausbrechenden Brand wurden Dutzende von Gefangenen erschossen. Jetzt sollen die Häftlinge nach Arganda verlegt werden, 30 Kilometer östlich von der Hauptstadt. Der Transport geht am Abend des 7. November ab – ein langer Konvoi von Lastwagen. Aber er kommt nie in Arganda an. Auf halbem Weg, bei den Dörfern Paracuellos, San Fernando und Torrejón, findet man später die Leichen in eilig ausgehobenen Massengräbern. Die Franco-Propaganda spricht von 1500 Toten, Santiago Carrillo selbst nennt 200 Tote. Die Wahrheit dürfte in der Mitte liegen.

Carrillo leugnet das Verbrechen nicht, aber er bestreitet seine Verantwortung. ,,Eine nicht identifizierte Gruppe von Bewaffneten überfiel die Begleitmannschaft und machte die Gefangenen nieder", erklärte er Jahrzehnte später in verschiedenen Interviews. ,,Wir haben nie herausbekommen, wer diese Leute waren." Wie auch immer, Carrillo war als Einundzwanzigjähriger mit der furchtbaren Aufgabe eines politischen Polizeichefs heillos überfordert.

Dolores Ibarruri

Mit Terror allein ist indessen eine Stadt wie Madrid nicht zu verteidigen. Den Kommunisten gelingt, was niemand mehr für möglich hielt: Sie wecken den Willen zum Widerstand. Wildfremde Menschen begrüßen sich auf der Straße mit dem Schlagwort, das auf allen Mauern steht: „No pasarán!" – „Sie werden nicht durchkommen!"

Das Wort stammt von einer Frau, der kommunistischen Abgeordneten Dolores Ibarruri. Sie ist noch jung, aber immer schwarz gekleidet wie eine Witwe. Ihre leidenschaftlichen Reden tragen ihr den Spitznamen „La Pasionaria" ein. Es wird ihr Ehrenname. Sie trommelt Tag und Nacht. Sie sagt den Männern: „Lieber aufrecht sterben als auf den Knien leben", und sie sagt den Frauen: „Lieber die Witwe eines Helden als die Frau eines Feiglings."

Im Morgengrauen des 7. November tritt Francos Afrika-Armee zum Sturm an. General Mola hat 20 000 Marokkaner auf engstem Raum konzentriert. Der Stoß zielt durch den großen Stadtpark Casa de Campo zum Manzanares. Jenseits liegen das königliche Schloß und das Universitätsviertel.

Molas Artillerie hämmert unaufhörlich auf die republikanischen Stellungen. Der Stadtpark verwandelt sich in ein Trichterfeld. Aber es nutzt nichts – die Moros bleiben im Feuer der Verteidigung liegen. Am nächsten Tag beginnt der Sturm von neuem. Diesmal brechen die Marokkaner zum Fluß durch, stürmen über die „Franzosenbrücke" ans andere Ufer, setzen sich in der Universitätsstadt fest. Die Front ist durchstoßen.

Die XI. Brigade rettet Madrid

Am Morgen dieses 8. November, als die Panik in den Häusern Madrids lauert, dröhnt ein eigenartiges Geräusch über die Gran Vía – der Marschtritt von Nagelstiefeln. Eine Truppe von 2000 Mann (die Legende spricht von 3000), in Korduniform, Stahlhelm auf dem Kopf, zieht im Gleichschritt durch die Hauptstraße.

Die Stadt hat so etwas seit den Tagen der alten Armee nicht gesehen. Die Truppe singt. Die Worte sind nicht zu verstehen, aber die Melodie kennt jeder. Es ist die „Internationale".

„Die Russen kommen", schreien die Madrider. Aber es sind nicht die Russen. Es ist die XI. Internationale Brigade. Die „Elfte" erscheint auf dem Schlachtfeld wie Blücher bei Waterloo. Die Brigade besteht aus drei Bataillonen, dem französischen „Commune de Paris", dem polnischen „Dombrowski" und dem deutschen „Edgar André" unter dem Kommando des Weltkriegs-Offiziers Hans Kahle.

Chef der Brigade ist General „Kléber". Er heißt in Wirklichkeit Lazar Stern, stammt aus der Bukowina, war im Weltkrieg Offizier der österreichischen Armee, schloß sich als Kriegsgefangener der Roten Armee an und absolvierte später die Moskauer Frunse-Akademie. General Kléber führt die Brigade direkt zur Einbruchstelle im Universitätsviertel. Die Franzosen, Deutschen, Polen werfen sich auf die Marokkaner, als hätten sie ihr ganzes Leben auf diese Stunde gewartet. Die Moros haben solche Gegner noch nicht kennengelernt. Nur wenige von ihnen entkommen dem Blutbad.

Am Abend ist der Brückenkopf vernichtet, am nächsten Morgen stürmt die Brigade über die Brücke, erobert den Stadtpark Meter um Meter zurück. Am 10. November steht die Front wieder. Von der XI. Brigade sind zwei Drittel tot oder verwundet.

General Kléber

Die Schlacht dauert 16 Tage. Kurz nach der Feuertaufe der XI. Internationalen Brigade wird die XII. mit dem deutschen Bataillon ,,Thälmann'' und dem italienischen Bataillon ,,Garibaldi'' an die Front geworfen. Kommissar der Italiener ist Luigi Longo, zugleich Generalinspekteur aller ,,Internationalen'', später Italiens KP-Chef. Er geht selbst mit vor: ,,An meiner Seite liegt Nevicati, mit einem Loch in der Stirn und schon totenstarr. Ich nehme sein Gewehr und schieße'', schreibt er später.

Die Leute von der XII., kaum ausgebildet und ohne Kriegserfahrung, erleiden grauenvolle Verluste. Die Truppe ist am Rand des Zusammenbruchs. Sie liegt seit Tagen im eiskalten Nieselregen, ohne Mäntel, ohne Verpflegung, ohne Schlaf. Longo: ,,In der Nacht können sich die Sanitäter nicht mehr auf den Beinen halten. Es ist auch der Schmerz, so viele Freunde niedergemäht und entstellt zu sehen. Nicht alle Freiwilligen können damit fertig werden.''

Am 14. November trifft Verstärkung ein: Durruti, der Anarchistenführer, ist mit 3000 Mann nach Madrid marschiert. Er fordert den gefährlichsten Abschnitt, und er bekommt ihn. Am nächsten Morgen greift General Mola mit allen verfügbaren Kräften genau an dieser Stelle an. Die Anarchisten werden überrannt. Abermals dringen die Marokkaner über die Manzanares-Brücke vor und setzen sich im Universitätsviertel fest.

Wieder werden die Internationalen in die Einbruchstelle geworfen. Ein erbarmungsloser Kampf um jedes Haus beginnt. Asturische Bergleute beladen die Fahrstühle der modernen Fakultätsgebäude mit Dynamit und schicken sie mit Zeitzündern in die oberen Stockwerke, wo sich die Marokkaner verschanzt haben. Die Universitätsstadt, der Stolz Spaniens, sinkt in Trümmer. Beide Seiten krallen sich in den Ruinen fest.

Jeder Tag kostet Hunderte von Toten. Auch Hans Beimler, ehemals KPD-Reichstagsabgeordneter, Dachau-Flüchtling und nun Kommissar des Bataillons ,,Thälmann'', fällt im Gefecht. Gustav Regler, sein Freund und Vorgesetzter, ist in der Stellung, als der Tote auf einer Bahre zurückgebracht wird. ,,Seine Pelzjacke stand offen, in seinem Sweater war nah der Stelle, wo man das Herz vermutet, ein kleiner Schlitz. Es kam kein Blut aus der Wunde. Ich weinte. Werner schnauzte mich an. Da leerte ich dem Toten die Taschen. Er hatte das Waidmesser bei sich, das er dem SS-Mann abgenommen hatte, als er ihn erwürgt hatte. Ich fand einen Zeitungsausschnitt mit der Rede, in der Stalin Spanien Hilfe versprach. Mehr hinterließ er nicht. Ich nahm seine Jacke und zog sie an."

Auch das Leben von Buenaventura Durruti endet in den Ruinen der Universitätsstadt. Der große Abenteurer wird in Barcelona wie ein König zu Grabe getragen, aber nie verstummen die Gerüchte, daß ihn eine Kugel der eigenen Leute in den Rücken traf.

Unterdessen fliegen deutsche und italienische Bomberstaffeln ununterbrochen Luftangriffe gegen Madrid. Es ist die erste systematische Flächenbombardierung einer Großstadt.

Aber Madrid macht auch eine andere Erfahrung zum erstenmal: Luftangriffe können die Moral der Bevölkerung nicht zerbrechen. Im Gegenteil, sie schweißen zusammen. Der Schweizer Hans Heusser, im Herzen eher auf der anderen Seite der Front, notiert: „Aus der ersten Verzweiflung ist in diesen Tagen der Widerstand gewachsen, aus der Gleichgültigkeit neuer Haß."

Das Unglaubliche geschieht: Während Madrid brennt, stabilisiert sich die Front. Zehn Taximinuten vom Stadtzentrum entfernt bleibt Francos Offensive stecken. Die Marokkaner behaupten zwar noch einen kleinen Brückenkopf im Universitätsviertel, aber sie haben nicht mehr die Kraft, die Offensive weiter vorzutragen. Francos Angriff auf die Hauptstadt endet vor den Augen der Welt in einer demütigenden Niederlage. Die „roten Horden" schlecht bewaffneter, kaum ausgebildeter Amateursoldaten haben ein glänzend ausgerüstetes Söldnerheer geschlagen.

Hans Beimler

Franco versucht nie wieder, Madrid frontal zu erobern. Die Stellungen erstarren bis zum Ende des Bürgerkrieges in einem engen Halbkreis um die Hauptstadt. Artilleriefeuer und Luftangriffe gehören nun für die nächsten zwei Jahre zum Alltag der Millionenstadt. Das einst so lebensfrohe und mondäne Madrid verwandelt sich in die gespenstischste Metropole Europas.

Cafés und Kinos sind noch immer geöffnet, aber jeder Schritt über die Straße wird zum Lotteriespiel mit dem Tod.

„An einem ruhigen Tag", schreibt Herbert Matthews, Reporter der *New York Times*, „strömte eine fröhliche Menge aus dem Capitol-Kino auf die Gran Vía. Plötzlich setzte das Artilleriefeuer ein. Die Straße war in Sekundenschnelle leergefegt. Aber nicht schnell genug. Eine Frau und drei Männer wurden an der Ecke Chinchilla-Straße von einer Granate zerrissen. Ich hatte immer in Büchern von ‚Strömen von Blut' gelesen und nie geglaubt, daß es so etwas in Wirklichkeit gab. Jetzt sah ich es."

Zu dieser Zeit kehrte Ernest Hemingway aus Amerika in die Stadt zurück, die er so liebte. „Er lebte im Hotel ‚Florida' auf der Gran Vía", berichtet sein russischer Kollege Ilja Ehrenburg. „Der Volltreffer einer Sprengbombe hatte das Hotel aufgerissen. Als einziger Bewohner war Hemingway darin zurückgeblieben. Er kochte sich Kaffee auf Trockenspiritus, aß Orangen, trank Whisky und schrieb ein Theaterstück über die Liebe." Daneben sammelte er Material für den großen Roman dieses Krieges – „Wem die Stunde schlägt".

6. KAPITEL

DIE DEUTSCHEN RETTEN FRANCO

Flakbatterie der Legion Condor beim Erdeinsatz in Asturien

Francos Niederlage vor Madrid veränderte den Krieg. Der Traum vom schnellen Sieg war aus. Es war sogar zweifelhaft, ob Franco den Krieg überhaupt gewinnen konnte. Seine Stoßtruppen, Marokkaner und Fremdenlegionäre, waren ausgeblutet, und reguläre spanische Einheiten konnte er noch nicht zu entscheidenden Schlägen gegen die rote Milizarmee einsetzen. Das Risiko, sie könnten zum Feind überlaufen, war zu groß.

So mußten die faschistischen Mächte ihrem Schützling den Sieg erkämpfen. Sie hatten Franco Starthilfe geleistet, aber er war steckengeblieben. Jetzt nahmen sie die Sache selber in die Hand, mit eigenen Truppen unter eigenem Kommando. Aus Francos Krieg wurde ein Krieg der Achsenmächte.

Schon am 7. November 1936, als Franco zu seinem verunglückten Sturm auf Madrid ansetzte, hatten Hitler und Mussolini Francos Rebellenregierung offiziell anerkannt. Gleichzeitig waren die ersten italienischen Infanterie-Einheiten in Cádiz gelandet. Sie wuchsen nun rasch auf vier motorisierte Divisionen mit insgesamt 50 000 Mann an. Da die Anwesenheit so vieler ausländischer Soldaten nicht mehr geheimzuhalten war, erklärte Mussolini seine Truppen kurzerhand zu ,,Freiwilligen" – ein Trick, den die Chinesen 15 Jahre später in Korea kopierten.

Benito Mussolini

In einem Tagesbefehl an seine Truppen erklärte der italienische General Arnaldi: ,,Wir sind hierhergekommen, um in Spanien für den Triumph des Faschismus zu kämpfen. Wir werden im Namen Roms unter dem Zeichen des Rutenbündels siegen. Wir sind die wahren Bannerträger der faschistischen Idee. Höher die Herzen, die Bajonette, die schwarze Flamme!"

Die erste Ruhmestat der Italiener war die Eroberung Málagas im Februar 1937. Es war ein militärischer Spaziergang. Die beweglichen Zwei-Mann-Panzer der Italiener durchbrachen die Linien der republikanischen Miliz, Tiefflieger verfolgten den flüchtenden Gegner. Die republikanische Führung verlor den Kopf und gab Málaga kampflos auf. Vier Tage nach Beginn der Offensive zogen Mussolinis Truppen in die südspanische Metropole ein.

Von diesem Erfolg berauscht, holt der italienische Oberkommandierende, General Roatta, zum großen Schlag aus. Er will Madrid erobern, durch einen Stoß in den Rücken der Hauptstadt. Am 8. März 1937 tritt das italienische Korps zum Sturm auf Guadalajara an, einen Eckpfeiler im Sperriegel nordöstlich von Madrid.

Der erste Durchbruch gelingt, aber dann wirft General Miaja, der Verteidiger Madrids, seine Garde in die Schlacht, die XI. und XII. Internationale Brigade. Auch das Bataillon ,,Garibaldi" ist dabei, die italienische Einheit der Internationalen. Ihr Kommandeur ist einer der wenigen nichtkommunistischen Truppenführer, der liberale Rechtsanwalt Randolfo Pacciardi, im Nachkriegs-Italien Führer der Republikanischen Partei und Verteidigungsminister. Einer seiner Kompaniechefs ist Pietro Nenni, der spätere Außenminister und Führer der italienischen Sozialisten. Auch Luigi Longo, Generalinspekteur der Internationalen Brigaden und 28 Jahre später Chef der Kommunistischen Partei Italiens, eilt an die Front.

Auf der Hochebene von Guadalajara, 1000 Meter über dem Meeresspiegel, in Regen und Schneetreiben, kämpfen Italiener gegen Italiener. Die „Garibaldiner" haben gerade erst schwere Kämpfe südlich von Madrid hinter sich, sind dezimiert und erschöpft, aber sie bringen die Truppen Roattas zehn Kilometer vor Guadalajara zum Stehen. Dann starten sie die erste Lautsprecher-Offensive der Kriegsgeschichte. Über die im Schlamm versinkenden Stellungen hallt es auf italienisch: „Brüder! Die Erde haben sie euch versprochen, den Tod bringen sie euch! Dieses Volk kämpft für seine Freiheit! Kommt zu uns, fürchtet euch nicht, wir sind eure Brüder, Italiener!"

Pietro Nenni

Die Propagandawaffe wirkt. Die ersten Überläufer kommen, sprechen selber über Lautsprecher, um ihren Kameraden zu beweisen, daß sie nicht erschossen werden. Schließlich treten die Republikaner zum Gegenangriff an. General Miaja hat russische Panzer heraufgeschickt. Sie sind den kleinen italienischen Kampfwagen, die im Schlamm steckenbleiben, überlegen. Roattas Front bricht zusammen, sein Korps flieht. Die Garibaldiner jagen ihre Landsleute buchstäblich vor sich her. Nur die eigene Erschöpfung zwingt sie schließlich zum Halt.

Mussolini hat eine verheerende Niederlage erlitten. Eine ganze Division ist vernichtet. 1500 Mann sind in Gefangenschaft geraten, werden in Madrid öffentlich vorgeführt. Die Republikaner haben Tausende von Waffen, Hunderte von Lastwagen erbeutet. Das faschistische Hilfskorps wird selbst im Lager der Nationalen zum Gespött der Spanier.

Damit kommt die Stunde der Deutschen. Längst ist aus der „Reisegesellschaft Union" die Legion Condor geworden, eine stramme Truppe von 6000 Mann mit eigener Khaki-Uniform, eigenem Emblem und eigener Fahne. Die Legion wird im Rotationsverfahren ständig aufgefrischt, so daß insgesamt 20 000 Mann, zum erheblichen Teil Offiziere, durch die Schule des Spanien-Krieges laufen. Ebenso wie die italienischen Truppen werden sie schamlos als „Freiwillige" deklariert. Ihr Einsatz läuft im amtlichen deutschen Schriftverkehr unter dem Codewort „Rügen".

Den Kern der Legion bilden die fliegenden Verbände. Sie werden Anfang 1937 mit den modernsten Maschinen der deutschen Luftwaffe ausgerüstet, dem Bomber He 111, dem Sturzkampfbomber (Stuka) Ju 87, dem Fernaufklärer Do 17 und dem neuen Wunderjäger Me 109. Mit diesen Flugzeugtypen erringt Hitler bald darauf die Blitzsiege des Zweiten Weltkriegs. In Spanien werden die Modelle erstmals erprobt. Sie kommen direkt aus den Rüstungswerken.

Neben den fliegenden Verbänden verfügt die Legion Condor über leichte und schwere Flakbatterien, darunter die neuen 8,8-cm-Geschütze, eine Luftnachrichten-Abteilung mit moderner Elektronik und vier Panzerkompanien. Erster Befehlshaber der Legion ist

Generalleutnant Hugo Sperrle, sein Stabschef (und Nachfolger) der spätere Generalfeldmarschall Wolfram Freiherr von Richthofen, damals noch Oberst.

Diese Truppe ist das schlagkräftigste Instrument auf dem ganzen Kriegsschauplatz. Sie wird immer nur schwerpunktartig als geballte Macht eingesetzt, und grundsätzlich nur unter deutscher Führung. Niemand außer Franco ist berechtigt, General Sperrle Weisungen zu erteilen, und Franco hört mehr und mehr auf den militärischen Rat Sperrles. Die schlichte Wahrheit ist, daß Franco ohne die Deutschen nicht gesiegt hätte.

Guernica in Flammen

Nach dem Desaster von Guadalajara schlägt Sperrle dem Caudillo vor, zunächst den Norden zu erobern und damit den Zweifrontenkrieg zu beenden. Die spanischen Nordprovinzen waren seit Beginn des Bürgerkrieges vom Rest der Republik getrennt. Im Rücken das Meer, vor sich die Front, glichen sie einer riesigen belagerten Festung – einer Festung mit reicher Beute. Denn im Norden lag die industrielle Basis Spaniens, Erz- und Kohlengruben, Hochöfen, Walzwerke, Schiffswerften. Für Franco war die Kontrolle über dieses Industriegebiet lebenswichtig. Er beschloß, die Nordprovinzen von Ost nach West aufzurollen. Sein erstes Ziel war das Baskenland.

Die Basken waren stockkonservative, streng katholische Bauern und Besitzbürger. Aber sie standen treu zur roten Republik, denn die Madrider Regierung hatte ihnen die langersehnte Autonomie gewährt, die ihnen Spaniens Könige und konservative Regierungen stets verweigerten. Jetzt besaßen die Basken zum erstenmal die volle Selbstverwaltung unter einer eigenen Regierung. De facto war die ,,Republik Euskadi" (so die amtliche Bezeichnung) ein unabhängiger Staat, der seine Truppen nur nominell dem Oberbefehl des Kriegsministeriums der Zentralregierung unterstellte.

General Hugo Sperrle

Am 31. März 1937 begann Francos Offensive. Für die Legion Condor war es die erste große Operation, an der sie als geschlossener Verband teilnahm. General Sperrle schlug sein Hauptquartier in Vitoria, der Hauptstadt von Navarra, auf. Von hier aus konnten seine Maschinen in 20 Minuten über der Front sein. Auch das italienische Luftkommando war in Vitoria stationiert und den Deutschen praktisch unterstellt. ,,Es erhielt seine Aufträge in Form von Vorschlägen, die als Befehl bewertet und so ausgeführt wurden", schreibt Sperrles Stabschef Richthofen. Ferner waren der Legion Condor zwei spanische Staffeln untergeordnet, die bei den Deutschen ,,lernen" sollten.

Sperrle leitete den Einsatz der Legion Condor völlig autonom, nach eigener Lagebeurteilung. Häufig kam es deshalb zu Reibereien mit dem spanischen Oberbefehlshaber General Mola. Sperrle beschwerte sich bei ihm über den zu laschen Kampfgeist der Franco-Truppen, die ihm immer zu langsam und zu zaghaft vorgingen.

Mola wiederum fauchte Sperrle wegen dessen eigenmächtiger Kriegsführung an. Doch Sperrle scherte sich wenig um solche Kritik. Er war sich bewußt, daß er den ersten Kriegseinsatz der neuen deutschen Wehrmacht leitete und daß das Auge des Führers auf der Legion Condor ruhte. Er wollte zeigen, was Hitlers Wehrmacht leisten konnte.

Die Basken waren dem ersten Einsatz einer modernen Luftwaffe schutzlos preisgegeben. Sie besaßen keine Flugabwehr und keine eigene Luftwaffe, von ein paar veralteten Maschinen abgesehen, die eine leichte Beute der Deutschen wurden.

José Aguirre

Der Präsident von Euskadi, José Aguirre, jagte Tag für Tag, und oft mehrmals täglich, verzweifelte Telegramme nach Valencia.

31. März: „Grauenvolle Luftangriffe auf Durango und Elorrio. Über 300 Tote Zivilbevölkerung. Benötigen dringend Flugzeuge."

8. April: „Unmöglichkeit Luftverteidigung demoralisiert Truppe und Etappe."

22. April: „Gestern sechs Luftangriffe, heute vier. Lage stündlich ernster. Nach 23 Tagen heldenhaften Widerstands Truppen erschöpft."

23. April: „Eilt, eilt! Front bricht zusammen. Feindliche Luftwaffe fliegt pausenlos Tiefangriffe, Truppen demoralisiert."

Die Zentralregierung konnte den Basken nicht helfen. Ohnmächtig mußte sie zusehen, wie die Deutschen das Land im Norden zerhämmerten.

Oberst von Richthofen, der bald darauf als Nachfolger Sperrles Kommandeur der Legion Condor wurde, führte während des Feldzugs minuziös Tagebuch. Fast täglich besuchte er den Gefechtsstand der neuen 8,8-cm-Flakbatterien, die erstmals im Erdkampf eingesetzt wurden. Auszüge aus dem Tagebuch:

„*14. 4. 1937* Um 8.00 bei Flak-Gefechtsstand zu Beginn des Artl. Feuers. Nebliger Regen mit sehr schlechter Sicht. Fliegereinsatz unmöglich. Als Artl. Feuer gegen die Hänge beginnt, fängt sich der Berg auf einmal an zu bewegen. Hunderte von Roten, die scheinbar völlig unorientiert auf dem Vorderhang herumgelegen hatten, suchen Deckung. Für die Flak gefundenes Fressen. Bei den Roten sieht man jeden Gewehrabschuß durch kleine weiße Dampfwolken (von der feuchten Erde herrührend). Flak schießt Hang in 1 Std. rein. Inf. besetzt ihn kampflos, findet über 200 Tote und macht 40 Gefangene.

22. 4. 1937 – Mit Hilfe einer Flak-Battr., Bombern und Jägern wird Höhe 643 genommen ohne Kampf. – Einsatz aller eigenen und ital. Bomber auf erkannte Battr. und Straßenbewegungen. Schönes Verfolgungsschießen der Flak auf laufende Inf.

24. 4. 1937 Elorrio ziemlich kaputt, d. h. nur einzelne Häuser, diese aber gründlich. Wurde anfangs einmal von Ital. angegriffen, dann sollte es seiner hübschen Paläste wegen geschont werden. Einzelne eigene Flugzeuge warfen aber immer wieder hinein, wenn sie ihr eigentliches Ziel nicht finden konnten.

25. 4. 1937 Von oben schießen wir erst einmal Verriz an wichtiger Wegkreuzung Eibar–Durango und Elorrio–Guernica frei. Wird darauf von Inf. kampflos besetzt. – Straßen leer bis auf Verriz–Durango. Dorthin Jäger nochmal. Mit einer Battr. Jagd auf Autos. Zwei bleiben liegen. Einzelne rote Trupps gehen nach Norden zurück, werden schnell zersprengt. 1. Brig. folgt nur sehr langsam. Schade! Erreicht vorgenommenes Tagesziel, Monte Oiz, nicht. Schließlich kommen die Bomber, Jus werfen schön mit großen Bomben auf Ermua. Sperren es durch mehrere 250-kg-Treffer auf Straße. – Italiener finden wieder einmal nicht und werfen falsch auf Eibar. Dieses brennt etwas. Auf endlich freigewordener Straße Elorrio–Elgueta–Vergara nach Hause. Elgueta von Italienern am 23. voll gefaßt, sieht toll aus. Sehr gute Bombenwirkung, sehr dichte Bombenlage. Besser als bei uns. Wenn sie Ziel finden und treffen, was häufig nicht der Fall ist, wächst kein Gras mehr. –

26. 4. 1937 Nach kurzer fernmündlicher Lageunterrichtung durch Vigon um 6.00 Uhr wird K/88 auf Guerricaiz angesetzt, 2 Dörfer an Wegekreuzung westl. Marquina, um roten Rückzug, der dort durch muß, zu stören und aufzuhalten. Setzen sofort ein: A/88 und J/88* auf Straßenjagd im Raum Marquina–Guernica–Guerricaiz. K/88 hart ostw. Guernica. Dort muß zugemacht werden."

An diesem Tag geht Guernica in Flammen auf. Die Stadt war das politisch-religiöse Zentrum des Landes. Hier stand die ,,Heilige Eiche", unter der in alten Zeiten der Volksrat tagte, und unter der auch die Regierung der jungen Republik Euskadi ihren Amtseid geleistet hatte. Der britische *Times*-Korrespondent George Steer erlebt den Untergang der Stadt als Augenzeuge (siehe Anhang).

Es gab in Guernica, nach Angaben der baskischen Regierung, 1654 Tote und 889 Verwundete. Von der Stadt blieben nur Ruinen übrig. Ihr Name wurde zum Symbol für den Bombenterror gegen eine wehrlose Zivilbevölkerung, für alle Verbrechen dieses Krieges überhaupt. General Franco sah sich dem leidenschaftlichsten internationalen Protest seit Beginn des Bürgerkrieges gegenüber. Und zum erstenmal zeigte der Caudillo Wirkung: Er ließ erklären, die Basken selbst hätten ihre heilige Stadt angezündet.

Später bestritt auch in Franco-Spanien niemand mehr, daß Guernica von der Legion Condor ausradiert wurde. Allerdings bemühten sich die regimetreuen Autoren, alle Schuld auf die Deutschen abzuwälzen. General Sperrle habe den Angriff ,,hinter dem Rücken des Generals Kindelán (des Oberbefehlshabers der Franco-Luftwaffe) und ohne Wissen General Francos" befohlen – so der Militärhistoriker Ramón Hidalgo Salazar in einer Untersuchung des Vorfalls. General Mola, der Oberkommandierende der Nordfront, habe ,,vor Zorn gebebt", als er die Ruinen von Guernica sah.

Franco selbst, so sein britischer Biograph George Hills, habe den deutschen Verbindungsoffizier in seinem Hauptquartier, Oberst Freiherr von Funk, zu sich gerufen und ihm ,,blaß vor Wut" erklärt,

* *K/88 = Kampffliegergruppe; A/88 = Aufklärungsstaffel; J/88 = Jagdfliegergruppe*

er führe nicht Krieg „gegen sein eigenes Volk". Luftwaffenchef Kindelán habe Anweisung erhalten, Alleingänge der Legion Condor notfalls „mit Gewalt" zu verhindern.

Ob historische Wahrheit oder späte Alibi-Bemühungen – an der Brutalität der Kriegsführung änderte sich auch nach Guernica nichts. Vor den Augen der Welt vollstreckte Franco das Todesurteil gegen die Republik Euskadi. Die Basken besaßen zwar das Mitgefühl des Auslandes, aber das half ihnen wenig. Obwohl Präsident José Aguirre die neutralen Staaten anflehte, „das größte Unrecht aller Zeiten" zu verhindern, rührte sich keine Hand.

Die letzte Bunkerlinie um die Baskenhauptstadt Bilbao, der „Eiserne Ring", wurde von deutscher Flak sturmreif geschossen. Am 19. Juni 1937 fiel Bilbao. Tausende von Basken versuchten, in kleinen Fischerbooten über die Biskaya nach Frankreich zu entkommen. Die meisten wurden von Francos Kriegsschiffen abgefangen.

Die Reste der Baskenarmee kapitulierten zwei Monate nach dem Fall Bilbaos in der kleinen Hafenstadt Santoña. Auch dieses letzte Kapitel der Republik Euskadi war noch Verrat und Mord. Die Basken hatten mit dem italienischen Frontkommandeur förmliche Kapitulationsbedingungen ausgehandelt. Die Italiener verbürgten sich für das Leben der Gefangenen und garantierten die freie Ausreise einiger hundert Flüchtlinge, die sich an Bord zweier britischer Schiffe im Hafen von Santoña befanden.

Als die Basken die Waffen niederlegten und die Italiener in die Stadt einrückten, wurden die Schiffe umstellt und alle Flüchtlinge von Bord geholt. Die Italiener erklärten, zu ihrem Bedauern betrachte Franco die Kapitulationsbedingungen als nichtig. Der Caudillo wollte auf die üblichen Massenexekutionen nicht verzichten. Diesmal befanden sich unter den Todesopfern auch 16 Priester, denn die Basken waren treue Söhne ihrer Kirche.

In Rom notierte Italiens Außenminister Graf Ciano, der Schwiegersohn Mussolinis, am Tag nach der baskischen Kapitulation in sein Tagebuch: „Habe Bastico* telegrafiert, die den Basken abgenommenen Fahnen und Kanonen auf geschickte Weise hierher zu bringen. Ich beneide die Franzosen um ihr Musée des Invalides und die Deutschen um ihr Zeughaus."

Die Republik Euskadi war von der Landkarte verschwunden, die baskische Sprache fortan in Spanien verboten. Aber niemals vergaßen die Basken den kurzen Frühling ihrer Autonomie. Aus dem Baskenland kamen 30 Jahre später die entscheidenden Rammstöße gegen die Diktatur. Mit beispielloser Hartnäckigkeit erkämpften die Basken schließlich die verlorenen Rechte zurück.

Nach der Unterwerfung der Basken machte sich Franco an die Eroberung Asturiens, des letzten Bollwerks der Republik im Norden. Asturien war die roteste aller roten Regionen. Die Bergleute des Kohlenreviers, die gefürchteten „Dinamiteros", wußten, welches Schicksal ihnen bevorstand. Sie hatten Franco schon 1934 erlebt, als

* *General Ettore Bastico, zu dieser Zeit Oberbefehlshaber des italienischen Expeditionskorps*

er den damaligen Bergarbeiteraufstand mit der Armee niederschlug. Sie krallten sich in den Hängen des Kantabrischen Gebirges fest, und viele sprengten ihre Häuser lieber in die Luft, als sie dem Feind zu überlassen.

Adolf Galland

Aber gegen die Legion Condor hatten auch die Asturier keine Waffe. Die Deutschen wandten in diesem Feldzug neue Luftkriegstechniken an. Einer der jungen Staffelführer war Oberleutnant Adolf Galland, einige Jahre später Generalinspekteur der Jagdflieger: „Ich entsinne mich, daß wir bei den Angriffen gegen die Bergstellungen vor Oviedo zum erstenmal eine Art ‚Bombenteppich' ausprobierten. Wir brausten im geschlossenen Verband an und flogen im Tiefstflug die Bergkuppe an. Auf ein Zeichen wurden die Bomben gleichzeitig ausgelöst, und rauschend ging der ganze Segen nieder.

Auch eine Art Vorläufer der heutigen Napalm-Bombe erfanden meine Mechaniker. Sie montierten an einem abwerfbaren Benzinbehälter, der mit Kraftstoff oder einem Gemisch von Benzin und verbrauchtem Motorenöl gefüllt war, je eine Brand- und Splitterbombe, die den Brennstoff nach Abwurf und Aufschlag verbreiteten und in Brand setzten. Das alles war sehr primitiv, aber keineswegs ohne Wirkung. Schritt für Schritt sammelten wir unsere Erfahrungen, trafen aus eigener Initiative allerlei Verbesserungen und schickten seitenlange Berichte nach Berlin."

Für die deutsche Militärführung hatte der erste Kriegseinsatz der Luftwaffe den unschätzbaren Vorteil, daß man die Wirkung der eigenen Waffen und Bomben an Ort und Stelle nachprüfen konnte. In einem Bericht der Legion Condor vom 12. Juni 1938 wird die Zerstörungskraft der Bomben erläutert:

„Vor allem an der Nordfront war man durch den Bewegungskrieg in der Lage, recht oft unmittelbar nach erfolgtem Bombenangriff die Wirkung am Ziel festzustellen. Die Besichtigung selbst, die Kenntnis der verwendeten Bomben- und Zünderart, sowie die Aussagen der Bevölkerung ergaben ein klares zuverlässiges Bild der Bombenwirkung.

Die *50 kg-Bombe* zerstört den Dachstuhl und oberstes Geschoß, ohne tiefer liegende Hausteile oder Nachbarbauten wesentlich zu gefährden. Der Einsatz der 50 kg-Sprengbombe gegen leichte Häuser war ausreichend. Die Häuser mit dieser Bauart wurden durch die *50 kg-Bomben* völlig zerstört. Die Anwendung von nur 50 kg Bomben bei Angriffen gegen leichte Bauten ist zweckmäßig, da dann mehr Volltreffer zu erwarten sind.

Die *100 kg-Bombe* (italienische Fertigung) zerstört das Innere eines 4-stöckigen Hauses völlig. Die *250 kg-Bombe* erzeugt völligen Einsturz eines Hauses einschließlich der Seitenwände und Beschädigung der Nachbarhäuser.

Die *1 kg-Brandbombe:* Durch die besondere Bauweise der spanischen Wohnhäuser (flaches Dach, kein Dachstuhl, Steinbauweise aus Holzmangel, leere Wohnräume ohne viel Einrichtung, z. B. wenig Teppiche, Gardinen etc.) konnte selten ein Brand von der 1 kg-Bombe hervorgerufen werden. *In einem europäischen Krieg können Städte im Holzfachwerk-Bau durch die Brandbombe angesteckt werden.*

Die *100–250 kg-Bombe* ruft große moralische Wirkung hervor und gibt keine Schutzmöglichkeiten ohne besonders gebaute Luftschutzräume."

Hitler fordert seinen Lohn

Ende Oktober 1937 war ganz Asturien besetzt. Franco kontrollierte jetzt die gesamte Atlantikküste und über die Hälfte des spanischen Territoriums. Dank der Legion Condor hatte er ein Jahr nach seiner Niederlage vor Madrid einen entscheidenden Sieg gegen die Republik errungen. Zusammen mit den Glückwünschen präsentierte Hitler seine Rechnung. Er verlangte die Abtretung eines Großteils der nordspanischen Erz- und Kohlegruben.

Verhandlungsführer der Deutschen war jener clevere Johannes Bernhardt, der im Sog des Bürgerkrieges vom kleinen Handelsmann in Marokko zum Hauptkriegslieferanten Francos und Vertrauensmann Görings aufgestiegen war. In einem Memorandum für den deutschen Botschafter schrieb er am 4. November 1937: „Zweck unserer wirtschaftlichen Interessen muß das tiefe Hineingehen in die Hauptquellen des spanischen Reichtums sein . . . Nachdem wir das spanische Volk vom Untergang gerettet haben und ihm den Weg zum Aufstieg bereiten, müssen wir auf eine Verbriefung der erworbenen Rechte auf lange Sicht bestehen."

Zur Empörung der Deutschen wies Franco die Beuteforderung zurück. „Er lehnte rundweg ab", schreibt sein Schwager und Außenminister Serrano Suñer, „und ich erinnere mich, wie er zur Stunde des Mittagessens fast verzweifelt war. ‚Lieber soll alles verlorengehen', sagte er mir, ‚bevor ich nur einen Fingerbreit unseres nationalen Reichtums abtrete.'"

Göring schäumte vor Wut. Das Auswärtige Amt kabelte an Botschafter Stohrer in Salamanca: „Er (Göring) sei keinesfalls bereit, ein solches Verhalten des Generalissimus hinzunehmen. Er sei zu den letzten Konsequenzen entschlossen, wenn nicht der Generalissimus unsere Rechte und Interessen in absolut klarer Form sicherstelle." Das hieß im Klartext: Abzug der Legion Condor, wenn Franco nicht spurt.

Schließlich gaben die Spanier nach. Sie räumten einer deutschen Holding, der ROWAK (Rohstoff-Waren-Kompensation), die Kapitalmehrheit an fünf Bergbaugesellschaften ein. Das Geschäft sicherte Hitler die Versorgung mit Eisen- und Kupfererz bis in die Schlußphase des Zweiten Weltkriegs. Aber Francos Verstimmung war nie mehr ganz auszuräumen.

Auch innenpolitisch erfüllte Franco nicht die Erwartungen Berlins. Kaum hatte sich seine militärische Lage gefestigt, begann er, seine persönliche Macht in der nationalen Zone auszubauen. Schon am 1. Oktober 1936 war er in Burgos zum Staatschef und Caudillo (Führer) ausgerufen worden. Außerdem blieb er Generalissimus der nationalen Truppen. Kurz darauf verbot die provisorische Regierung auch formell jede politische und gewerkschaftliche Betätigung, das heißt auch die Aktivitäten jener Parteien, die einst als Nationale Front gegen die Volksfront angetreten waren. Sogar die katholische „Acción Popular" wurde aufgelöst. Ihr Führer Gil Robles, einst Chef der CEDA und neben Calvo Sotelo führender Kopf der Nationalen Front, hatte die Allianz mit Franco abgelehnt. Er ging bei Ausbruch des Bürgerkrieges ins freiwillige Exil nach Portugal und kehrte erst 20 Jahre später zurück, um sich der Opposition gegen Franco anzuschließen.

Im April 1937 entmachtete der Caudillo schließlich die Falange, die einzige Kraft im eigenen Lager, die ihm gefährlich werden könnte. Die Falange wollte die „nationalsyndikalistische Revolution", einen faschistischen Staat nach deutschem Muster. Franco sah das mit Unbehagen. Er haßte das Wort „Revolution", egal aus welcher Ecke es kam. Die Leute sollten arbeiten und beten, das war seine ganze Philosophie.

So verfügte er kurzerhand die Verschmelzung der Falange mit den Karlisten. Die Karlisten wollten zwar keine Revolution, aber sie wollten ihren König wiederhaben. Und auch dies sah Franco mit Unbehagen. Er hatte wohl die rot-gelb-rote Fahne der Monarchie übernommen, aber er dachte nicht daran, die Bourbonen wieder auf den Thron zu setzen. Er war weder Falangist noch Monarchist, und indem er Falangisten und Monarchisten zum Mischmasch der „Nationalen Bewegung" verschmolz, paralysierte er alle beide. Er war entschlossen, keine andere Macht in Spanien zuzulassen.

Gil Robles

Als die Falange gegen die Zwangsvereinigung mit den Karlisten opponierte, schlug Franco hart zu. Er ließ den Falange-Führer Manuel Hedilla verhaften und wegen „Rebellion" zum Tode verurteilen. Großzügig begnadigte er ihn anschließend zu lebenslanger Haft. Den Karlisten-Führer Fal Conde hatte er schon vorher außer Landes gewiesen. Mit Rücksicht auf die vielen Monarchisten und ihre Verbindungen zum Ausland konnte er ihn nicht einfach einsperren wie den Falange-Boß.

Falangistische und monarchistische Losungen galten fortan als staatsfeindlich. Am 1. November 1937 erließ Franco im Amtsblatt der „Bewegung" die Vorschrift, daß bei Kundgebungen und Paraden nur noch folgende Slogans gerufen werden durften: ‚Franco, Franco, Franco", „Es lebe Spanien" und „Spanien – einig, groß und frei". Alle anderen Rufe, so wörtlich, „werden als gezielte Störungen betrachtet und von den Partei- und Staatsorganen entsprechend bestraft".

Noch ehe der Bürgerkrieg entschieden war, standen somit die ersten Verlierer schon fest. Es waren diejenigen, die Franco in den Sattel gehoben hatten.

Auch seinen einzigen persönlichen Rivalen wurde der Caudillo durch eine Fügung des Schicksals los: General Mola, der mit Franco zusammen die Erhebung gegen die Republik geplant und gestartet hatte, stürzte beim Flug nach Burgos tödlich ab. Er kam damit auf die gleiche Art ums Leben wie General Sanjurjo, der eigentlich zum Führer der Rebellion ausersehen war, aber bei der Rückkehr aus dem portugiesischen Exil abstürzte.

So blieb Franco als einziger aus dem Triumvirat am Leben. Ab Sommer 1937 war er der unumschränkte Herrscher über „National-Spanien". Statt einer „nationalsyndikalistischen Revolution", wie sie der Falange vorschwebte, statt einer Monarchie, wie sie die Royalisten wollten, statt einer konservativen Republik, wie sie die katholische Acción Popular und die CEDA im Auge hatten, errichtete er seine persönliche Diktatur.

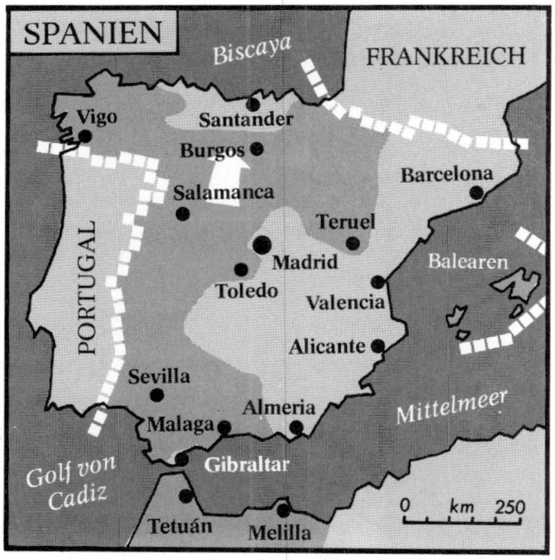

Spanien August 1937
Franco Republik

7. KAPITEL

ROT GEGEN ROT

Kundgebung der linkssozialistischen POUM in Barcelona: Opfer der Hexenjagd

Ein Bürgerkrieg ist kein Krieg, sondern eine Krankheit", schrieb der französische Dichter Antoine de Saint-Exupéry 1936 in Spanien. „Es geht bei diesem Kampf nicht darum, den Feind aus dem Lande zu jagen, sondern ein Übel zu heilen. Der Tod erfüllt hier die Funktion der Isolierabteilung in einem Lazarett. Man reinigt sich von Keimträgern . . ."

Die spanische Republik wurde von zwei Krankheiten, zwei Bürgerkriegen zugleich geschüttelt. Der eine war der Kampf gegen Franco, ein Krieg mit klaren Fronten und offenem Visier. Der andere war ein Krieg im eigenen Lager, heimtückisch, mit verdecktem Visier und unter falscher Flagge: Es war der Kampf der Kommunistischen Partei gegen die übrige Linke.

Für viele, die nach Spanien kamen, um Freiheit und Sozialismus gegen den Faschismus zu verteidigen, wurde dieser Bürgerkrieg im Bürgerkrieg zur traumatischen Erfahrung ihres Lebens. In der europäischen Linken hat er tiefere Spuren hinterlassen als die Niederlage gegen Franco. Namhafte kommunistische Intellektuelle wie Arthur Koestler, George Orwell, Alfred Kantorowicz, Gustav Regler, die sich leidenschaftlich für die Republik engagiert hatten, brachen danach mit dem Leninismus.

Über dem Drama lag der düstere Schatten Josef Stalins. Gerade zu der Zeit, als Madrid die Sowjetunion um Hilfe bat, lief in Moskau die große „Säuberung" an. Die Alt-Bolschewiki Kamenew und Sinowjew wurden im August 1936 zum Tode verurteilt und erschossen, die Prozesse gegen Radek und Tuchatschewski standen bevor. Stalin war entschlossen, die Ketzerei – und das hieß: jede parteiinterne Opposition gegen Stalin – endgültig auszurotten, und zwar nicht nur in der Sowjetunion, sondern auch in der internationalen kommunistischen Bewegung.

Nun fand die Ketzerei nirgendwo so reichen Nährboden wie in Spanien. Die Republik war zum Sammelbecken für Abweichler aller Art geworden. Neben den Anarchisten tummelten sich Trotzkisten und Linksrevolutionäre jeder Couleur in den Reihen der Antifaschisten. Der besondere Haß der Komintern galt einer kleinen Intellektuellen-Partei, der POUM (Partido Obrero de Unificación Marxista = Arbeiterpartei der marxistischen Vereinigung). Sie war erst 1935 gegründet worden und besaß kaum mehr als 3000 Mitglieder, alles ehemalige Kommunisten, Anarchisten und Trotzkisten.

Die Führer der POUM waren Andrés Nin und Joaquín Maurín, zwei Lehrer, die ursprünglich aus dem anarchistischen Lager kamen. Nach der russischen Revolution gingen sie nach Moskau und traten zum Leninismus über. Sie gehörten auch zu den Gründern der Kommunistischen Partei Spaniens. Doch nach dem Kronstädter Matrosenaufstand und der beginnenden Diktatur Stalins sagten sich beide vom Moskauer Kurs los. Nin kehrte 1931 endgültig aus der Sowjetunion nach Spanien zurück, ein erbitterter Gegner Stalins. Aber er war auch kein Gefolgsmann Trotzkis. Die POUM sollte den „wahren" Kommunismus repräsentieren, sie war für die Weltrevolution und gegen die Volksfrontpolitik der PCE, aber auch gegen den ,,libertären Kommunismus" der Anarchisten. In ihrem Programm trat sie ,,für die Verteidigung der UdSSR" ein, zugleich aber auch für das ,,Recht, die Politik der Führer der UdSSR zu kritisieren".

Andrés Nin

In der Diskussion über den ,,richtigen" Weg der spanischen Revolution besaß die POUM trotz ihrer geringen Mitgliederzahl beträchtliches Gewicht, denn die Partei verfügte über einige der besten Köpfe des linken Lagers. Ihre Zeitungen wurden auch von Sozialisten und Anarchisten gelesen. POUM und CNT waren natürliche Verbündete gegen die Kommunisten. Im Herbst 1936 trat die POUM, deren Schwergewicht in Barcelona lag, in die katalanische Regionalregierung ein. Andrés Nin wurde Justizminister.

In den Augen der Komintern wurde die POUM indessen zur Inkarnation der linken Ketzerei. Sie war der ,,Keimträger", von dem die Gefahr der Ansteckung ausging. Sie mußte ausgerottet werden.

Bald nach Ankunft der sowjetischen Berater in Spanien startete die PCE eine scharfe Kampagne gegen die ,,Trotzkisten", eine Bezeichnung, die im Moskauer Sprachgebrauch gleichbedeutend mit Verräter und Gestapo-Agent war. Immer offener forderten die Kommunisten von der Regierung, die POUM zu verbieten.

Der spanische Ministerpräsident Largo Caballero eignete sich jedoch ganz und gar nicht als Werkzeug stalinistischer Säuberungen. Im Gegenteil: Der alte Gewerkschaftsführer beobachtete mit wachsender Empörung, wie sich die sowjetischen Freunde als Staat im Staate etablierten, wie aus Beratern Befehlsgeber wurden. Die Russen entschieden nicht nur, wann und wo ihre Panzer und Flugzeuge eingesetzt wurden, sie zwangen dem spanischen Oberkommando auch die strategische Planung auf und redeten mehr und mehr in die allgemeine Innen- und Außenpolitik hinein.

Den Gipfel erreichte die sowjetische Einmischung mit einem Brief Stalins an Largo Caballero im Dezember 1936. In plump-vertraulichem Ton gab der Kremlherrscher den ,,lieben Genossen" in Spanien ,,freundliche Ratschläge": Sie sollten zum parlamentarischen System zurückkehren, ,,den Bauern gebührende Aufmerksamkeit widmen" und ,,die unteren und mittleren Schichten des städtischen Bürgertums mehr zur Regierungsverantwortung heranziehen". Dies alles sei notwendig, ,,damit Spanien von seinen Feinden nicht als kommunistische Republik angesehen werden kann".

Obwohl Stalins Empfehlungen in der Sache durchaus gerechtfertigt waren, zeugte sein Schreiben doch von einem vollkommenen Unverständnis für die Situation und die spanische Mentalität. Der Brief wurde geheimgehalten, denn seine Veröffentlichung hätte die republikanische Regierung in den Augen der Spanier nicht nur lächerlich, sondern verächtlich gemacht. Er degradierte sie zu einem reinen Marionettenregime. Largo Caballero, der in seinem kämpferischen Leben niemals auf irgend etwas oder irgend jemanden Rücksicht genommen hatte, war tief in seiner Ehre verletzt. Er sah sich plötzlich in der Rolle eines Kapitäns, der SOS gefunkt hat und nun entdeckt, daß seine Retter Piraten sind, die das ganze Schiff als Beute abschleppen wollen. Die Geduld des Regierungschefs riß, als der sowjetische Botschafter Marcel Rosenberg nach dem Fall der Stadt Málaga von Largo Caballero die Entlassung seines engsten militärischen Mitarbeiters im Kriegsministerium, des Generals José Asensio, verlangte. Largo Caballero warf den Sowjetbotschafter kurzerhand aus seinem Büro und forderte in Moskau formell die Abberufung Rosenbergs. Stalin mußte dem Gesuch entsprechen, aber er gab nun Feuer frei auf Largo Caballero.

Den äußeren Anlaß zum Sturz Largo Caballeros boten die Anarchisten. Der schwelende Konflikt zwischen der republikanischen Staatsführung und der anarchistischen Basis hatte sich mehr und mehr verschärft. Die CNT weigerte sich, ihre revolutionären Errungenschaften vom Sommer 1936 preiszugeben. Hartnäckig hielt sie an der kollektiven Leitung der beschlagnahmten Betriebe und Latifundien fest und leistete hinhaltenden Widerstand gegen die Eingliederung ihrer Milizen in die neue Volksarmee. Als die Zentralregierung eine neu aufgestellte Zolltruppe an die französische Grenze schickte, kam es zum Feuerwechsel mit anarchistischen Milizen, die die Zollposten nicht räumen wollten. „Viva la indisciplina heroica" – „Es lebe die heroische Disziplinlosigkeit" – stand auf den Häuserwänden in Katalonien.

Der Konflikt führte zu einem erbitterten ideologischen Grabenkrieg zwischen Anarchisten und Kommunisten, den Vorkämpfern einer starken Staatsmacht. Die PCE forderte, „den syndikalistischen Experimenten ein Ende zu setzen", und die CNT warf den Kommunisten unverblümt „konterrevolutionäre Haltung" vor. „Syndikaler Sozialismus gegen Parteidiktatur – das ist das Problem der spanischen Revolution", schrieb die anarchistische Presse im Februar 1937. Es ist bis heute das Grundproblem der revolutionären Linken geblieben. Damals wurde der Konflikt schließlich mit Waffengewalt ausgetragen. Im Mai 1937, während die Basken ihren einsamen Kampf gegen Franco führten, kam es in Barcelona zum Bürgerkrieg zwischen Rot und Rot.

Das Ende der Anarchisten

Der Anlaß war eher komisch: Die Anarchisten kontrollierten seit der Revolution das Haupttelefonamt von Barcelona, ein Unternehmen der „American Telephone and Telegraph Co.". Ungeniert hörten sie die Gespräche der Regierung ab. Zuweilen unterbrachen sie einen Minister mit der Aufforderung, „nicht soviel zu quatschen, sondern mehr zu arbeiten".

Am 3. Mai schickte die katalanische Regionalregierung ein starkes Polizeikommando zum Telefonamt, um das Gebäude zu besetzen und dem Unfug ein Ende zu machen. Als die Polizisten das Amt betraten, wurden sie von MG-Garben empfangen. Wie es weiterging ist nie völlig geklärt worden. Jedenfalls war Barcelona innerhalb weniger Stunden in der Hand der Anarchisten. Es war wie im Sommer 1936 – an jeder Kreuzung stand eine Barrikade. Den Anarchisten schloß sich die „trotzkistische" POUM an. Sie erklärte in einer Resolution, die ihr später zum Verhängnis wurde: „Entweder stellen wir uns an die Spitze der Bewegung, um den inneren Feind zu vernichten, oder die Bewegung scheitert, und wir werden vernichtet."

Die Bewegung scheiterte. Den Anarchisten stand die geschlossene Front der Sozialisten, Kommunisten und bürgerlichen Republikaner, der Zentralregierung und der katalanischen Regionalregierung gegenüber. Sie traten zum Gegenangriff an. Die Kämpfe waren blutiger als im Sommer 1936 gegen die putschende Armee.

Der Pressesekretär der katalanischen Regierung, Jaume Miravitlles, berichtet: „Ich beobachtete, wie zwei Wagen der Anarchisten in einen Hinterhalt fuhren. Sie rasten die Vía Layetana herunter, in jedem Wagen ungefähr zehn Mann. Sie glaubten offenbar, die Straße sei in ihrer Hand. Plötzlich feuerte von einem Balkon ein Maschinengewehr. Die Männer sprangen heraus, um Deckung zu suchen. Aber das MG hörte erst auf, als sich keiner mehr rührte."

Die Kämpfe dauerten vier Tage. Dann streckten die Anarchisten die Waffen. Es war das Ende der „libertären" Bewegung. Die Folgen reichten weit über Barcelona hinaus. Mit der Niederschlagung des anarchistischen „Putsches" wurden die Kommunisten endgültig zur beherrschenden Kraft der Republik. Die linke Opposition wurde vernichtet, die CNT entmachtet und schließlich auch die sozialistischen Gewerkschaften gleichgeschaltet.

Das erste Opfer wurde Ministerpräsident Largo Caballero. Unmittelbar nach den Straßenkämpfen in Barcelona verlangten die kommunistischen Minister vom Regierungschef ultimativ das Verbot der POUM und die Verhaftung ihrer Führer. Die Kommunisten machten die POUM für den Putsch verantwortlich. Als sich Largo Caballero weigerte, ohne hinreichende Beweise eine Volksfrontpartei zu verbieten, entzog ihm die PCE förmlich das Vertrauen. Largo Caballero mußte zurücktreten. Mit ihm wurden der Gewerkschaftsflügel der Sozialisten und die Anarchisten aus der Regierung ausgebootet. Die Kräfte, die im Sommer 1936 die Revolution gemacht hatten, sahen sich plötzlich von der Macht ausgeschlossen.

Juan Negrín

Der Mann, der nun die Regierung übernahm und die große Säuberung in Gang setzte, ist die umstrittenste Figur des spanischen Dramas. Er hieß Juan Negrín und war das genaue Gegenteil von Largo Caballero. Kein ehemaliger Arbeiter, sondern ein wohlhabender Bourgeois, kein Volkstribun, sondern ein kühler Akademiker, Professor der Physiologie, der erst spät zur Politik gefunden hatte.

Negrín gehörte zum rechten Flügel der Sozialistischen Partei. Unter Largo Caballero war er Finanzminister gewesen, aber die meisten Spanier hatten ihn gar nicht bemerkt. Doch wer den Professor mit dem runden Gesicht eines Bonvivants für einen schwachen

Mann hielt, täuschte sich. Juan Negrín war der energischste Regierungschef, den die Republik hervorbrachte.

Man kann von Negrín annehmen, daß er nur ein einziges Ziel im Auge hatte, nämlich den Krieg gegen Franco zu gewinnen. Als er im Mai 1937 die Regierung übernahm, gab es nur eine Macht, die ihm dabei helfen konnte: die Sowjetunion. Wenn er die Republik retten wollte, mußte er Stalins Bedingungen akzeptieren. Und wenn Stalins Hauptbedingung darin bestand, die Revolution in Spanien endgültig zu stoppen und die nichtkommunistische Linke auszuschalten, so konnte ihm das nur recht sein. Denn als Reformist war Negrín ein entschiedener Gegner der Anarchisten, der POUM, und des linken Flügels seiner eigenen Partei. Im Gegensatz zu ihnen wollte er die parlamentarische Demokratie retten und nicht eine Räterepublik verteidigen. Wenn diese Linie den außenpolitischen und parteiinternen Interessen Stalins entsprach – um so besser.

So wurde der rechte Negrín in den Augen der meisten Zeitgenossen zum blinden Erfüllungsgehilfen Moskaus. Dabei hielt er im Gegensatz zu seinem Vorgänger Largo Caballero Distanz zu den Sowjets. Er ersuchte den russischen Botschafter, die Anrede „Genosse" zu unterlassen und das Büro des Ministerpräsidenten gefälligst nicht ohne vorherige Terminabsprache zu betreten. Auch erhielten die Kommunisten in seiner Regierung nur die beiden Ressorts Landwirtschaft und Erziehung, die sie schon vorher verwalteten. Dennoch hatte sich das Kräfteverhältnis entscheidend verschoben. Von nun an ging nichts mehr ohne Mitsprache der PCE. Die Kommunisten saßen in allen Schlüsselstellungen des Staates und der Armee. Sie waren zur beherrschenden Macht im republikanischen Spanien geworden.

José Diaz

Bereitwillig überließ Negrín den Kommunisten die Ausschaltung der linken Opposition. Er selbst wollte sich die Hände nicht schmutzig machen. Im ganzen Land begann die Hexenjagd auf die „Spione und Provokateure im Dienste des Faschismus, die verbrecherischen Trotzkisten und unkontrollierten Elemente", wie PCE-Chef José Díaz seine Feinde nannte.

Der erste Schlag war die Liquidierung der POUM. In der Nacht zum 16. Juni 1937 wurden die gesamte Parteiführung und Hunderte von Aktivisten verhaftet. Viele wurden aus den Betten geholt, viele aus den Stellungen an der Front. Unter den Verhafteten waren zahlreiche ausländische Sympathisanten und Trotzkisten: der Österreicher Kurt Landau, Mitbegründer der österreichischen KP, der polnische Trotzkist Henryk Freund, der Tscheche Erwin Wolf (ehemals Sekretär Trotzkis) und zahlreiche andere. Die meisten wurden nie wieder gesehen.

Die Operation wurde unter direkter Leitung der sowjetischen NKWD-Zentrale in Spanien durchgeführt. POUM-Chef Andrés Nin wurde in das NKWD-Gefängnis in Alcalá de Henares verschleppt. Offiziell hieß es zunächst, er sei nach seiner Festnahme durch die spanischen Behörden geflohen, doch kein spanisches Gefängnis, keine Polizeistation konnte die Festnahme Nins bestätigen. „Was habt ihr mit Nin gemacht?" fragte Ministerpräsident Negrín seine kommunistischen Kabinettskollegen. Er erhielt keine Antwort.

Später wurde die abenteuerliche Version verbreitet, ein Gestapo-Trupp, verkleidet als Mitglieder der Internationalen Brigaden, habe den Agenten Nin aus dem NKWD-Gefängnis befreit. Zum „Beweis" präsentierten die Kommunisten eine Aktentasche mit deutschen Banknoten und Geheimpapieren, die am „Tatort" gefunden worden seien. Niemand in Spanien glaubte die makabere Komödie. Die Wahrheit ist, daß Andrés Nin in Alcalá de Henares zu Tode gefoltert wurde. Seine Leiche wurde nie gefunden.

Níns Parteifreund Julian Gorkin, Chefredakteur der POUM-Zeitung „La Batalla", schreibt, Nín sei im Pardo-Schloß bei Madrid ermordet worden. Dort befand sich ein Abschnittskommando der Internationalen Brigaden sowie ein Sonderstab des NKWD. Als Verantwortlichen für die Folterung und schließliche Erschießung Níns nennt Gorkin den Komintern-Agenten Vittorio Vidali, einen Italiener, der in Spanien unter dem Namen „Carlos Contreras" auftrat.

Für viele Ausländer, die bei den Milizen der POUM an der Front kämpften, wurde die Hexenjagd zum Schock. Zu ihnen gehörte der englische Schriftsteller George Orwell. Nach einer schweren Verwundung (Halsdurchschuß) erlebte er die Liquidierung „seiner" Partei. Auch sein Kompaniechef, der Belgier Georges Kopp, wurde verhaftet. Orwell fand ihn in einem Gefängnis:

„Das Gefängnis war ein ehemaliges Geschäft. Hundert Leute waren in zwei Räume von sechs mal sechs Meter gepfercht, darunter einige Verwundete aus dem Lazarett Maurin. Zwei von ihnen waren beinamputiert, einer war ohne Krücken eingeliefert worden und hüpfte auf einem Bein herum. Es herrschte ein bestialischer Gestank. Kopp hatte seine Uniform selbst in diesem Schmutz saubergehalten und es sogar geschafft, sich zu rasieren. ‚Nun, ich vermute, wir werden alle erschossen!' sagte er gut gelaunt. Das Wort ‚erschießen' ließ mich innerlich erschauern. Es war noch nicht lange her, daß mein Körper von einer Kugel getroffen worden war."

Kopp wurde nicht erschossen, und George Orwell entkam mit seiner Frau nach Frankreich. Jahre später schrieb er den Roman „1984" – die Vision eines totalitären Staates, der selbst die Gedanken seiner Bürger kontrolliert.

Im Barcelona des Jahres 1937 war „1984" fast Wirklichkeit. Tausende verschwanden spurlos in den Mühlen der großen Säuberung. Auch über den sowjetischen Stäben schlug die Terrorwelle zusammen. General Bersin, der Verteidiger Madrids, wurde ebenso liquidiert wie Michael Kolzow, Star-Korrespondent der *Prawda*, wie Marcel Rosenberg, der abberufene Sowjetbotschafter, und viele andere. Stalins Terror verlor jedes Maß und jeden Sinn.

Zu dieser Zeit mußte auch ein junger deutscher Emigrant namens Willy Brandt Spanien verlassen. Die Exilleitung der Sozialistischen Arbeiterpartei (SAP), einer linken Absplitterung der SPD, hatte ihn als Beobachter nach Barcelona geschickt. Er hatte Kontakte zur POUM geknöpft, die der Linie der SAP nahestand. Jetzt schlug die stalinistische Säuberung über seinen spanischen Genossen zusammen. Auch ein persönlicher Freund Willy Brandts, Marc Rein, verschwand spurlos. Er war der Sohn des russischen Sozialdemokraten Rafael Abramowitsch, der in Paris lebte, ein Freund des französischen Ministerpräsidenten Léon Blum.

„Eines Tages", schreibt Brandt in seinem Buch „Mein Weg nach Berlin", „war Marc Rein aus seinem Hotel in Barcelona verschwunden. Als Abramowitsch, von der Sorge um seinen Sohn getrieben, in Barcelona eintraf, berichteten wir ihm von unseren ergebnislosen Nachforschungen. Der alte Mann, der so vieles erduldet, aber alle Schicksalsschläge mit stoischem Mut ertragen hatte, war nun gebrochen. Er hoffte nur noch auf den Druck der öffentlichen Meinung. Der Sohn war, wie später ermittelt worden ist, tatsächlich entführt, eingesperrt und mißhandelt worden. Als die Affäre zu viel Staub aufwirbelte, wurde sie dadurch liquidiert, daß man den jungen Rein liquidierte."

Für Willy Brandt wurde diese Episode zu einem politischen Schlüsselerlebnis. Als leidenschaftlicher Verfechter der sozialistischen Einheit war er nach Spanien gekommen, als erbitterter Gegner der Kommunisten kehrte er zurück (siehe Anhang).

Die Regierung war gegen diesen Terror machtlos. Ministerpräsident Negrín konnte lediglich durchsetzen, daß die verhafteten POUM-Führer (abgesehen von dem ermordeten Andrés Nín) vor einem ordentlichen Gericht einen öffentlichen Prozeß erhielten. Er fand über ein Jahr nach der Zerschlagung der POUM, im Oktober 1938, in Barcelona statt. Gemessen an den Moskauer Schauprozessen wurde es ein relativ faires Verfahren. Bezeichnend war jedoch, daß die Staatsanwaltschaft den Angeklagten Kontakte zu Trotzki zum Vorwurf machten. „Bildet das eine Straftat nach spanischem Recht?" fragte David Rey, der Trotzki in Mexiko besucht hatte.

Höhepunkt des Prozesses war der Auftritt Largo Caballeros als Entlastungszeuge für die Angeklagten. Er bekräftigte noch einmal, was er schon als Regierungschef gesagt hatte: „Ich habe nicht fünfzig Jahre lang gekämpft, damit es möglich sei, Menschen durch Regierungsbeschluß und ohne Beweis zu verhaften."

Obwohl die Anklage des Hochverrats und der „Spionage" nicht aufrechterhalten werden konnte – übrig blieb nur die Verwicklung der POUM-Führer in die Mai-Unruhen von 1937 – wurden die Angeklagten zu 15 Jahren Gefängnis verurteilt. Stalin hatte sein Ziel erreicht, die linke Ketzerei war liquidiert.

Der Terror traf nicht nur die POUM. Auch die Anarchisten wurden endgültig entmachtet. Man konnte ihren Gewerkschaftsverband, die CNT, zwar nicht verbieten, dazu war diese Millionenarmee zu stark, aber die CNT wurde nun auch aus der Regionalregierung von Katalonien ausgeschlossen, die letzten anarchistischen Milizen entwaffnet.

Am 19. Juli 1937 erklärte die Anarchistenführerin Federica Montseny, wenige Wochen zuvor noch Mitglied der Regierung, auf einer CNT-Kundgebung in Barcelona: „In Tarragona haben Mitglieder der PSUC (Kommunistische Partei Kataloniens) 36 Genossen der CNT ermordet, in Sardañola wurden auf dem Friedhof die Leichen von zwölf Mitgliedern unseres Jugendverbands gefunden, schrecklich verstümmelt, ohne Augen, die Zungen abgeschnitten. Ich habe eine Untersuchung verlangt, aber es fand keine statt."

Die letzte Bastion der Anarchisten war Aragonien. In dieser Nachbarregion Kataloniens übten sie seit dem Sommer 1936 die unumschränkte Macht aus. Oberstes Organ war ein autonomer „Verteidigungsrat", der für sich die gleichen Rechte beanspruchte wie die Regionalregierung von Katalonien. Im August 1937 wurde der Rat durch die Zentralregierung aufgelöst, der kommunistische General Lister mit der Durchführung des Dekrets beauftragt. Er marschierte mit seiner Division in Aragonien wie in Feindesland ein. Die Kollektivgüter wurden aufgelöst, die CNT-Mitglieder aus den Gemeinderäten entfernt. „Aragonien war ein schwarzer Fleck für das ganze legale Spanien", schrieb die kommunistische Presse. „Man muß entschlossen an die Ausrottung der Bande, die sich ‚Rat von Aragonien' nannte, herangehen."

Als letztes wurde die Opposition innerhalb der Sozialistischen Partei zerschlagen, vor allem die Opposition im Gewerkschaftsbund UGT, die Hausmacht Largo Caballeros. Man konnte die UGT nicht unterdrücken, aber man konnte sie spalten und die Führung isolieren. Das geschah. Als der alte Löwe Largo Caballero öffentlich protestierte, wurde er unter Hausarrest gestellt, die Zeitungen, die noch zu ihm hielten, gleichgeschaltet oder verboten.

Die letzte Demütigung für den einstigen Führer der UGT bestand in seinem Ausschluß aus der Gewerkschaftsbewegung, der er ein Leben lang gedient hatte. Angeblich war er mit den Beitragszahlungen im Rückstand. Das war das politische Ende des Mannes, der die beherrschende Figur der spanischen Linken gewesen war.

Die PCE hielt jetzt die Zeit für gekommen, den Sozialisten die „Verschmelzung" der beiden Parteien vorzuschlagen. „Die Gründung einer sozialistischen Einheitspartei wird vom revolutionären Proletariat Spaniens mit Ungeduld erwartet", erklärte das Zentralkomitee in einer feierlich verabschiedeten Resolution. Ein fix und fertig ausgearbeitetes Parteiprogramm wurde den Sozialisten gleich mitgeliefert. Über den Namen der künftigen Einheitspartei könne man sich selbstverständlich noch unterhalten, versicherte die PCE großzügig.

So weit wollte indessen selbst Negrín nicht gehen. Der Vereinigungsvorschlag wurde höflich abgelehnt. Dafür aber stimmte die PSOE einem gemeinsamen Aktionsprogramm mit den Kommunisten zu, das einer Unterwerfung gleichkam. „Beide Parteien", heißt es darin, „sehen in der UdSSR den ergebensten Vorkämpfer gegen den internationalen Faschismus, für die Demokratie und die Freiheit der Völker." Die Verteidigung der Sowjetunion sei „die heilige Pflicht nicht nur der Sozialisten und Kommunisten, sondern aller ehrlichen Antifaschisten". Beide Parteien „werden dafür arbeiten, die Beziehungen zwischen dem spanischen Volk und der Sowjetunion immer enger zu gestalten".

Damit war die tragende Partei der Republik auf Stalin eingeschworen. Um die neue Ordnung zu zementieren, wurden Sondergerichte geschaffen, die „feindliche Haltungen gegen die Republik" (so hieß der neue Straftatbestand) aburteilten. Außerdem gab sich die Republik eine veritable Geheimpolizei, den „Servicio de Investigación Militar" (SIM). Sie konnte eigenmächtig verhaften und unterhielt eigene Gefängnisse und Arbeitslager. Bei den Verhören wandte sie die Foltermethoden des NKWD an.

Auch die Internationalen Brigaden wurden in verstärktem Maß von politisch Verdächtigen gesäubert. Der italienische Brigadekommandeur Carlo Penchienati berichtete später von grausamen Folterungen in den Militärgefängnissen der Brigaden, wo zeitweise bis zu 650 Mann aus den eigenen Reihen einsaßen. So sei im Juni 1938 ein deutscher Leutnant namens Hans Rudolph sechs Tage lang auf unmenschliche Weise gefoltert worden, bis man ihn schließlich per Genickschuß liquidierte. Der Gefängnisdirektor, ein Franzose namens Lantès, wurde wegen der barbarischen Haftbedingungen abgesetzt und verurteilt, ohne daß sich dadurch etwas änderte.

All dies vollzog sich freilich unter dem Mantel strengster Geheimhaltung. Nach außen hin bot die spanische Republik im Herbst 1937 ein respektables Bild, respektabler als während des chaotischen Sommers 1936. Die Revolution war zu Ende. Der Staat hatte seine Autorität wiederhergestellt.

Anfang November 1937 wurde der Regierungssitz von Valencia nach Barcelona verlegt, dem Wirtschafts- und Industriezentrum Spaniens. Negrín amtierte nun dort, wo alle Fäden zusammenliefen – und er hatte gleichzeitig die katalanische Regionalregierung unter direkter Kontrolle. Damit konnte er sich endlich seiner Hauptaufgabe widmen, dem Krieg gegen Franco. Die Republik besaß noch immer eine Chance, vorausgesetzt, sie würde gleich viele und gleich gute Waffen erhalten wie der Feind.

8. KAPITEL

FERTIGMACHEN ZUM UNTERGANG

General „El Campesino" (mit Bart) und sein Stab im umkämpften Guadalajara

Als Professor Juan Negrín die Führung der spanischen Republik übernahm, nannte er sein Kabinett forsch die „Regierung des Sieges". Das Schlagwort war indessen nicht so absurd, wie es scheinen mochte. Negrín war überzeugt, den Krieg gewinnen zu können. Die militärische Lage war zwar nicht rosig, aber weit davon entfernt, aussichtslos zu sein. Denn erst jetzt, im Sommer 1937, nach einem Jahr Bürgerkrieg, verfügte die Republik über eine recht gut organisierte und zentral gelenkte Armee. Aus den Milizen waren reguläre Divisionen und Armeekorps geworden, in die auch die Internationalen Brigaden integriert wurden. Die Brigaden bestanden inzwischen zum Teil aus spanischen Wehrpflichtigen, da die schweren Verluste nicht mehr durch ausländische Freiwillige ersetzt werden konnten.

Der Spanische Bürgerkrieg, über lange Zeit eher ein revolutionärer Kampf, verwandelte sich nun in einen konventionellen Krieg mit klassischen Generalstabsoperationen, Umfassungs- und Durchbruchsschlachten, von denen jede Zehntausende von Toten auf beiden Seiten kostete. Ein Krieg dieser Art wird, bei gleichen materiellen Hilfsquellen, von der Armee mit dem besseren Kampfgeist und den besseren Truppenführern gewonnen. Beides konnte die Republik für sich in Anspruch nehmen. Im Gegensatz zur Franco-Armee bestanden ihre Kerntruppen überwiegend aus Spaniern, und die besten waren Veteranen der revolutionären Milizen. Den Generalstab führte ein ehemaliger Zögling der Kadettenschule von Toledo, General Vicente Rojo, und zu den Truppenführern zählten so hervorragende Männer wie die ehemaligen Arbeiter Enrique Lister und Juan Modesto, zwei Kommunisten, die im Juni 1936 auf den Barrikaden standen und auch als Divisionskommandeure noch in die vordersten Gräben stiegen. Dennoch wurde diese Armee geschlagen. Sie konnte nicht siegen, weil ihr das Wichtigste fehlte: die Waffen. Die Republik verlor den Krieg, weil sie – im wörtlichen wie im übertragenen Sinn – ausgehungert wurde. Ab Mai 1937 begannen die Achsenmächte mit der Seeblockade.

Vicente Rojo

Den Weg dazu öffnete ihnen der internationale „Nichteinmischungs-Ausschuß" in London. Nachdem es nun schon lange kein Geheimnis mehr war, daß Deutschland und Italien auf der einen und die Sowjetunion auf der anderen Seite mit eigenen Truppen bzw. Waffenlieferungen intervenierten, verfiel der „Nichteinmischungs-Ausschuß" auf eine formidable, im britischen Foreign Office gezeugte Idee: Eine internationale Seekontrolle sollte darüber wachen, daß keine fremden Truppen und kein Kriegsmaterial mehr nach Spanien kamen, weder auf die eine noch auf die andere Seite. Britische und französische Kriegsschiffe sollten die Küsten Franco-Spaniens kontrollieren, deutsch-italienische Seestreitkräfte die republikanische Mittelmeerküste überwachen. Die Sowjetunion lehnte eine Beteiligung an der Kontrolle ab.

Der Beschluß der Seekontrolle machte die Farce der „Nichteinmischung" zu einer beispiellosen Groteske auf der internationalen

Bühne. Ausgerechnet Hitler und Mussolini, die seit der ersten Stunde des Bürgerkrieges Menschen und Material nach Spanien pumpten, wurden beauftragt, die „Nichteinmischung" zu überwachen. Sie taten es mit Vergnügen.

Da die Hilfe für Franco-Spanien über den Umweg Portugal ungehindert weiterrollte, lief die ganze Aktion auf eine Blockade der Republik hinaus, auf die Abschnürung der russischen Lieferungen. Hitler entsandte ein ganzes Flottengeschwader, bestehend aus den Panzerschiffen „Deutschland" und „Admiral Scheer", dem Kreuzer „Leipzig" und vier Torpedobooten, vor die „rotspanische" Küste. Nach der Luftwaffe konnte nun auch die deutsche Marine Krieg üben. Es wurde sehr schnell blutiger Ernst. Admiral Raeder, Oberbefehlshaber der Kriegsmarine, schickte die „Überwachungsschiffe" direkt ins Kampfgebiet, dorthin, wo sich heute Millionen von Touristen sonnen, zu den Balearen. Die Inselgruppe war, mit Ausnahme Menorcas, seit Beginn des Bürgerkrieges in der Hand Francos, das gegenüberliegende Festland dagegen republikanisch. Mallorca war der Hauptstützpunkt der italienischen Luftwaffe, und fast täglich flogen die Republikaner Gegenangriffe. Außerdem lagen die Inseln gelegentlich unter dem Feuer republikanischer Kriegsschiffe.

In dieser Situation kreuzten die Deutschen vor den Balearen. Als sich der deutsche Flottenchef, Konteradmiral von Fischel, beim republikanischen Oberkommando beschwerte, daß Bomben in der Nähe seiner Schiffe einschlugen, funkte das spanische Kriegsministerium zurück: „Sicherheit kann nicht garantiert werden, wenn Sie in unkluger oder ungerechtfertigter Weise in Häfen ankern, die Zentren öffentlich bekannter Tätigkeit der Rebellen darstellen."

Dieser Warnung zum Trotz ankerte das Panzerschiff „Deutschland" am 29. Mai 1937 auf der Reede von Ibiza. Um 19.12 Uhr jenes Abends fliegt die republikanische Luftwaffe einen Angriff: Zwei Bomben treffen die „Deutschland", durchschlagen das Wohndeck und explodieren in den vollbesetzten Mannschaftsräumen. 31 Besatzungsmitglieder werden getötet, 74 verwundet.

Im Dritten Reich heult die gleichgeschaltete Presse auf, „daß bolschewistische Untermenschen es wagen durften, Söhne unseres Volkes anzurühren, ja zu morden" („Berliner Lokalanzeiger"). Hitler gibt Befehl zur „Vergeltung". Am 31. Mai geht das Schwesterschiff der „Deutschland", die „Admiral Scheer" vor der andalusischen Hafenstadt Almería auf Gefechtskurs und eröffnet ohne Vorwarnung morgens um 7.30 Uhr mit den 28-cm-Geschützen das Feuer auf die Stadt. Der Panzerkreuzer schießt 30 Minuten lang ohne Unterbrechung aus allen Rohren. Als die „Scheer" abdreht, steht Almería in Flammen. Das Deutsche Reich hat erstmals gänzlich ohne Tarnung in den Bürgerkrieg eingegriffen. Befriedigt schreibt der „Berliner Lokalanzeiger": „Die Bestrafung der roten Wegelagerer hat Deutschland vorgenommen." London rügt die Beschießung Almerías milde. Hitler und Mussolini nehmen den Ibiza-Zwischenfall zum Anlaß, um sich aus der internationalen Kontrolle zurückzuziehen. Desto ungenierter führen sie nun mit U-Booten und Flugzeugen einen Piratenkrieg gegen die spanische Republik. Jedes Schiff mit Kurs auf Barcelona oder Valencia, gleich welcher Flagge, läuft ab jetzt Gefahr, versenkt zu werden.

Die Hauptarbeit besorgen die Italiener. Ihre Boote machen Jagd auf jedes Schiff, das sich in spanische Gewässer wagt. Außenminister Graf Ciano notiert am 31. August 1937 die Beute der letzten Tage: ,,Die Seeblockade zeigt bemerkenswerte Wirkungen: vier russische oder rotspanische Dampfer versenkt, ein griechisches Schiff aufgebracht, ein spanisches beschossen.''

Die Achsenmächte stritten nach außen hin jede Beteiligung an der Piraterie ab. Immer waren es Flugzeuge und U-Boote ,,unbekannter Nationalität'', die mitten im Frieden (der Spanische Bürgerkrieg war völkerrechtlich kein Krieg) Handelsschiffe angriffen.

Nachdem auch elf britische Schiffe versenkt worden und 21 britische Seeleute ums Leben gekommen waren, reagierte die Londoner Regierung endlich. Gemeinsam mit der französischen Marine übernahm die britische Flotte die Kontrolle des westlichen Mittelmeeres. Es wurde beschlossen, künftig jedes verdächtige Flugzeug oder U-Boot anzugreifen.

Dennoch setzten die Achsenmächte ihre Piraterie fort, nur etwas vorsichtiger als bisher. Der deutsche Oberleutnant Brey, Flugzeugführer in der Seefliegerstaffel der Legion Condor, beschreibt einen Einsatz gegen einen neutralen Frachter im ,,Buch der Spanienflieger'', das 1939 in Berlin erschien:

,,Schüsse in die Nähe des Tankers erreichen, daß die Besatzung unter Schmährufen und erhobenen Fäusten in die Boote geht und ablegt. Wir sind recht ungeduldig wegen der Zeitverzögerung, die dazu diente, den Standort des Dampfers den englischen Kriegsschiffen zu melden. Mit etwas Fahrt trieb der Tanker nun quer zur See. Angriff aus 80 Meter Höhe. Ein glücklicher Treffer erreichte die Explosion der achteren Tanks. Hoch auf fliegen Planken und Eisenplatten, und eine dichte schwarze Qualmwolke verrät den Inhalt des Tankers: Schweröl.''

Ungeachtet der flagranten Völkerrechtsverletzungen suchte London zu dieser Zeit eine Verständigung mit Italien. Seit langem wurde über ein Abkommen zur Sicherung des beiderseitigen Besitzstands im Mittelmeerraum verhandelt. Um Italien zur Unterschrift zu bewegen, bot ihm England schließlich die Kontrolle über das Seegebiet zwischen Sardinien und den Balearen an. Damit konnte die Seeräuberei weitergehen. Ciano notierte: ,,Das ist ein schöner Sieg. Aus angeklagten Torpedierern werden wir zu Mittelmeerpolizisten unter Ausschluß der versenkten Russen.''

40 000 Tote bei Teruel

Die Zeit lief gegen die spanische Republik. Von Monat zu Monat wurden die Nachschublinien dünner. Wenn Juan Negrín die militärische Wende erzwingen wollte, durfte er nicht länger warten. So kam es zur Winterschlacht um Teruel, dem Stalingrad des Spanischen Bürgerkrieges.

Teruel, eine mittelalterliche Provinzhauptstadt in Aragonien, fast 1000 Meter über dem Meeresspiegel auf einer Hochebene gelegen, bildete die äußerste Spitze eines Frontkeils, der tief in das republikanische Gebiet hineinragte und wie ein Degen gegen die Küste zielte. Die Stellungen waren hier seit Beginn des Bürgerkrieges unverändert, die gegnerischen Linien relativ dünn besetzt. Die republikanische Führung hatte eine gute Chance, die Front an dieser Stelle einzudrücken, wenn sie alle Kräfte auf Teruel konzentrierte.

Am 15. Dezember 1937, bei leichtem Schneetreiben, griffen die Republikaner mit 40 000 Mann an. Sie kamen nur langsam voran. Die Temperatur fiel auf minus 20 Grad, der Schnee lag bald einen Meter hoch. Nach einer Woche schwerer Kämpfe drangen die Republikaner in Teruel ein. Die Stadt wurde von knapp 3000 Mann unter dem Kommando des Obersten Rey d'Harcourt verteidigt. Sie verschanzten sich in den aus schweren Steinquadern erbauten öffentlichen Gebäuden: der Provinzregierung, der Filiale der Staatsbank, dem Hospital und zwei Klöstern.

Die Republikaner mußten Gebäude für Gebäude sturmreif schießen. Erst nach vierzehntägigem Gemetzel kapitulierte Rey d'Harcourt mit den Überlebenden seiner Truppe. Die letzten Leute kamen mit erhobenen Armen aus den Ruinen des Klosters Santa Clara.

Über den Trümmern von Teruel wurde die republikanische Trikolore gehißt. Aber die Schlacht von Teruel trat damit erst in ihre blutigste Phase. Franco war nicht bereit, die Niederlage hinzunehmen. Obwohl ihm seine deutschen und italienischen Berater empfahlen, sich lieber auf Madrid zu konzentrieren und das relativ unwichtige Teruel zu vergessen, massierte er alle verfügbaren Kräfte zum Gegenangriff auf die verlorenen Positionen. Am 5. Februar eröffneten über 100 Batterien das Feuer auf die republikanischen Stellungen. Es war die stärkste Artilleriemassierung, die es bisher im Spanischen Bürgerkrieg gegeben hatte. Doch den Ausschlag gab die Legion Condor. Sie besaß die absolute Luftüberlegenheit. Unbehindert von gegnerischen Maschinen flogen die Deutschen pausenlos Bombenangriffe gegen die Republikaner. Nach zwei Tagen brach die Front zusammen. Den Durchbruch schaffte der Kavallerie-General Monasterio mit einem mörderischen Reiterangriff, der letzten großen Kavallerieattacke, die es in Europa gegeben hat.

Francos Truppen kesselten Teruel ein, und die Republikaner saßen nun in der gleichen Falle wie zuvor die Nationalen. Unter den Eingeschlossenen befand sich der Divisionskommandeur Valentín Gonzalez, genannt „El Campesino", einer der legendären Haude-

Valentín Gonzalez („El Campesino")

gen dieses Krieges. Mit einer Handvoll Männer gelang ihm der Ausbruch, aber das Gros der eingeschlossenen Armee mußte kapitulieren. 15 000 Mann gingen in Gefangenschaft, 10 000 lagen tot in den Trümmern von Teruel. Insgesamt forderte der zweimonatige Kampf um die Stadt 40 000 Tote auf beiden Seiten.

Teruel brach die Kampfkraft der republikanischen Armee. Sie konnte sich von diesem Aderlaß nicht mehr erholen. Als Franco nach kurzer Atempause die Offensive fortsetzte, stieß er nur noch auf geringen Widerstand. Am 15. April 1938 erreichten seine Soldaten 170 Kilometer südlich von Barcelona das Mittelmeer. Sie bekreuzigten sich am Strand. Die Republik war damit in zwei Teile zerschnitten, in die nordöstliche Zone um Barcelona und in die Zone „Mitte-Süd", an deren Peripherie Madrid lag. Die beiden spanischen Metropolen hatte keine Verbindung mehr miteinander.

Die ausländischen Korrespondenten gaben der Republik jetzt höchstens noch ein paar Wochen. Aber sie täuschten sich. Der Krieg dauerte noch ein volles Jahr. Negrín gab nicht auf. Auf Druck der Kommunisten entließ er seinen Kriegsminister und Parteifreund Prieto, den die PCE für die Niederlagen verantwortlich machte, und übernahm selbst das Oberkommando.

Die internationale Situation kam Negrín noch einmal zu Hilfe. Am 12. März 1938 hatte Hitler Österreich annektiert und damit sein Versprechen gebrochen, die Grenzen des Deutschen Reiches nicht auszuweiten. Eine Welle der Empörung ging durch Europa. In Paris wurde nun ein neuer Krieg gegen Deutschland als unvermeidbar betrachtet. Die Sympathien wendeten sich wieder der spanischen Republik zu, die seit fast zwei Jahren der faschistischen Aggression standhielt. Es wurde sogar eine direkte Militärintervention Frankreichs erwogen. Negrín flog nach Paris und forderte von Premierminister Léon Blum, der soeben die zweite französische Volksfrontregierung gebildet hatte, wenigstens die Aufhebung des Waffenembargos. Das französische Kabinett stimmte zu. Noch einmal flackerte die Hoffnung in Barcelona auf. Für ein paar kurze Wochen strömte nun frisches Kriegsmaterial, bezahlt mit spanischem Gold, über die Pyrenäengrenze. Die französische Regierung ließ sogar kilometerlang Chausseebäume fällen, um Platz für die Flugzeugtransporter zu schaffen. Doch im Juni 1938, nach dem Sturz Léon Blums, schnappte die Falle wieder zu. Die ewig ängstlichen Briten drängten auf erneute Sperrung der Grenze, um die Achsenmächte nicht noch mehr aufzubringen. Das neue Kriegsmaterial reichte bis zu einer neuen großen Kraftanstrengung der Republik. Im Juli 1938 geschah, womit niemand mehr gerechnet hatte: In einer breit angelegten Offensive überschritt die republikanische Armee den Ebro, um die Verbindung zwischen den getrennten Landesteilen wiederherzustellen. Doch das Drama von Teruel wiederholte sich. Abermals blieb der Angriff stecken, abermals trat Franco zur Gegenoffensive an und zermürbte die republikanischen Truppen in einer Materialschlacht, der sie nichts entgegenzusetzen hatten.

Abzug der Internationalen Brigaden

Die Schlacht am Ebro war der letzte Kampf der Internationalen Brigaden. Der Völkerbund, jener ohnmächtige Vorläufer der ohnmächtigen UNO, hatte vorgeschlagen, alle ausländischen Freiwilligen aus Spanien zurückzuziehen. Juan Negrín stimmte zu. Er hegte zwar nicht die Illusion, daß Hitler und Mussolini ihre Truppen abziehen würden, aber er wollte der Welt wenigstens den guten Willen der Republik zeigen. Und so verließen denn die einzigen echten Freiwilligen des Spanischen Bürgerkrieges das Land ihrer verlorenen Hoffnungen.

Am 29. Oktober 1938 fand die Abschiedsparade in Barcelona statt. Ludwig Renn, Stabschef der legendären XI. Brigade, der ,,Garde'', führte den Vorbeimarsch an. Es waren 6000 Mann, weitere 3000 lagen in den Lazaretten. Von den Männern, die zwei Jahre zuvor Madrid gerettet hatten, lebte kaum noch einer. Auf der Ehrentribüne stand die ,,Pasionaria'', die leidenschaftliche Führerin des Widerstandes von 1936. Es war das einzige Mal, daß man sie in der Öffentlichkeit weinen sah.

Einige tausend Ausländer hatten sich in Spanien einbürgern lassen und kämpften weiter in der regulären Armee bis zum bitteren Ende. Auf der anderen Seite hatte Mussolini pro forma 10 000 Mann zurückgezogen. Sie wurden mit faschistischem Pomp in Neapel empfangen. Doch das Gros der italienischen Truppen blieb in Spanien. Auch Hitler dachte nicht daran, die Legion Condor zurückzuziehen. Sie wurde noch für den Großangriff auf Katalonien gebraucht. Nach der Unterzeichnung des Münchner Abkommens am 30. September 1938, das die Tschechoslowakei zur Abtretung des Sudetenlandes verurteilte, war das Schicksal der spanischen Republik besiegelt. Die Westmächte hatten sich noch einmal mit Hitler arrangiert und gaben die Republik endgültig auf. Auch Stalin begann sich umzustellen. Nach München leitete er eine außenpolitische Wendung um 180 Grad ein. Nachdem er die Westmächte nicht für ein Bündnis gegen Hitler gewinnen konnte, strebte er jetzt ein Bündnis mit Hitler gegen die Westmächte an. Er überließ die spanische Republik ihrem Schicksal. Einsam, auf sich allein gestellt, machte sich die spanische Republik fertig zum Untergang.

Hitler und Mussolini wollten die Sache nun rasch zu Ende bringen. Sie verdoppelten die Bombenangriffe. Was Barcelona im Herbst 1938 erlebte, war ein Vorgeschmack dessen, was Warschau ein knappes Jahr danach erleiden sollte.

Ciano vermerkte in seinem Tagebuch: ,,Mussolini ist der Ansicht, daß diese Angriffe vorzüglich geeignet seien, die Moral der Roten zu brechen. Er erklärte seine Zufriedenheit darüber, daß die Italiener endlich einmal durch ihre Angriffslust Schrecken verbreiteten, statt als Mandolinenspieler Gefallen zu erregen. Seiner Meinung nach steigert das auch unser Ansehen bei den Deutschen, die den totalen und unbarmherzigen Krieg lieben.''

Unter dem Bombenschirm der Verbündeten tritt Franco einen Tag vor dem Heiligen Abend 1938 zum Großangriff auf Katalonien an, die Nordzone des republikanischen Gebiets. An der Ebro-Front stehen auf republikanischer Seite nur noch 90 000 Mann, jeder dritte hat überhaupt keine Waffe mehr. Franco besitzt dagegen mehr Artillerie und Panzer als je zuvor. Auch die Legion Condor wird jetzt im Erdkampf eingesetzt. Im offiziösen Siegesbericht der Legion („Deutsche kämpfen in Spanien") heißt es: „Unsere Flak steht wie immer als erste vorn. Ihre Granaten wühlen sich in die Reihen der Fliehenden oder krepieren mit Zeitzünder nur meterhoch über ihren Köpfen mit entsetzlicher Wirkung. Die leichten Batterien gehen zeitweise vor der ersten Infanteriesturmwelle vor – sie hängen ihre Geschütze einfach an vorgehende Tanks an – und feuern ihre Sprenggeschosse auf Nahkampfentfernung in die geballten Haufen der Roten. Da bricht der Widerstand zusammen!"

An eine Verteidigung Barcelonas, der Zwei-Millionen-Metropole, ist nicht zu denken. Das Beispiel von Madrid wiederholt sich nicht. Generalstabschef Rojo schreibt resigniert: „Barcelona war 48 Stunden vor dem Einmarsch des Feindes eine tote Stadt. Es gab keinen Widerstandswillen mehr, weder in der Zivilbevölkerung noch bei einigen Truppen. In der Umgebung von Barcelona häuften sich die Desertationen, und damit sank auch die Moral der Kampfwilligen. Sie betrachteten den Rückzug als unvermeidlich."

So fiel der republikanische Regierungssitz kampflos in Francos Hand. Am 26. Januar 1939 zogen seine Truppen in Barcelona ein. Dr. Marcel Junod, Vertreter des Internationalen Roten Kreuzes, berichtete: „Um halb eins kam der erste Panzer die Straße herunter und hielt vor unserem Haus. Die Mannschaft bestand aus deutschen Soldaten. Auf dem Tank stand eine lachende Frau, die mit dem Faschistengruß die Menge begrüßte. Ich erkannte sie. Sie war eine deutsche Jüdin, die (von den Kommunisten) als Trotzkistin eingesperrt worden war."

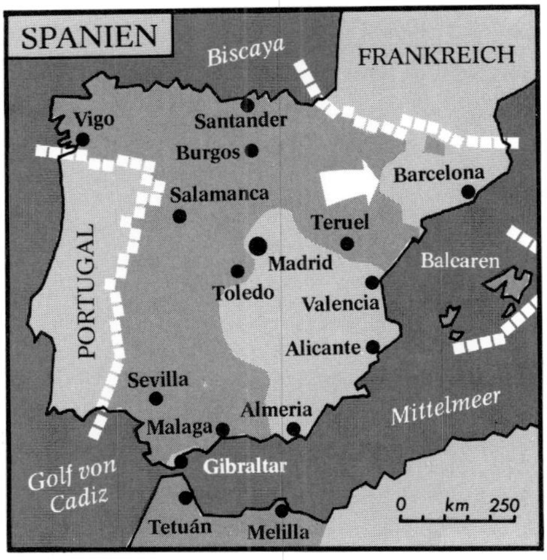

Spanien Januar 1939

9. KAPITEL

DER ZUSAMMENBRUCH

Rette sich, wer kann: Flüchtlingskolonne vor der französischen Grenze

Über die Straßen der Costa Brava, wo sich heute alljährlich die Autokolonnen der Touristen stauen, wälzte sich im Januar 1939 ein Heerwurm des Elends. Hunderttausende waren auf der Flucht. Soldaten, Zivilisten, Männer, Frauen und Kinder, in überfüllten Lastwagen, auf Pferdefuhrwerken, die meisten zu Fuß, im kalten Winterregen, ohne Verpflegung, verfolgt von deutschen und italienischen Tieffliegern.

Ihr Ziel war die französische Grenze. Seit dem Fall Barcelonas gab es keinen organisierten Widerstand mehr. Der militärische Zusammenbruch schwemmte die Reste der republikanischen Armee weg, riß die Zivilbevölkerung mit. Es gab keine andere Parole mehr als das alte Signal des Untergangs: Rette sich, wer kann.

In wenigen Wochen schwoll die Zahl der Flüchtlinge in den Auffanglagern auf eine halbe Million an, die Hälfte davon Soldaten. Frankreich hatte auf dringende Bitten der republikanischen Regierung zwar die Grenze geöffnet, aber es behandelte die Reste der spanischen Armee wie besiegte Feinde. Sie wurden in den sumpfigen Niederungen an der Küste des Golfs von Lion interniert. Die „Lager" bestanden aus nichts als Stacheldraht und nackter Erde. Es gab keine Baracken, kein Wasser, keine sanitären Anlagen, kaum Verpflegung. Die erschöpften Truppen, entwaffnet und demoralisiert, empfanden es als besonders demütigend, daß zu ihrer Bewachung senegalesische Kolonialtruppen eingesetzt wurden.

Kaum besser erging es den Zivilisten, die weiter ins Landesinnere transportiert wurden. Auch sie kamen in geschlossene Lager, wenngleich hier die Versorgung besser war. Neutrale Beobachter beschuldigten Frankreich, absichtlich so wenig für die Flüchtlinge zu tun, um sie auf diese Weise zur Rückkehr nach Spanien zu veranlassen – was für Tausende den sicheren Tod bedeutet hätte.

Mitten im Strom des Untergangs fand die letzte Sitzung der Cortes statt. Es war eine jener pathetischen Gesten, die die spanische Geschichte in den Augenblicken der Hoffnungslosigkeit begleiten. Die Abgeordneten versammelten sich in der alten Burg von Figueras, der letzten Station der republikanischen Regierung, 25 Kilometer vor der Grenze. Nur noch 62 Deputierte waren anwesend, der Rest des Parlaments, das im Februar 1936 gewählt worden war. Jene Wahl, die das Vorspiel zum Bürgerkrieg war, schien nun schon einem anderen Zeitalter anzugehören. Während draußen in der Nacht die Flüchtlingskolonnen vorbeizogen, beschworen die Cortes in ihrer letzten Resolution noch einmal „das legitime Recht Spaniens auf die Einheit seines Territoriums und auf die freie Selbstbestimmung seines Schicksals". Noch einmal wurde abgestimmt, noch einmal wurde die Debatte mit der Floskel geschlossen: „Die nächste Sitzung wird wie üblich mitgeteilt." Auch die Uhrzeit ist im Protokoll festgehalten. Es war der 2. Februar, 0.45 Uhr. Eine nächste Sitzung fand nicht mehr statt. Es vergingen 38 Jahre, bis wieder ein freigewähltes Parlament in Spanien zusammentrat.

Irgendwann in diesen chaotischen Tagen überschritt auch der

Präsident der Republik, Manuel Azaña, die Grenze. Er war die tragischste Figur im spanischen Drama. Der Staat, den er nach außen hin repräsentierte, die bürgerlich-demokratische Republik, war schon am ersten Tag des Bürgerkrieges untergegangen. Dennoch blieb er im Amt, als Symbol der republikanischen Legitimität. Jetzt verließ er Spanien zu Fuß, über einen Bergpfad, gefolgt von den Mitgliedern der katalanischen und baskischen Regionalregierungen und vom Präsidium der Cortes.

Am 8. Februar sammelten sich die letzten intakten Verbände der Armee im Grenzort Le Perthus. Generalstabschef Rojo erließ seinen letzten Tagesbefehl: „Die Truppen überschreiten die Grenze in geschlossener Marschordnung und vollständiger Ausrüstung mit den Kommandeuren an der Spitze. ich erwarte äußerste Ordnung und Disziplin. Es lebe die Republik!"

Am nächsten Morgen begann der Übertritt. Vielen Soldaten liefen Tränen über das Gesicht, als sie die Waffen und Fahnen vor den französischen Posten niederlegten. Um elf Uhr vormittags, zusammen mit der Nachhut, verließ auch Ministerpräsident Negrín spanisches Territorium. Zwei Stunden später erreichte die Vorhut der Franco-Truppe den Schlagbaum. Ein Hauptmann grüßte die französische Grenzwache mit erhobenem Arm. Der Krieg war aus.

Der Krieg war aus – dies war die Meinung der Welt, dies war auch die Meinung von Generalstabschef Rojo und Staatspräsident Azaña. Noch in Spanien, kurz nach dem Fall Barcelonas, hatte Rojo auf Kapitulationsverhandlungen gedrängt. Aber Negrín war hart geblieben. Noch immer kontrollierte die Republik die „Zentralzone", ein Drittel Spaniens, von Valencia bis Madrid. Dort wollte er den Krieg fortsetzen. Auch jetzt noch.

Unmittelbar nach seinem Grenzübertritt fuhr Negrín zum spanischen Konsulat in Toulouse und hielt dort eine Sitzung des Rumpfkabinetts ab. Er verkündete seinen Beschluß, unverzüglich auf dem Luftweg nach Valencia zurückzukehren. General Rojo fragte: „Mit was wollen wir Widerstand leisten und wozu wollen wir noch Widerstand leisten? Die Zentralzone ist von der Außenwelt abgeschnitten, wir haben keine Waffen, kein Material, keine Munition, wir können keinen Nachschub bekommen. Jedes weitere Blutvergießen ist sinnlos." Als Negrín auf seinem Vorhaben bestand, legte der General sein Kommando nieder. Auch Präsident Azaña weigerte sich rundheraus, nach Spanien zurückzukehren. Er reiste weiter nach Paris und bezog Quartier in der spanischen Botschaft. Sie war exterritorial und vertrat noch immer die Republik.

Negrín fand nur einen Partner, der für Widerstand plädierte: die Kommunistische Partei. Sie bereitete sich auf den Guerillakrieg vor. So begann der letzte Akt der spanischen Tragödie.

Zwei Tage nach seinem Grenzübertritt bestieg Negrín eine reguläre Maschine der Air France und landete, begleitet von der kommunistischen Parteiführung, den Truppenführern Modesto und Lister und zwei sowjetischen Beratern, in Alicante an der Mittelmeerküste. Als erstes rief er den Stadtkommandanten von Madrid an: „Oberst Casado? Hier Negrín. Ich spreche aus Alicante. Wie sieht's bei Ihnen aus?" – „Willkommen in der Heimat, Herr Ministerpräsident", antwortete der Oberst sarkastisch, „in Madrid nichts Neues."

Madrid war seit über zwei Jahren Frontstadt. Die Stellungen verliefen noch immer dort, wo die Internationalen Brigaden im November 1936 Francos Marokkaner gestoppt hatten: quer durch das Universitätsviertel. Aber Madrid war nicht mehr dieselbe Stadt. Der Heroismus war dem zermürbenden grauen Kriegsalltag gewichen, dem Hunger, der Not, der Hoffnungslosigkeit. Es gab schon lange keinen Strom, kein Gas, kein Heizmaterial mehr. Auch keine Medikamente für die Verwundeten.

Die Stadt war am Ende ihrer Kraft. Wie die ganze Zentralzone wartete sie stumm und ergeben auf ihre Hinrichtung. Am 27. Februar hörten Soldaten und Zivilisten im Radio, daß die Westmächte nun auch formell die Franco-Regierung anerkannt hätten. Am nächsten Tag erklärte Manuel Azaña in Paris, daß er das Amt des Präsidenten der Republik niederlege. Er sehe keine Möglichkeit mehr, seine Funktionen auszuüben.

Madrid macht nicht mehr mit

Für Oberst Casado, den Stadtkommandanten von Madrid, waren diese Nachrichten das Signal zum Handeln. Er beschloß, das Schicksal der Zentralzone selbst in die Hand zu nehmen. Es kam jetzt nur noch darauf an, so viele Menschen wie möglich vor der Rache Francos zu retten. Vielleicht konnte man die andere Seite dazu bewegen, den Flüchtlingen freies Geleit ins Ausland zu garantieren.

Oberst Casado nahm Kontakt mit den nichtkommunistischen Parteien auf. Es wurde schnell Einigkeit erzielt: Wenn noch etwas gerettet werden sollte, mußte Negrín gestürzt werden. Das aber bedeutete die Entmachtung der Kommunisten. So bereitete Casado einen klassischen Militärputsch vor. Er bildete eine Junta aus den nichtkommunistischen Volksfrontparteien. Auch zwei CNT-Leute waren dabei. Der politische Kopf war der alte Sozialist Julián Besteiro. Er hatte den ganzen Krieg in Madrid ausgehalten und wollte die Stadt vor dem Schlimmsten bewahren.

In der Nacht zum 5. März erklärte die Junta die Regierung Negrín für abgesetzt. Über den Rundfunk verlas Casado ein Manifest: „Spanische Arbeiter, Volk des antifaschistischen Spaniens! Die Zeit ist gekommen, die Wahrheit über unsere Lage in die vier Winde zu rufen. Wir können die törichte Haltung der Regierung Negrín nicht mehr dulden. Wir wollen den Weg zur Vermeidung der Katastrophe zeigen. Wir geben unser Wort, daß nicht einer von denen, die in Spanien zu bleiben haben, das Land verlassen wird, ehe alle anderen fort sind, die gehen wollen."

Oberst Casado

Alle Armeebefehlshaber, selbst General Miaja, der Oberkommandierende, schlossen sich dem Putsch an. Der Regierungschef konnte nicht einmal um Hilfe rufen – sein Telefon war abgesperrt. Alles, was ihm an Truppen blieb, waren 80 kommunistische Partisanen, die seine Residenz bei Alicante bewachten. Die republikanische Kriegsflotte verließ den Hafen Cartagena auf eigene Faust und nahm Kurs auf die französische Küste.

Negrin gab auf. Am 6. März mußte er zum zweitenmal aus Spanien fliehen, diesmal nicht vor Francos Truppen, sondern vor der eigenen Armee. Ein Flugzeug brachte ihn zusammen mit der kommunistischen Parteiführung nach Frankreich zurück.

In Madrid erhoben sich nun in einem Akt der Verzweiflung die kommunistischen Einheiten der Armee gegen die Junta. Wieder, wie im Mai 1937, kam es hinter der republikanischen Front zu einem Bürgerkrieg im Bürgerkrieg. Diesmal waren die Kommunisten die Opfer. Anarchisten und Sozialisten nahmen Rache für Barcelona. Oberst Casado zerschlug das letzte Widerstandsnest im Gebäudekomplex der „Neuen Ministerien" durch Direktbeschuß mit Feldhaubitzen. Den Befehlshaber der Insurgenten, seinen Offizierskameraden Major Luis Barceló, ließ Casado an die Wand stellen.

Doch die Hoffnungen der Madrider Junta auf einen förmlichen Waffenstillstand wurden enttäuscht. Franco sah keinen Grund mehr, Milde walten zu lassen. Er brauchte nur zu warten, bis ihm der Rest der Republik wie eine reife Frucht in den Schoß fiel. Humanitäre Erwägungen kamen ihm ohnehin nie in den Sinn.

Immerhin stimmte Franco der Entsendung von zwei „roten" Parlamentären zu. Am 23. März landeten sie auf dem Flughafen von Burgos, der provisorischen Hauptstadt Francos. Aber von Verhandlungen konnte keine Rede sein. Die Vertreter Francos erklärten, der Caudillo verlange die bedingungslose Übergabe. Wenn die „Roten" den Krieg beenden wollten, brauchten sie nur mit erhobenen Händen aus ihren Stellungen zu kommen. Das einzige, was die republikanischen Unterhändler schließlich aushandeln konnten, war eine mündliche Stillhaltezusage von vier Tagen, eine kurze Gnadenfrist für Zehntausende von Flüchtlingen, die sich in den Mittelmeerhäfen drängten. Francos Offiziere kündigten an, daß die Armee danach zum Großangriff auf die republikanischen Stellungen antreten werde. Pardon werde es dann nicht mehr geben.

Mit der Rückkehr der Parlamentäre aus Burgos begann die allgemeine Auflösung im republikanischen Lager. Noch ehe die Übergabefrist ablief, verließen die republikanischen Truppen ihre Stellungen, nicht nur in Madrid, sondern an der ganzen Front. Wie auf ein geheimes Kommando legten die Soldaten die Waffen fort und gingen nach Hause, wenn möglich in Zivil. Die Offiziere hinderten sie nicht, sie gingen auch.

Wie bei allen Zusammenbrüchen brachten sich die Führer, die eben noch von Durchhalten um jeden Preis gesprochen hatten, in Sicherheit. General Miaja, der 1936 Franco vor Madrid schlug, entkam mit dem letzten Flugzeug nach Oran. Oberst Casado ging im Mittelmeerhafen Gandía an Bord eines britischen Zerstörers. Nur Julián Besteiro blieb in Madrid, wie er es versprochen hatte. Er wurde beim Einmarsch der Franco-Truppen verhaftet und zu dreißig Jahren Kerker verurteilt. Er starb nach einem Jahr an unbehandelter Tuberkulose im Zuchthaus von Carmona.

Der Krieg endete auf der Mole von Alicante, dem letzten unbesetzten Fleckchen der Republik. Auf dem langen Steinwall zwischen Hafen und Meer drängte sich in den letzten Märztagen eine kompakte Menschenmasse. Es mögen 8000 und mehr sein – Soldaten und Offiziere, Mandatsträger der Republik, Mitglieder der Volksfrontparteien, viele mit ihren Frauen und Kindern. Es ist die verzweifelte Nachhut des großen Flüchtlingsstroms. Zehntausende sind in den Tagen und Wochen zuvor mit Booten und Schiffen entkommen. Jetzt ist der Hafen von Alicante leer. Der letzte britische Frachter ist ausgelaufen. Doch die Menschenmasse auf der Mole wartet immer noch auf ein Wunder, das sie vor Francos Exekutionskommandos retten soll. Hartnäckig hält sich das Gerücht, der Westen werde helfen, denn es gibt eine „Internationale Evakuierungskommission" in Spanien. Es heißt, Negrin habe von Paris aus eine Reederei beauftragt, die Flüchtlinge abzuholen.

In der Nacht zum 30. März scheint es endlich soweit zu sein – ein Schiff nähert sich dem Hafen, deutlich sind die Lichter zu erkennen, die Menschen springen auf, jubeln, fallen sich weinend in die Arme. Aber wenige hundert Meter von der Mole wendet das Schiff, verschwindet langsam in der Dunkelheit. In dieser Nacht erschießen sich die ersten.

Am nächsten Morgen rücken italienische Truppen in Alicante ein. Sie beziehen Stellung am Hafen, blicken ratlos auf die zusammengedrängte Menschenmasse jenseits des Hafenbeckens. Nichts geschieht. Wieder kommt ein Schiff, wieder wendet es. Neue Selbstmorde, hysterische Zusammenbrüche. Ein Mann stürzt sich vom Leuchtturm am Ende der Mole auf die Steine. Andere springen ins Wasser.

Die Italiener schicken einen Parlamentär: Die „Evakuierungswilligen" sollen alle Waffen abgeben, dann werden Schiffe anlegen. Erbitterte Diskussionen auf der Mole: „Genossen, denkt an die Basken, denkt an Santoña! Sie werden uns erschießen wie die Basken!"

Die Hoffnung siegt. Die Waffen werden abgeliefert – Gewehre, MGs, Handgranaten, mehrere Lastwagen voll. Das sind die letzten Waffen der Republik. Revolver und Pistolen sind nicht dabei. Die behält jeder in der Tasche.

Am 31. März taucht wieder ein Schiff auf. Es läuft ein, legt an. Ein Kriegsschiff. Vom Heck weht die rot-gelb-rote Flagge Francos. Lähmendes Entsetzen auf der Mole. Ein einsamer Ruf: „Viva la república!" Dann ein Schuß. Stille. Schluchzen.

Franco-Truppen lösen die Italiener ab. Ein Offizier kommt und befiehlt: „Innerhalb von 30 Minuten muß die Mole geräumt sein

Alle werden interniert. Wer eine Waffe bei sich trägt, wird auf der Stelle erschossen."

Die Menge rührt sich nicht. Nach 30 Minuten hämmern Maschinengewehre los, kreuzweise. Sie schießen über die Köpfe der Menge. Panik bricht aus. Frauen stürzen sich ins Wasser. Zehn Minuten Pause. Dann noch einmal dasselbe, diesmal liegen die Schüsse etwas tiefer. Neue Pause.

Jetzt verlassen die ersten die Mole, gehen auf die Soldaten zu, die am Kai in Doppelreihe warten. Jeder muß die Doppelreihe passieren. Einzeln. Es dauert lange.

Als es dunkel wird, bricht der Kommandeur die Aktion ab. Die letzten tausend Flüchtlinge bleiben bis zum Morgen auf der Mole. Unter ihnen ist Eduardo de Guzmán, vor wenigen Tagen noch Chefredakteur der Madrider Zeitung ,,Castilla libre".

Er schreibt: ,,Es ist die Nacht, in der wir zum letztenmal frei sprechen können. Für eine kurze Spanne sind wir wieder, was wir immer waren, was wir nie wieder sein werden. Wir reden die ganze Nacht. Was uns trennte, ist ausgelöscht. Die gemeinsame Niederlage hat unseren Meinungsverschiedenheiten die Bedeutung genommen. Zuerst hatten wir uns auf der Mole nach politischen Gruppen und persönlichen Freundschaften zusammengefunden. Jetzt sitzen wir alle durcheinander, Republikaner, Kommunisten, Anarchisten und Sozialisten, Parlamentarier und Gewerkschaftsführer, Berufssoldaten und Zeitungssetzer aus Madrid."

Die Nacht geht vorbei. Die letzten müssen die Mole von Alicante verlassen.

,,Es ist acht Uhr morgens. Am wolkenlosen Himmel steht eine strahlende Sonne. Wir sehen, wie die Soldaten da hinten wieder die Doppelreihe bilden. Die ersten von uns gehen. ,Es ist soweit, Genossen!' Vier Schritte von uns entfernt heben Mariano Viñuales, Kommissar der 28. Division, und Maximo Franco, Kommandeur der 12. Brigade, die Pistolen an die rechte Schläfe, während sie sich mit der Linken die Hände reichen. Die Schüsse fallen gleichzeitig. Einen Augenblick bleiben die beiden Körper noch stehen, dann sinken sie lotrecht zusammen, die Hände noch immer verklammert. Neben mir sagt jemand: ,Bald werden wir die Toten beneiden!'"

Vae Victis

Am 1. April 1939 wurde die Mole von Alicante geräumt. Damit war der Spanische Bürgerkrieg zu Ende. Franco zog in Madrid ein. Zwei Jahre und neun Monate nach dem Putsch von Tetuan war er am Ziel. Auf einem Podest, das mit einem zehn Meter hohen V (für ,,Victoria") geschmückt war, nahm er die Siegesparade seiner Truppen ab – ein Konquistador, der den Feind nicht nur geschlagen, sondern vernichtet hat. Seine marokkanische Leibwache bildete das Ehrenspalier.

Franco hatte Spanien in das schrecklichste Blutbad seit der Vertreibung der Mauren gestürzt. Nach zurückhaltenden Schätzungen kamen im Bürgerkrieg etwa 600 000 Menschen ums Leben. Bei einer Bevölkerung von 25 Millionen entspricht diese Zahl prozentual den Verlusten Deutschlands im Ersten Weltkrieg. Rund 320 000 Soldaten beider Seiten fielen im Kampf oder starben an ihren Verwundungen. Der Terror forderte wenigstens 120 000 Menschenleben, etwa zu gleichen Teilen auf beiden Seiten. 20 000 bis 30 000 Menschen kamen durch Luftangriffe um, die meisten in Madrid und Barcelona. Weit über 100 000 Menschen, darunter Zehntausende von Kindern, verhungerten oder starben an Mangelkrankheiten und Entkräftung, vor allem im belagerten Madrid und auf der Flucht.

Zu den Todesopfern kamen Hunderttausende von Verwundeten, Obdachlosen und Waisen. Eine halbe Million Spanier war ins Ausland geflüchtet, die meisten mußten ihre Frauen und Kinder zurücklassen. Es gab kaum eine Familie in Spanien, die nicht vom Krieg versehrt worden war.

Franco hätte als großer Staatsmann in die Geschichte eingehen können, wenn er nach dieser Apokalypse versucht hätte, das Land zu befrieden, das heißt die Spanier miteinander zu versöhnen. Doch von allen Eigenschaften, die er dazu hätte besitzen müssen, fehlte ihm die wichtigste – Großmut. Nie zeigte er sich kaltherziger, engstirniger und grausamer als in der Stunde seines Triumphs. Er leitete einen Rachefeldzug gegen den geschlagenen Gegner ein, der den Terror der Kriegszeit noch in den Schatten stellte.

Franco hatte die andere Hälfte der Spanier in schizophrener Umkehrung der historischen Wahrheit immer als „Meuterer" betrachtet. Er gebrauchte dieses Wort nicht im übertragenden Sinn, sondern nach dem Buchstaben des Militärstrafrechts. Und so behandelte er die Republikaner auch nach dem Sieg wie eine Bande von Kriminellen. Seine Parole blieb: „Al pardeón – An die Wand!"

Das formaljuristische Instrument zur „Bestrafung" der Besiegten lieferte ihm ein Ad-hoc-„Gesetz über die politischen Verantwortlichkeiten". Es wurde noch vor Ende der Kampfhandlungen am 9. Februar 1939 verkündet und lief auf die physische Vernichtung der „Roten" hinaus.

Das Gesetz übertraf inhaltlich sogar die Repressionsdekrete Hitlers. Es stempelte alle Spanier zu politischen Verbrechern, die der Republik in irgendeiner Form gedient hatten – vom Staatspräsidenten bis herunter zum Dorfbürgermeister. Es bedeutete für Zehntausende den Tod, für Hunderttausende Haft oder lebenslanges Berufsverbot. Da dieses Gesetz wie kein anderes die Ausrottungsmentalität des Franco-Regimes erkennen läßt, sei es hier auszugsweise zitiert: Laut Präambel bezweckt das Gesetz, „die Schuld derer zu liquidieren, die durch Taten oder Unterlassungen dazu beigetragen haben, die rote Subversion zu fördern und sie über zwei Jahre am Leben zu halten, um den Endsieg der Bewegung zu verhindern".

Das Gesetz gilt rückwirkend ab 1. Oktober 1934, erfaßt also auch die Zeit vor dem Bürgerkrieg. Damit sollten die Streiks und Aufstände gegen die damalige konservative Regierung der Republik gerächt werden. In 17 Einzelpunkten zählt das Gesetz auf, wer alles unter die Pauschalanklage der ,,roten Subversion" fiel. Dazu gehörten unter anderem:

Wer der republikanischen Regierung und den Cortes angehörte.

Wer sich nach dem Militärstrafgesetzbuch der ,,Meuterei oder der Aufstachelung zur Meuterei" schuldig gemacht hat (das heißt, alle Angehörigen der republikanischen Armee).

Wer ,,leitende Posten in den Parteien und Organisationen der Volksfront" bekleidet hat.

Wer ein Verwaltungsamt durch Ernennung der Volksfrontregierung bekleidet hat.

Wer sich ,,durch seinen Eifer zugunsten der Volksfront hervorgetan" hat.

Wer die Volksfrontparteien wirtschaftlich unterstützt hat.

Wer Freimaurer war.

Wer ,,mit Worten oder durch die Presse, das Radio oder andere Verbreitungsmittel zu den oben genannten Taten aufgerufen" hat.

Wer durch ,,andere Handlungen die anarchische Situation in Spanien" (vor dem Bürgerkrieg) gefördert hat.

Wer sich ,,aktiv der Nationalen Bewegung widersetzt" hat.

Wer sich seit dem 18. Juli 1936 (Tag des Franco-Putsches) im Ausland aufhält und sich nicht binnen zwei Monaten zurückmeldet.

Wer im Auftrag der ,,roten oder rot-separatistischen Behörden Aufträge im Ausland" erfüllt hat, das heißt alle Angehörigen der diplomatischen und sonstigen Vertretungen der spanischen Republik.

Ausgenommen von der Strafverfolgung waren laut Paragraph 5 nur ,,Minderjährige unter 14 Jahren". Für Vierzehn- bis Achtzehnjährige sah das Gesetz mildernde Umstände vor, ebenso für alle, deren ,,Sohn oder Vater für die nationale Bewegung gefallen war oder in der roten Zone ermordet wurde".

Zur Aburteilung des festgelegten Personenkreises – das heißt eines großen Teils der Bevölkerung – wurden Sondergerichte gebildet, die sich aus Vertretern der Armee, der Behörden und der Falange zusammensetzten und die ,,ihre Tätigkeit am Geist der Nationalen Bewegung ausrichten" sollten. Das Strafregister reichte von Geldbußen bis zur Todesstrafe.

Unter diesem Gesetz lief nun eine ,,Säuberung" an, neben der selbst die Glaubensverfolgung durch die Inquisition des 16. Jahrhunderts human erscheint. Praktisch konnte jeder angeklagt werden, der nicht nachweislich für Franco eingetreten war. Eine Denunziationswelle unvorstellbaren Ausmaßes ging durch das Land. Jahrelang aufgestaute Rechnungen wurden beglichen. Kein Dorf in Spanien, in dem nun nicht Rache genommen wurde.

Nach vorsichtigen Schätzungen wurden in den Jahren 1939 und 1940 etwa zwei Millionen Spanier in Konzentrationslager und Gefängnisse eingeliefert. Etwa eine halbe Million wurde von den Sondergerichten zu Zwangsarbeit und Freiheitsstrafen zwischen 10 und 30 Jahren verurteilt. Tausende von ihnen starben in den überfüllten Zellen oder in den Baracken der Arbeitsbataillone. Die Zahl der Todesurteile erreichte über 80 000. Viele der Todeskandidaten wurden zwar zu lebenslänglicher Haft begnadigt, doch etwa die Hälfte wurde erschossen. Korrekte Zahlen sind nie veröffentlicht worden.

Bis heute liegt das Dunkel des riesigen Kerkers, der Spanien damals war, über diesen Terrorjahren. Der blutige Epilog des Bürgerkrieges spielte sich im Geheimen ab, abgeschirmt von der Außenwelt. Spanien war von nun an eine geschlossene Anstalt. Kein Laut drang mehr heraus. Das Ausland wandte sich gleichgültig ab. Es war jetzt ohnehin mit dem eigenen Überleben beschäftigt: Fünf Monate nach dem Ende des Bürgerkrieges brach der Zweite Weltkrieg aus. Hitler und Stalin reichten sich über der spanischen Schädelpyramide die Hand und fielen gemeinsam in Polen ein.

DIE LANGE NACHT DER DIKTATUR

Befreiung nach 40 Jahren: Francos Siegesmonument im „Tal der Gefallenen"

Franco regierte 36 Jahre lang. Er war keine periphere Erscheinung der europäischen Politik, wie die Welt 1936 glauben mochte und vielleicht sogar noch 1939 glaubte. Er, der nur mit Hilfe der faschistischen Mächte siegen konnte, überlebte seine Gönner Hitler und Mussolini um volle drei Jahrzehnte. Zum Schluß ragte er wie ein zu Lebzeiten versteinerter Dinosaurier in eine veränderte Welt hinein. Doch bis zu seinem Tod konnte ihm niemand die Herrschaft streitig machen. Erst als er zu Füßen des gigantischen Ehrenmals begraben war, das er in den Guadarrama-Bergen zu Ehren der Bürgerkriegsopfer – der Toten seiner Seite – hatte errichten lassen, brach sein Regime wie ein morsches Gebäude zusammen, als hätte es nie existiert. Wie war diese lange Herrschaft möglich?

Die Antwort liegt im Schrecken des Bürgerkrieges. Die Erinnerung an die Greuel erlosch nicht. Sie lebte weiter über die Jahrzehnte, wurde von einer Generation nach der anderen aufgenommen. Es gab zu viele Gräber in diesem Land, die den Terror nicht vergessen ließen. Und Franco unternahm bis zu seinem Tod keinen Versuch, diesen Zustand zu ändern, keine Geste der Versöhnung, keinen Ansatz zu einem Dialog.

Sein Herrschaftssystem blieb bis zum Schluß ein brutaler Militärstaat. Die stärkste Säule, auf die er sich stützte, war nicht die „Bewegung", sondern die Armee. Im Unterschied zu den klassischen Formen des Faschismus verzichtete Franco auf alle plebiszitären Elemente. Er war kein Volkstribun, er verabscheute die Massen, auch wenn sie „Franco-Franco-Franco" riefen. Er redete ungern vor Mikrophonen und zeigte sich dem Volk nur selten. Er residierte im Pardo-Palast, weit vor den Toren Madrids. Von dort aus regierte er Spanien wie ein Festungskommandant, nach dem Motto: Auf alles, was sich bewegt, wird geschossen. Das deutsche Wort „Bunker" wurde im politischen Sprachgebrauch Spaniens zum Synonym für die Führungsclique des Regimes.

Franco war indessen nicht der hölzerne Dummkopf, als den ihn manche Gegner darstellten. Der erste, der sich gründlich in ihm täuschte, war Hitler. Er erwartete mit Selbstverständlichkeit, daß Franco zum Dank für die deutsche Hilfe an seiner Seite in den Weltkrieg eintreten werde. Für die Achsenmächte wäre der Verbündete an der Atlantikküste eine unschätzbare Bastion für den U-Boot-Krieg gewesen. Doch ein sicherer Instinkt hielt Franco davon ab. Nach dem Fall Frankreichs reiste Hitler seinem einstigen Schützling an die spanische Grenze entgegen. In einem Gespräch auf dem französischen Grenzbahnhof Hendaye drängte er den „Caudillo", England den Krieg zu erklären. Aber alle Hinweise auf die Dankesschuld gegenüber dem Großdeutschen Reich fruchteten nichts. Der Caudillo blieb hart: Spanien sei nach dem Bürgerkrieg zu geschwächt, um dem Führer nützlich sein zu können. In ohnmächtiger Wut mußte Hitler wieder abreisen. Als einziges Zeichen seiner Verbundenheit schickte ihm Franco später die „Blaue Division" an die Ostfront, ein spanisches Hilfskorps, das im russischen Winter furchtbare Verluste erlitt. Ihr Kommandeur Muñoz Grandes, von Hitler mit dem „Eichenlaub zum Ritterkreuz" ausgezeichnet, wurde später Generalstabschef der spanischen Armee.

Ideologisch blieb Franco seinen Vorbildern treu. Bereitwillig trat er dem „Antikominternpakt" der Achsenmächte bei, der ihn nichts kostete. Sein atavistischer Haß auf die Demokratie, der in jedem Liberalen, ja in jedem Nicht-Katholiken einen Wegbereiter des Bolschewismus sah, hatte ihn zum „Kreuzzug" gegen die Republik getrieben. Dieser Haß blieb die Grundlage seiner „Bewegung", so verschwommen sie sonst auch sein mochte.

Bei Ende des Zweiten Weltkriegs war Spanien die letzte Bastion des Faschismus in Europa. Die Falange marschierte, als sei nichts gewesen, in ihren Blauhemden auf und sang mit erhobenem rechtem Arm die Bürgerkriegshymne „Cara al sol" (Das Gesicht zur Sonne). Hunderte von prominenten Nazi-Flüchtlingen fanden Zuflucht in Spanien, unter ihnen der deutsche SS-General und Mussolini-Befreier Otto Skorzeny und der belgische Faschistenführer Léon Degrelle. Sie konnten sich wie viele andere in Madrid ein komfortables neues Leben aufbauen. Die schützende Hand des Caudillo war über ihnen.

Ungezählte Spanier innerhalb und außerhalb des Landes erwarteten 1945, daß die Alliierten nach der Niederwerfung der faschistischen Großmächte auch Franco entthronen würden. Doch es blieb bei der verbalen Verurteilung des Diktators. Die Westmächte wollten begreiflicherweise verhindern, daß sich die Sowjets noch einmal in Spanien festsetzten, und sie selbst schätzten die Risiken einer militärischen Intervention höher ein als den Gewinn. Die internationale Quarantäne, die 1945 gegen Franco-Spanien verhängt wurde – Nichtzulassung zu den Vereinten Nationen, Abzug aller Botschafter –, dauerte nicht lange. 1950, nach Ausbruch des Korea-Krieges, hob die UN-Vollversammlung den Boykottbeschluß gegen Spanien wieder auf. Das Land wurde zum strategischen Pfeiler im amerikanischen Sicherheitssystem. 1954 überließ Franco den USA zwei Flottenbasen (Cartagena und Cádiz) sowie drei Luftwaffenstützpunkte für die Atombomber (Sevilla, Madrid und Zaragoza). Damit befand sich das Regime unter dem Schutzschild der Vereinigten Staaten. 1959 beehrte Präsident Eisenhower den Caudillo als erster westlicher Staatsmann mit einer offiziellen Visite.

Dieser Staatsbesuch war Francos größter außenpolitischer Triumph. Jetzt erst war der Bürgerkrieg wirklich gewonnen, jetzt erst konnte der Caudillo ruhig sein. Niemand mehr bestritt ihm seine Legitimität. Er war hoffähig geworden in der internationalen Staatengemeinschaft. Sogar die Sowjetunion erkannte ihn schließlich an. Europa beschloß, den Spanischen Bürgerkrieg samt dem eigenen schlechten Gewissen endgültig zu vergessen.

Erleichtert wurde dem Ausland das Vergessen durch das gefällige Äußere des Regimes. Spanien unter Franco war in den sechziger

Jahren zweifellos das sauberste und ordentlichste Land Europas. Keine Unruhen, keine Streiks, keine ins Auge fallende Kriminalität. Niemand brauchte seinen Wagen auf der Straße abzuschließen, kein Fremder mußte befürchten, beim Einkaufen übers Ohr gehauen zu werden, die Bedienung war überall vorzüglich. Mit dem Lebensstandard ging es stetig bergauf. Das Regime förderte Industrie- und Fremdenverkehr. Überall schossen Fabriken und riesige Wohnblocks aus dem Boden. Ein neuer Mittelstand entstand und gewann ständig an gesellschaftlichem Einfluß. Spanien verwandelte sich ganz offensichtlich in ein modernes Land westeuropäischer Prägung. In den eleganten Vierteln Madrids sah man sogar junge Damen in Bluejeans.

Dies war die Oberfläche – zweifellos eine Realität, doch nicht die ganze, nicht einmal die halbe. Die „Paz Española", der „Spanische Frieden", wie Franco diesen Zustand nannte, verhüllte mehr, als er offenbarte. Hinter der wirtschaftlichen Prosperität, hinter der bürgerlichen Idylle verbarg sich eine tiefe gesellschaftliche Agonie. Spanien war politisch noch immer zu Tode erschöpft.

Die allgemeine Apathie konnte auch nicht durch die kleinen Verzierungen überwunden werden, mit denen Franco der Diktatur einen demokratischen Anstrich zu geben versuchte. Er belebte die Cortes wieder, aber sie blieben ein beschämendes Pseudoparlament, das niemand in Spanien ernst nahm. Seine Mitglieder wurden von Franco persönlich oder von den Organisationen des Regimes delegiert. Erst seit den sechziger Jahren wurde ein Drittel der Abgeordneten „gewählt", freilich nur von Familienoberhäuptern und nur nach Listenvorschlägen der „Bewegung". Die von Franco verkündeten „Grundrechte der Spanier" (Fueros de los Españoles) blieben eine Farce.

Madariaga schrieb damals in der Emigration: „Die Charta garantiert alle jene Rechte, gegen die die Regierung täglich verstößt: die Freiheit, wo doch jeder von der Gnade irgendeines Funktionärs abhängt und nie wissen kann, ob er nicht heute noch von der Polizei abgeholt wird; das Eigentum, wo doch jedermanns Besitz ohne weiteres beschlagnahmt und über seinen Kopf hinweg verkauft werden kann; die Ehre, wo doch jede Zeitung jeden Menschen ohne Anrecht auf Gegenwehr beleidigen darf; die Gerechtigkeit, die nicht geübt wird, wenn sie nicht in die Pläne der Regierung paßt."

Das Kennzeichen dieses Regimes war seine absolute Immobilität, die vollkommene Unfähigkeit, eine geordnete politische Evolution einzuleiten und das Land aus der Totenstarre des Bürgerkrieges herauszuführen. Die Folge war eine lähmende Dumpfheit, die sich wie Meltau über das Land legte. Das politische Gespräch, einst Lebenselixier jedes Spaniers, erstickte in den Jahrzehnten der Hoffnungslosigkeit. Die Zensur besorgte den Rest. Jede gedruckte Zeile, von der Traueranzeige bis zum Wetterbericht, jedes Kinoplakat, jedes Buch, jedes Theaterstück, jede noch so kleine Kunstausstellung in einer privaten Galerie mußte die amtliche Prüfstelle passieren.

Spanien wurde nicht nur politisch, sondern auch kulturell zur Wüste. Kein Windhauch schien sich mehr zu regen.

Dennoch erwies sich in Spanien abermals die Unausrottbarkeit des Freiheitsgedankens. Nach Jahrzehnten der Agonie rebellierte eine neue Generation, die nicht mehr gelähmt war vom Grauen des Bürgerkrieges. Es waren die Studenten, die privilegierten Kinder des Regimes. Anfang der sechziger Jahre, noch bevor es an den französischen und deutschen Universitäten gärte, forderten sie etwas Unerhörtes: das Recht, ihre Vertreter im staatlichen Studentenverband selbst zu wählen. Dies rührte an die Grundfesten des Regimes. Niemand in Franco-Spanien wurde in irgendein Amt gewählt, jeder Mandatsträger wurde vom Staat ernannt. Der Bürger als politisch handelndes Subjekt war der Antipode des Systems.

Der Kampf der Studenten dauerte viele Jahre. Ein Jahrgang nach dem anderen machte die gleichen fruchtlosen Sitzstreiks, Sitzdemonstrationen, Flugblattaktionen. Tausende von Studenten wanderten im Laufe der Zeit durch die Polizeireviere, Tausende wurden mißhandelt, viele verurteilt. Dennoch nahm der Widerstand zu. Die Wasserwerfer auf dem Campus, die vergitterten Wagen der Policía Armada vor den Eingängen der Institute, die Agenten der politischen Polizei in den Hörsälen – all dies gehörte schließlich zum Universitätsalltag wie die Seminararbeiten und die Mensa.

Die Studenten richteten an konkreten Erfolgen nicht viel aus. Sie konnten nicht daran denken, Massendemonstrationen wie ihre Altersgenossen in Berlin oder Paris zu veranstalten. Sie sprachen schon von Erfolg, wenn es kleinen Gruppen gelang, ein paar Minuten im Zentrum Madrids den Slogan zu rufen: „Democracía sí – dictatura no". Ihr Erfolg lag nicht in realen Siegen, sondern in der bloßen Manifestation des Widerstands, in einer geringfügigen, aber schockierenden Erschütterung des Machtapparats: Spanien begann sich zu regen, und jedermann konnte es sehen.

Auch in der Arbeiterschaft gärte es. Die sprunghafte Industrialisierung begünstigte die Entstehung illegaler Gewerkschaften, der sogenannten „Comisiones Obreras" (Arbeiterkommissionen). Sie wurden von der illegalen Kommunistischen Partei auf betrieblicher Basis organisiert. Viele Unternehmer akzeptierten diese De-facto-Vertretungen, da sich mit ihnen Streitfragen besser lösen ließen als über den bürokratischen Apparat der offiziellen „Sindicatos". Bald wurden die Comisiones Obreras zur bestorganisierten Kraft im Untergrund. In den Kohlengruben Asturiens kam es zu den ersten Massenstreiks in Spanien seit Ende des Bürgerkrieges.

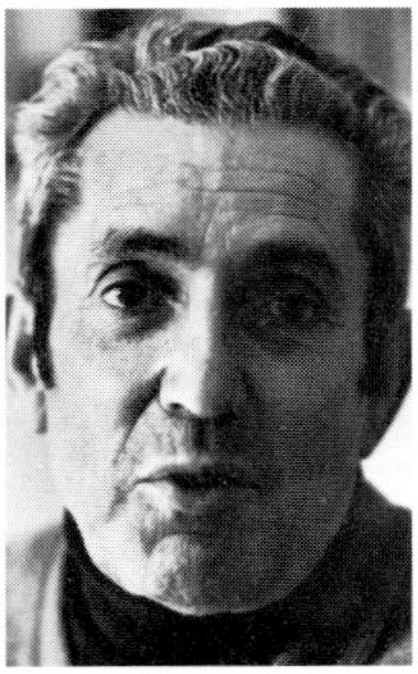
Marcelino Camacho

Das Regime schlug hart zurück. Hunderte von Arbeiterführern wurden verhaftet und wegen „illegaler Propaganda" zu hohen Zuchthausstrafen verurteilt. Der Metallarbeiter Marcelino Camacho wurde zur legendären Führerfigur der Comisiones Obreras. Er war einer jener Kommunisten, denen auch die politischen Gegner Respekt zollten, sogar die Richter, die ihn verurteilten. 1966 führte er die erste große Arbeiterdemonstration in Madrid an. Er wurde verhaftet und saß mit kurzen Unterbrechungen bis zum Tode Francos im Gefängnis.

Doch mehr noch als durch den Widerstand einer wachsenden Opposition zerbröckelte das Regime von innen her. Da es allein auf die Person Francos zugeschnitten war, verlor es mit zunehmender Vergreisung des Caudillo jede Integrationskraft. Es strahlte nur noch Erstarrung aus. Breite Sektoren der einstigen Nationalen Front, die im Bürgerkrieg gemeinsam gegen die „Roten" kämpften, hatten sich im Laufe der Zeit von Franco abgewandt. Die Monarchisten waren verbittert, weil er die Monarchie nicht in vollem Umfang wiederhergestellt hatte. Die Karlisten, die im Bürgerkrieg zu seinen reaktionärsten Bundesgenossen zählten, hatten sich zu einer demokratischen Bewegung gewandelt und waren offen in Opposition gegangen. Alte Falangisten sahen ihre sozialrevolutionären Ziele verraten und waren zu erbitterten Feinden des Caudillo geworden.

Auch demokratische Katholiken sammelten sich in der Front der Regimegegner. Ihr Sprecher wurde der angesehene Anwalt und Professor Ruiz-Gímenez, einst Francos Erziehungsminister, der aus Protest gegen die repressive Studentenpolitik der Regierung zurückgetreten war. In einer denkwürdigen Audienz bei Franco legte er 1964 auch sein Mandat als Abgeordneter der Cortes nieder. Der Diktator erwiderte milde scherzend: „Aber mein Lieber, die Cortes sollen doch die Regierung kontrollieren." Darauf Ruiz-Gímenez: „Exzellenz, es scheint nur zwei Spanier zu geben, die dies glauben – Sie und ich."

Die neue Anti-Franco-Front orientierte sich nicht mehr an den alten ideologischen Schützengräben der Republik. In den langen Jahren der Verfolgung entstand ein demokratischer Grundkonsens, den es vor dem Bürgerkrieg nie gegeben hatte. Schon in den vierziger Jahren nahm Gil Robles, ehemals Chef der konservativ-katholischen CEDA und führender Kopf der Nationalen Front, Kontakt zu den Sozialisten auf. Jetzt bildeten sich im Untergrund Bündnisse, die von der „zivilisierten Rechten", wie sie in Spanien genannt wurde, bis zu den Kommunisten reichte.

Der Bürgerkrieg kehrt zurück

Die entscheidenden Rammstöße gegen das Regime wurden jedoch von einem Feind geführt, dem selbst die meisten Franco-Gegner mißtrauten: Von der baskischen ETA. Die ETA war eine späte Frucht des Bürgerkrieges, vielleicht seine schrecklichste. In Gestalt dieser Terrortruppe holte die Geschichte das Franco-Regime ein.

Keine andere Region Spaniens war von Franco so hart bestraft worden wie das Baskenland. Wegen ihres „Abfalls" erklärte er sie offiziell zur „Verräter-Provinz", annullierte ihre Sonderrechte und verbot die baskische Sprache. Tausende von Basken wurden zur Zwangsarbeit in die Kohlengruben geschickt.

Doch der baskische Widerstand wurde nie ganz erstickt. Emigranten und Flüchtlinge sammelten sich jenseits der Grenze im französischen Baskenland und hielten dort die Erinnerung an die kurze Zeit der baskischen Autonomie wach. Paris tolerierte sogar eine baskische Exilregierung, die sich in Saint-Jean-de-Luz etablierte, eine halbe Autostunde von San Sebastián entfernt, dem Zentrum des baskischen Nationalismus.

In den fünfziger Jahren entstand die ETA („Euzkadi Ta Askatasuna"= Baskenland und Freiheit) als politische Widerstandsorganisation. Sie begann zunächst mit gewaltlosen Aktionen, ging aber unter dem Einfluß radikaler Revolutionäre bald zu Bombenattentaten, Banküberfällen und Mordanschlägen nach dem Muster der südamerikanischen Stadtguerilla über.

Im August 1968 erschoß ein ETA-Kommando den Chef der politischen Polizei der Provinz Guipuzcoa auf offener Straße. Franco antwortete mit der Verhängung des Ausnahmezustands im Baskenland, mit Massenverhaftungen und Folterungen. Doch er erreichte nur eine beispiellose Solidarisierung der baskischen Bevölkerung. Je mehr sich die Repression verschärfte, desto breiter wurde die Basis, auf die sich die ETA stützen konnte. Ihre Aktionen wurden von Jahr zu Jahr kühner. Als 1970 im Massenprozeß von Burgos 16 Basken vor Gericht standen, entführte die Guerilla-Truppe den deutschen Konsul Eugen Beihl in San Sebastián. Es war die erste Entführung eines Diplomaten in Europa und die bis dahin spektakulärste Herausforderung des Franco-Regimes.

Carrero Blanco

Zwei Jahre später führte die ETA einen Schlag, von dem sich das Regime nicht mehr erholte. Am 20. Dezember 1973 jagte ein ETA-Kommando den Wagen des Regierungschefs Carrero Blanco im Zentrum von Madrid in die Luft. Carrero Blanco war der zweite Mann nach Franco, ein siebzigjähriger Admiral, politisch vom gleichen Schrot und Korn wie der Caudillo. Daß er mitten in der Hauptstadt durch ein generalstabsmäßig vorbereitetes Unternehmen getötet werden konnte, ohne daß die Täter gefaßt wurden, erschütterte das Prestige des Regimes nach innen und nach außen. Die „Paz Española" war zerbrochen, der Nimbus der Stabilität zerstoben. Es war der Beginn einer langen Agonie, in der Franco alles verspielte, was er in den dreißig Jahren zuvor erreicht hatte.

Das sterbende Regime reagierte auf die Zerfallserscheinungen mit berserkerhafter Wut. Ausnahmegesetze hoben die spärlichen Grundrechte der Spanier ganz auf. Strafbar machten sich jetzt alle, die „einen Terrorakt zu rechtfertigen suchten", „sich mit Angeklagten oder Verurteilten solidarisch erklärten" oder die in diesem Gesetz vorgesehenen Strafen „direkt oder indirekt kritisierten". Journalisten, die sich dieser Delikte schuldig machten, konnten wie der Chefredakteur des betreffenden Blattes mit Berufsverbot zwischen drei Monaten und einem Jahr belegt werden, was den Verlag zur Kündigung ohne Zahlung einer Entschädigung berechtigte.

Ferner konnten seither Hausdurchsuchungen ohne richterliche

Verfügung vorgenommen und jedermann ohne Haftbefehl für fünf Tage festgenommen werden. Für alle in Frage stehenden Delikte war automatisch die Höchststrafe vorgesehen. Der Richter hatte also nur noch festzustellen, ob der Angeklagte die Tat begangen hatte, das Urteil ergab sich dann von selbst.

Massenverhaftungen, Zeitungsverbote, die Schließung ganzer Universitäten waren nun an der Tagesordnung. Allein vor dem Madrider Gericht für Öffentliche Ordnung waren Anfang 1975 über 3 000 Staatsschutzverfahren mit rund 10 000 Beschuldigten anhängig. Juristen schätzten, daß zu dieser Zeit in ganz Spanien jährlich zwischen 20 000 und 30 000 Personen wegen politischer Vergehen verurteilt wurden, viele freilich „nur" zu Geldstrafen, wie zahlreiche Priester, die in Hirtenbriefen oder Predigten für Milde und Toleranz plädierten.

Solange Franco lebte, gab es keine Milde. Am 27. September 1975 ließ der Caudillo fünf Todesurteile auf einmal vollstrecken – drei in Madrid, eines in Burgos, eines in Barcelona. Es waren Francos letzte Exekutionen – glatte Justizmorde.

Die Opfer waren drei Mitglieder der zweifellos terroristischen Geheimorganisation FRAP („Antifaschistische Patriotische Front") und zwei Mitglieder der ETA. Keiner der Verurteilten konnte der ihnen zur Last gelegten Verbrechen (Ermordung von Polizisten) überführt werden. Das Regime machte sich diese Mühe auch gar nicht mehr. Die Angeklagten wurden von Militärgerichten in Schnellverfahren abgeurteilt, die jedem Rechtsgefühl Hohn sprachen. Eine Verteidigung fand nicht statt. Die Anwälte wurden erst am Vorabend des Prozesses über die Anklageerhebung unterrichtet. Sie hatten eine Nacht Zeit, ihre Schriftsätze auszuarbeiten, ohne mit den Angeklagten mehr als ein paar Worte wechseln zu können. Als sie am nächsten Morgen bei Eröffnung der Verhandlung gegen dieses Vorgehen protestierten, wurden sie von der Verhandlung ausgeschlossen. Zu Pflichtverteidigern wurden Offiziere bestellt, die nicht einmal eine Anklageschrift besaßen.

Die Urteile wurden am gleichen Tag in erster und letzter Instanz gefällt. Sie wurden, gegen die Proteste der ganzen Welt, selbst die des Papstes, vollstreckt. Die drei Delinquenten in Madrid wurden auf dem Schießplatz eines Artillerieregiments, der Baske Otaegi im Zentralgefängnis von Burgos, und sein Landsmann Juan Paredes, genannt „Txiki", an einer Gefängnismauer in Barcelona erschossen. „Txiki", der heute im Baskenland als Nationalheld verehrt wird, sang in den letzten Minuten die baskische Hymne. Sein Bruder durfte der Exekution beiwohnen. Er warf sich über den Körper des Toten, sammelte die leeren Patronenhülsen vom Boden auf und rief dem Exekutionskommando, das aus sechs Freiwilligen der Guardia Civil bestand, zu: „Dies ist nicht das Ende, dies ist der Anfang eines Krieges."

Ganz Spanien erstarrte an diesem blutigen Sonnabend. Das zerfallende Regime war zu seinen Ursprüngen zurückgekehrt.

Der Schritt ins Freie

Am 20. November 1975, acht Wochen nach den letzten Exekutionen, starb Franco. Er war 83 Jahre alt und hatte fast vier Jahrzehnte lang regiert. Die Masse der Spanier besaß keine Erinnerung mehr an die Zeit vor Franco und keine Vorstellung von der Zukunft. Für die Anhänger des Caudillo – und davon gab es trotz allem noch Millionen – brach eine Welt zusammen. Hunderttausende zogen zwei Tage und zwei Nächte lang an dem aufgebahrten Leichnam im königlichen Schloß von Madrid vorbei. Über der Hauptstadt Spaniens lag eine gespenstische Stille. Das Land hielt den Atem an. Es war die Sekunde der Zeitenwende, der Augenblick der Unentschiedenheit zwischen Ebbe und Flut. Alle wußten, daß eine Epoche zu Ende war, niemand wußte, was kommen würde.

Das neue Kapitel begann mit einem Schauspiel, das vielen Spaniern höchst unwirklich erschien: Im Parlament, den Cortes, wurde Juan Carlos zum König von Spanien proklamiert. Ungläubig standen ein paar tausend Madrileños am Straßenrand Spalier und winkten dem jungen Mann in Generalsuniform zu. Und zaghaft, als sei es noch immer verboten, mischte sich in den höflichen Applaus ein Ruf aus ferner Vergangenheit: „Viva el Rey – es lebe der König!"

König Juan Carlos

Selbst unter den politischen Auguren Madrids gab es nur wenige, die Juan Carlos I. eine Chance gaben. Alle Erfahrungen der Geschichte sprachen gegen ihn. Es gab kein Beispiel für eine gelungene Restauration in diesem Jahrhundert der Revolutionen. Spanien hatte die ungeliebte und glanzlose Monarchie 1931 abgeschüttelt, und als König Alfons XIII., der Großvater von Juan Carlos, damals das Land verließ, weinte ihm niemand eine Träne nach.

Juan Carlos wurde im italienischen Exil geboren. Daß er auf den verwaisten Thron zurückkehren konnte, ist vor allem das Werk seines Vaters, Don Juan, der nach dem Tod Alfons' XIII. Chef des Hauses wurde. Don Juan war von englischem Demokratieverständnis geprägt. Er war in Großbritannien erzogen worden und hatte in der britischen Marine gedient. Er machte nie einen Hehl aus seiner tiefen Abneigung gegen Franco. Jahrzehntelang weigerte er sich, spanischen Boden zu betreten. Aber er wollte die Monarchie wiederherstellen, wenn nicht für sich, dann für seinen Sohn. Er konnte dieses Ziel jedoch nur mit Franco und nicht gegen ihn erreichen.

1948 trafen sich der Bourbonenchef und der Diktator auf ihren Hochseejachten vor der Küste von San Sebastián. Franco lehnte zwar die Rückkehr Don Juans auf den Thron brüsk ab, stellte aber in Aussicht, daß dessen Sohn einmal an die Spitze des Staates treten könne – vorausgesetzt, er werde unter Francos Aufsicht erzogen. So kam Juan Carlos im Alter von zehn Jahren erstmals nach Spanien. Es war keine sehr fröhliche Jugend. Er wuchs in strengen spanischen Internaten auf, absolvierte anschließend die Militärakademie von Zaragoza und durchlief die drei Waffengattungen als Offizier. Man sah ihn im Cockpit von Hubschraubern und Kampfflugzeugen, in Panzern und auf Schnellbooten, immer etwas linkisch, immer etwas gequält lächelnd. Er heiratete Sophie, die Schwester des griechischen Königs Konstantin, der bald darauf gestürzt wurde und als Flüchtling vor dem spanischen Schwager stand.

1969 wurde Juan Carlos offiziell zum zukünftigen Staatschef proklamiert. Franco richtete ihm ein kleines Palais in unmittelbarer Nähe des Pardo-Palasts ein, wo er den jungen Mann ständig unter Kontrolle hatte. Er war über jeden Besuch informiert, den Juan Carlos empfing. Doch er hatte wohl keinen Grund zum Mißtrauen. Nie hörte man von Juan Carlos ein Wort, das ihm als Opposition gegen den Caudillo ausgelegt werden konnte.

Von diesem Mann, der den Treueid auf Franco abgelegt hatte, erwartete niemand, daß er bereit und fähig war, das Land von den Fesseln der Diktatur zu befreien. Doch er tat es, zur Überraschung von Freund und Feind. Daß Spanien innerhalb von zwei Jahren ohne große Erschütterungen eine vierzigjährige Gewaltherrschaft liquidieren und zur parlamentarischen Demokratie zurückkehren konnte, ist in erster Linie das Verdienst des Königs.

Das erste Signal gab Juan Carlos schon in seiner Thronrede, als Franco noch aufgebahrt in Madrid lag. „Eine freie Gesellschaft", sagte er, „erfordert die Beteiligung aller Bürger." Dieser Satz enthielt in jedem Wort eine Absage an die Vergangenheit. Behutsam, aber entschlossen leitete der König den „Cambio", den Systemwechsel ein.

Erleichtert wurde ihm der Schritt allerdings dadurch, daß niemand, nicht einmal die Kommunisten, die Krone in Frage stellte. Denn alle fürchteten das Vakuum nach dem Tod des Diktators. Die Rechte fürchtete die Rache der Linken, und die Linke fürchtete nichts so sehr wie das Chaos, das dem Militär erneut den Vorwand für einen Putsch liefern konnte. So erschien die Monarchie beiden Lagern plötzlich als die beste aller Lösungen. Auf paradoxe Weise hatte die Zeit eine Frage erledigt, die die Nation einst auf Leben und Tod entzweit hatte.

Die alten Gegensätze hatten an Bedeutung verloren. Monarchie oder Republik – das regte niemanden mehr auf. Diktatur oder Demokratie – das war jetzt die Frage. Auch die gesellschaftlichen Fronten hatten sich geändert. Alte Gräben waren von der Zeit eingeebnet, neue aufgerissen worden. Spanien hatte sich aus einem feudalistischen, klerikalen Agrarland zu einem der führenden Industriestaaten der Welt entwickelt. Nicht mehr Kirche und Adel prägten diese Gesellschaft – wenngleich sie in Spanien noch immer mehr Einfluß besaßen als in irgendeinem anderen Land Europas –, sondern die neue Klasse der Technokraten und Wirtschaftsmanager.

Diese Klasse, ohne festen politischen Standort, karrieresüchtig und opportunistisch, aber äußerst effizient in ihren Jobs, war eng mit dem Regime verflochten, aber sie verachtete es aus ganzem Her-

Adolfo Suarez

zen. In Francos starrer Polizeimentalität sah die neue spanische Managerklasse das größte Hindernis zu einer fortschrittlichen Entwicklung Spaniens.

Prototyp dieser Generation war Adolfo Suarez, den der König 1976 zum Ministerpräsidenten ernannte – ein Mann des Regimes, der das Regime entthronte. Er war einst Generalsekretär der „Nationalen Bewegung" und Chef des staatlichen Rundfunks und Fernsehens gewesen. Aber kein Vertreter der Linken hätte den Polizeistaat schneller und geräuschloser demontieren können. In engem Kontakt mit dem König, mit dem er persönlich befreundet war, hob Suarez die schlimmsten Repressionsgesetze auf, stellte die Pressefreiheit wieder her, ließ Streikrecht und Gewerkschaften zu, legalisierte die politischen Parteien, einschließlich der Kommunisten, und öffnete durch ein Referendum den Weg zur Wiederherstellung der parlamentarischen Demokratie. Es war eine Revolution mit Samthandschuhen, ein Meisterstück des Machiavellismus.

Im Juni 1977 fanden die ersten freien Wahlen seit 41 Jahren in Spanien statt. Über dem Land lag die Erinnerung an 1936, als „Volksfront" und „Nationale" gegeneinander antraten, beide zur offenen Revolte entschlossen, wenn die andere Seite siegen sollte. Aber die Parteien, die diesmal vor die Wähler traten, hatten kaum noch etwas mit den Kräften zu tun, die sich damals zum Bürgerkrieg rüsteten. Jetzt erst zeigte sich, wie tief sich Spanien geändert hatte.

Wandlungen der Linken

Den schmerzhaftesten Wandlungsprozeß hatte die Linke durchgemacht. In der Sozialistischen Partei brach schon gleich nach Ende des Bürgerkrieges in der Emigration ein erbitterter Streit über die Gründe der Niederlage aus. Eine Mehrheit unter Führung des ehemaligen Verteidigungsministers Prieto beschuldigte Juan Negrín, die Republik an die Kommunisten ausgeliefert zu haben. Negrín wiederum klagte seine Gegner an, den Widerstandswillen durch Defätismus sabotiert zu haben.

Der unfruchtbare Streit wurde bald durch den Zusammenbruch Frankreichs unterbrochen. Mit dem Einmarsch der deutschen Truppen wurden die Flüchtlinge abermals zu Gejagten. Der einstige Präsident der katalanischen Regierung, Luis Companys, wurde mit zahllosen anderen Emigranten von der Vichy-Regierung an Franco ausgeliefert und erschossen. Etwa 70 000 Spanier wurden in deutsche Konzentrationslager verschleppt, darunter Largo Caballero, einst Ministerpräsident der Republik. Bei Kriegsende wurde er mit einigen tausend überlebenden Spaniern von den alliierten Truppen befreit. Bald darauf starb er in Paris. Auch Expräsident Azaña und Ministerpräsident Negrín wurden in Paris begraben. Prieto fand wie Tausende anderer Republikaner eine neue Heimat in Mexiko.

Nach dem Zweiten Weltkrieg ließ sich die Exilleitung der Sozialistischen Partei und der UGT in Toulouse nieder, doch sie verlor mehr und mehr den Kontakt zur spanischen Realität und führte bald nur noch ein Schattendasein. Die Wiedergeburt der alten PSOE fand in der Heimat statt. In den sechziger Jahren begannen einige junge Sozialisten in Sevilla, die Partei in der Illegalität wieder aufzubauen, gegen den eifersüchtigen Widerstand der Exilleitung. Ihr Sprecher und späterer erster Vorsitzender wurde der junge andalusische Rechtsanwalt Felipe Gonzalez. Er orientierte sich am undogmatischen Sozialismus der westeuropäischen Schwesterparteien, vor allem der Schweden und Deutschen. Sein Mentor war Willy Brandt.

Felipe Gonzalez

Den Kommunisten stand die junge PSOE skeptisch gegenüber. Von Volksfront war nicht mehr die Rede. Die traumatische Erfahrung des Bürgerkrieges, als die Sozialistische Partei von den Kommunisten zu einem Instrument der Komintern degradiert wurde, hatte sich von den Großvätern auf die Enkel übertragen.

Doch auch die Kommunistische Partei Spaniens war nicht mehr die gleiche. Sie mußte sich von Moskau verraten und verkauft fühlen, als Stalin fünf Monate nach Ende des Bürgerkrieges den Pakt mit Hitler schloß. Keiner anderen kommunistischen Partei, außer der deutschen, wurde dieses Maß an Selbstverleugnung auferlegt. Während Francos Mordkommandos auf die überlebenden Genossen Jagd machten, wurde in Moskau zu Ehren des deutschen Außenministers Ribbentrop das Horst-Wessel-Lied gespielt. Es war für viele spanische Kommunisten die bitterste Stunde ihres Lebens.

Tausende von Genossen hatten in der Sowjetunion Zuflucht gefunden. Doch sie durften nicht wagen, ihrem Groll Luft zu machen. Wer es dennoch tat, geriet in die Mühlen der NKWD. Das prominenteste Opfer wurde „El Campesino" (Valentín Gonzalez), Divisionskommandeur und legendärer Haudegen der republikanischen Armee. Er wurde in die Strafkolonie Workuta deportiert und entkam später in einer abenteuerlichen Flucht quer durch Rußland nach Persien.

Auch in den osteuropäischen Volksdemokratien gerieten die einstigen Spanienkämpfer bald ins Zwielicht. Nach dem Abfall Titos lief eine neue Säuberungswelle in den Bruderparteien an. Ihr Auftakt war die Hinrichtung des ungarischen Außenministers und angeblichen „Titoisten" László Rajk, der in Spanien als Kommissar des ungarischen Bataillons gedient hatte. Plötzlich galten alle ehemaligen Interbrigadisten pauschal als unzuverlässige Elemente. Es war nicht mehr ratsam, in Spanien dabeigewesen zu sein. Jeder lief Gefahr, nachträglich für die Niederlage verantwortlich gemacht zu werden. Der Begriff der „Demoralisierten" wurde zum diffamierenden Schlagwort in der stalinistischen Presse. Zahllose Spanienkämpfer, die in Partei- oder Staatsstellungen aufgerückt waren, verschwanden für immer in der Versenkung. In der ČSSR erließ das Innenministerium eine interne Verfügung, alle einstigen Interbrigadi-

Santiago Carrillo

sten aus dem Staatssicherheitsdienst und der Armee zu entfernen. Der prominenteste Spanien-Kämpfer der DDR, Staatssicherheitsminister Wilhelm Zaisser (als „General Gomez" Kommandeur der XIII. Brigade), wurde nach dem 17. Juni 1953 gestürzt.

An der Kommunistischen Partei Spaniens konnten diese Erfahrungen nicht spurlos vorübergehen. Ihr Generalsekretär Santiago Carrillo, der nicht in Moskau, sondern in Paris residierte, begann sich allmählich aus der Umarmung des Großen Bruders zu lösen. Dafür gab es auch taktische Gründe. Wenn die Partei in Spanien jemals wieder Fuß fassen wollte, dann mußte sie sich von dem Odium befreien, eine willenlose Agentur der Sowjetunion zu sein.

Nach dem Einmarsch der Sowjets in Prag wurde Carrillo deutlich. „Wenn wir an der Macht wären und Truppen eines sozialistischen Landes unsere Grenzen überschritten", schrieb er damals, „würde ich nicht zögern, die Armee zu mobilisieren." Er begann das Konzept des Eurokommunismus zu entwickeln, das er bald darauf entschiedener noch als der italienische KP-Führer Berlinguer öffentlich propagierte: Anerkennung des pluralistischen Systems, völlige Unabhängigkeit von Moskau, Garantie der bürgerlichen Freiheiten in einer sozialistischen Gesellschaft.

„Die Generation von Marxisten, die die schmerzliche Erfahrung des Faschismus gemacht hat und die Stalinsche Entartung kennengelernt hat, bewertet den Begriff der Demokratie anders: nicht als Gegensatz zum Sozialismus oder Kommunismus, sondern als Weg dahin und als grundlegender Bestandteil derselben", schrieb Carrillo in seinem Buch „Eurokommunismus und Staat". Als ihm schließlich die Rückkehr nach Spanien erlaubt wurde, schwor Carrillo die Genossen auf die Linie ein: kein Wort gegen den König, kein Wort von Revolution, keine republikanischen Fahnen. Er konnte nicht verhindern, daß die greise „Pasionaria" (Dolores Ibarruri), die Ehrenpräsidentin der Partei, aus dem Moskauer Exil nach Madrid zurückkehrte, doch er nahm die alte Stalinistin so fest an die Kandare, daß das neue Profil der Partei nicht ernsthaft Schaden nahm.

Dennoch stellte die Wiederzulassung der Kommunistischen Partei und die Rückkehr ihrer Führung die erste große Zerreißprobe für den Prozeß der Demokratisierung dar. Die Namen der Pasionaria und Santiago Carrillos weckten mehr als alle anderen die Erinnerungen des Bürgerkrieges. Sprachlos und verwirrt stand die große Masse der Spanier vor der wiederzugelassenen PCE, die mit einer perfekten Organisation aus dem Untergrund auftauchte und mühelos die großen Fußballstadien und Stierkampfarenen mit ihren Anhängern füllte. Wo es gestern noch verboten war, die Schriften von Karl Marx zu verbreiten, sangen jetzt Zehntausende unter einem Wald roter Fahnen die Internationale. Obwohl Franco noch keine zwei Jahre tot war, schien er bereits eine ferne Legende zu sein. Nichts bewies die Hohlheit des mit ihm dahingesunkenen Systems mehr als das Tempo und die Disziplin, mit der sich Spanien auf ein offenes Gesellschaftssystem zubewegte.

Das Ergebnis der ersten Wahlen nach Franco im Juni 1977 zog den Schlußstrich unter die lange Nacht der Diktatur. Die ,,Alianza Popular'', in der sich die Franco-Anhänger zusammengeschlossen hatten und die von ehemaligen Ministern des Regimes angeführt wurde, erhielt nur noch 8,5 Prozent der Stimmen und sank zwei Jahre später auf 5 Prozent.

Auch die Kommunisten blieben mit knapp 10 Prozent weit hinter ihren Erwartungen zurück. Die wiedererstandene PSOE unter Felipe Gonzalez dagegen wurde mit fast 30 Prozent der Stimmen stärkste Kraft der Linken. Als Sieger ging jedoch Adolfo Suarez mit seiner neugegründeten ,,Demokratischen Zentrumsunion'' (UDC) aus den Wahlen hervor. Es war die Partei des neuen Mittelstands, die Partei des unpolitischen und ,,modernen'' Spaniens, konservativ bis liberal, erneuerungsfreudig, aber nicht revolutionär, überdrüssig aller Ideologien, der linken wie der rechten. Bezeichnenderweise konnte sich keine der ,,christlich-demokratisch'' firmierenden Gruppen durchsetzen, obwohl sie von der deutschen CDU und der italienischen DC massiv unterstützt wurden. Das Wort ,,christlich'' als politisches Programm war in Spanien durch Francos ,,Kreuzzug'' kompromittiert.

Im Dezember 1978 trat die neue Verfassung in Kraft. Sie stellte auch formal die parlamentarische Demokratie wieder her. Die Todesstrafe wurde abgeschafft, die Folter ausdrücklich verboten. Katalonien und dem Baskenland wurde wieder das Recht auf Autonomie gewährt. Die römisch-katholische Konfession genoß künftig keine Privilegien mehr, der Staat war konfessionell neutral.

Als König Juan Carlos die Verfassung unterzeichnete, war der letzte juristische Schritt zur Liquidierung des Franco-Regimes getan. Feststimmung wollte jedoch kaum aufkommen. Die Diktatur hatte Spanien mit ihren ungelösten wirtschaftlichen, regionalen und sozialen Problemen ein Erbe hinterlassen, das die junge Demokratie mit Bleigewichten belastete. Das schwerste von allen war der Terrorismus.

Die ETA konnte mit dem Mordgeschäft nicht aufhören. Mitte der siebziger Jahre hatte sich die baskische Guerilla-Truppe in einen ,,politisch-militärischen'' und einen ,,militärischen'' Flügel gespalten. Während die ,,Poli-Milis'' Attentate verwarfen und sich auf Entführungen ,,beschränkten'', setzten die ,,Milis'' ihre Mordanschläge mit verstärkter Kraft fort. Dabei konzentrierten sie sich besonders auf die Guardia Civil, deren Abzug aus dem Baskenland sie forderten. Allein 1978 wurden 68 Verwaltungsbeamte und Polizisten im Baskenland ermordet.

Dabei hatte der Kampf der ETA längst jeden politischen Sinn verloren. 1979 erhielt das Baskenland im ,,Statut von Guernica'' die volle Autonomie: eigenes Parlament, eigene Verwaltung und Steuerhoheit. Die baskische Sprache gilt seither als zweite Amtssprache, gleichberechtigt neben Spanisch, und die baskische Fahne, die ,,Ikurriña'', weht neben der spanischen auf allen Amtsgebäuden.

Die Basken besaßen damit mehr Rechte als jemals zuvor, und alle Parteien, von der UDC bis zu den Kommunisten, stimmten für dieses Statut – mit einer Ausnahme: Die separatistische ,,Herri Batasuna'' (Vereinigtes Baskenvolk), die offen mit der ETA sympathisiert und mit ihr personell verbunden ist, lehnte das Statut als nicht weitgehend genug ab. Bei den Wahlen zum baskischen Regionalparlament erhielten die Separatisten 15 Prozent der Stimmen. Mit dieser politischen Basis kann die ETA weiterhin ihr blutiges Handwerk treiben. Sie hat es inzwischen geschafft, daß der unerklärte Bürgerkrieg im Baskenland zum Dauerzustand wurde. Angst und Hoffnungslosigkeit breiten sich aus. Wie ein Krebsgeschwür vergiftet der Terror diese reichste Region Spaniens und sendet seine Metastasen in alle Teile des Landes aus.

Der spanische Terrorismus ist indessen nicht auf die Linke beschränkt. Schon während des Franco-Regimes etablierte sich neben der staatlichen Gewaltherrschaft ein quasi privater rechter Terror. Faschistische Rollkommandos, die sich ,,Christ-Königs-Krieger'' nannten, schlugen linke Studenten auf dem Campus zusammen, überfielen oppositionelle Politiker und verübten Anschläge auf kritische Zeitschriften und Buchhandlungen. Nach dem Tod des Diktators gingen rechte Mordkommandos zu ,,bewaffneten Aktionen'' über. Eine der furchtbarsten Bluttaten verübten sie im Januar 1977: Ein Kommando drang in ein Anwaltsbüro in Madrid ein, das als Zentrum der Kommunistischen Partei galt, und stellte alle Anwesenden an die Wand. Vier Anwälte und ein Bürogehilfe wurden getötet, vier weitere Anwälte schwer verletzt.

Die faschistische ,,Fuerza Nueva'' (Neue Kraft) unter ihrem Chef Blas Piñar propagiert offen den Kampf gegen die Demokratie. Als im Januar 1979 der Militärgouverneur von Madrid, Generalleutnant Ortín, ermordet wurde, schien ein Putsch der Armee erstmals in Reichweite gerückt zu sein. Bei der Beisetzung ihres Kameraden verhöhnten hohe Offiziere die Regierung und das Parlament. Der König mußte die Ordnung durch einen scharfen persönlichen Tadel an die verantwortlichen Kommandeure wiederherstellen. Der putschverdächtige Kommandeur der 1. Panzerdivision, die in Madrid liegt, wurde strafversetzt.

Nach wie vor ist die Armee der große Risikofaktor in Spanien. Als einzige Institution des Franco-Regimes hat sie den Tod des Diktators unbeschadet überlebt. Alle Kommandeure wurden in der Bürgerkriegstradition erzogen, viele sind noch Veteranen der ,,Blauen Division''. Die rechtsradikalen Blätter wie ,,El Alcázar'' sind die Lieblingslektüre auch des mittleren Offizierskorps in den Kasernen. Viele können es nicht verwinden, daß der Caudillo, auf den sie einst vereidigt wurden, heute als Unperson in Spanien gilt. Schließlich wurde das Regime weder durch einen äußeren Feind geschlagen noch durch eine Revolution gestürzt, sondern – in den Augen vieler Offiziere – durch den König verraten.

Doch auch die potentiellen Putschisten wissen, daß sich die Geschichte nicht selbst kopiert. Niemand könnte heute einen „Kreuzzug" mit Aussicht auf Erfolg beginnen. 1936 konnte die spanische Rechte auf die massive Unterstützung durch zwei ausländische Großmächte rechnen, heute wäre sie international isoliert. Im Innern besaßen die Putschisten damals die Unterstützung der herrschenden Klassen, des Großgrundbesitzes, des Adels, großer Teile des Bürgertums, der Kirche. Heute haben sich die gesellschaftlichen Kräfte entscheidend verschoben, und „die Wirtschaft" ist an nichts so interessiert wie an einer Konsolidierung des Status quo.

Schließlich das gewandelte Bewußtsein der Linken: 1936 gab es außer den schwachen Liberalen niemanden, der die Republik, so wie sie in der Verfassung konzipiert war, wirklich verteidigen wollte. Die Kommunisten nicht, die Anarchisten nicht, selbst die Sozialisten nicht. Ihre Antwort auf Francos Putsch war die Revolution gegen die bürgerliche Republik. Heute hat sich die Situation umgekehrt. Der politisch organisierte Anarchismus, der in Spanien seine Heimat hatte, ist untergegangen. Heute gibt es außer der faschistischen „Fuerza Nueva" und den baskischen Separatisten keine relevante politische Kraft, die diesen Staat mit Gewalt sprengen will. Von der bürgerlichen UDC bis zu den Kommunisten Carrillos herrscht Einigkeit, daß es nach den blutigen Erfahrungen dieses Jahrhunderts keine Alternative zum parlamentarischen System gibt, mögen die politischen Fernziele auch weit auseinandergehen.

Als einziges Land Europas hat Spanien den politischen Irrationalismus des 20. Jahrhunderts in seinen beiden Ausformungen auf eigenem Boden bis zum Exzeß durchlitten: die Utopie der herrschaftsfreien Gesellschaft und ihren Gegenpol, den Rückfall in den Teufelsglauben des Mittelalters. Beides waren Formen der Flucht vor den Herausforderungen des industriellen Zeitalters, beides Verweigerungen der Vernunft, die in einem apokalyptischen Rausch der Vernichtung endeten.

Mag sein, daß auch die schrecklichste Erfahrung nicht über mehr als zwei Generationen hinweg weitergegeben werden kann. Die Versuchung der Gewalt scheint ebenso unausrottbar wie der Wille, die Gewalt zu überwinden. Doch wenn es überhaupt denkbar ist, daß eine Nation aus den eigenen Katastrophen lernt, dann kann Spanien eine Hoffnung sein.

1936 – 1939

BILDDOKUMENTE UND PLAKATE

Der Tod an der Barrikade

Barcelona, Juli 1936: Die Revolution hat gesiegt, die Volksmiliz marschiert an die Front, Jugendliche und Familienväter, begleitet von ihren Frauen, manch einer mit dem Jüngsten auf dem Arm, damit der Sohn sich einst der historischen Stunde erinnere

„VIVA LA REVOLUCIÓN!“

LIBERTAT
F.A.

Nach dem Sturm auf die Montaña-Kaserne entwaffnen Anarchisten die überlebenden Offiziere

Revolutionsplakat der Anarchisten (FAI = Federación Anarquista Ibérica)

Pardon wird nicht gegeben: Hunderte von Toten bedecken den Hof der Montaña-Kaserne — Offiziere und Soldaten, die nach der Erstürmung der Garnison erschossen oder erschlagen wurden

Oben: Die Republik verfügt zu Beginn des Bürgerkrieges nicht über eine reguläre Armee. Arbeitermilizen nehmen den Kampf gegen Francos Truppen auf.
Unten: Straßenszene in Madrid: Ein Mann wird aus dem Wagen geholt. Sein Schicksal liegt in der Hand des Revolutionskomitees.

Buenaventura Durruti, der populärste Führer der Anarchisten. Er fiel im November 1936 bei den Kämpfen um Madrid.

Revolutionäre Milizen in einem Adelspalais in Madrid: Auf der Tafel das beschlagnahmte Silber, Bestecke, Leuchter und Monstranzen

Der jahrhundertealte Haß auf die Kirche entlädt sich in einer Welle von Kirchenschändungen. Vielerorts werden Klostergräber aufgebrochen und Altäre in Schädelpyramiden verwandelt

„Wie die Kirche ihre Religion in Spanien säte" – antiklerikales Plakat des sozialistischen Gewerkschaftsbundes UGT

Straßenkampf in Barcelona: Eine Feuergarbe hat zwei Männer niedergemäht. Vor den Parkbänken der Plaza Catalunya, zwischen pickenden Tauben, endet ihr Leben wie das der getroffenen Pferde

KAMPF UM MADRID

Volltreffer auf der Gran Vía: Zweieinhalb Jahre ist Madrid Frontstadt. Das Zentrum liegt in Reichweite der feindlichen Artillerie. Tausende werden durch Feuerüberfälle und Luftangriffe getötet.

ENTRADA
HORTALEZA
SPA

Zwischen den Linien ein Niemandsland des Todes: Die Front verläuft quer durch die Universitätsstadt von Madrid. In den verbunkerten Stellungen der Ruinen belauern sich die Scharfschützen.

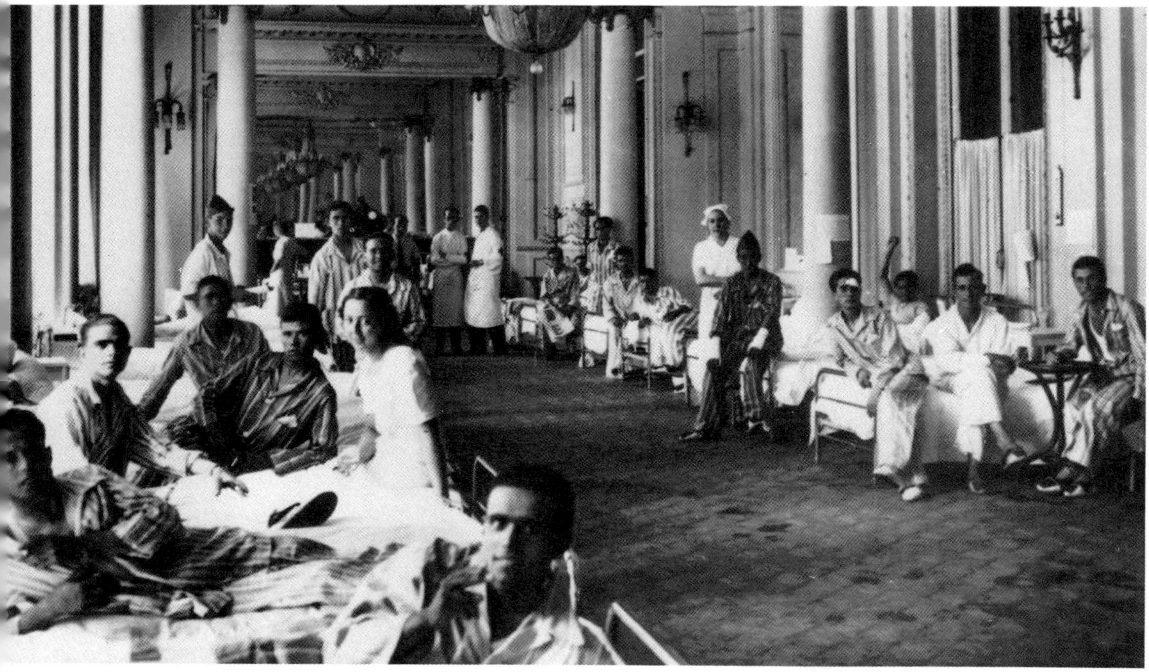

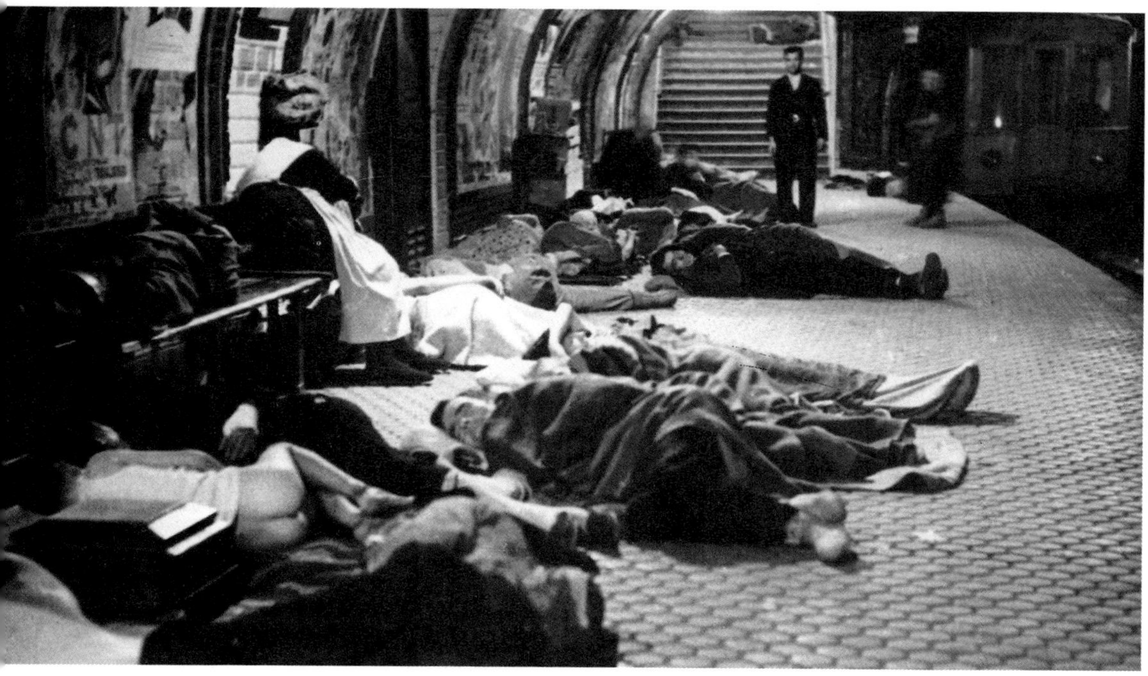

Frontstadt Madrid: Das vornehme Hotel Ritz wird zum Feldlazarett, die U-Bahn zum Luftschutzbunker. Der deutsche Graphiker John Heartfield (Helmut Herzfeld) entwirft in dieser Zeit eines seiner besten Plakate.

MADRID 1936
¡NO PASARAN! ¡PASAREMOS!
kommen nicht durch! Wir kommen durch!

DER CHRISTLICHE KREUZZUG

Ausrottungskrieg gegen das eigene Volk: General Franco bei der Arbeit, auf dem Schreibtisch ein Bild Hitlers mit persönlicher Widmung

Heldenepos der „Nationalen":
Der Alcazar von Toledo,
wo sich Franco-Kadetten verschanzt haben, wird von
den republikanischen Belagerern
gesprengt. In den Trümmern
kämpft die Besatzung weiter.

Kriegsplakat des sozialistischen
Gewerkschaftsbundes:
„Die UGT – Säule und Basis des
Sieges"

LA
UGT
COLUMNA Y BASE
DE LA VICTORIA

Der Erzbischof von Santiago de Compostela
und das Domkapitel des Wallfahrtsortes
empfangen die einrückenden Franco-Truppen
mit dem faschistischen Gruß.

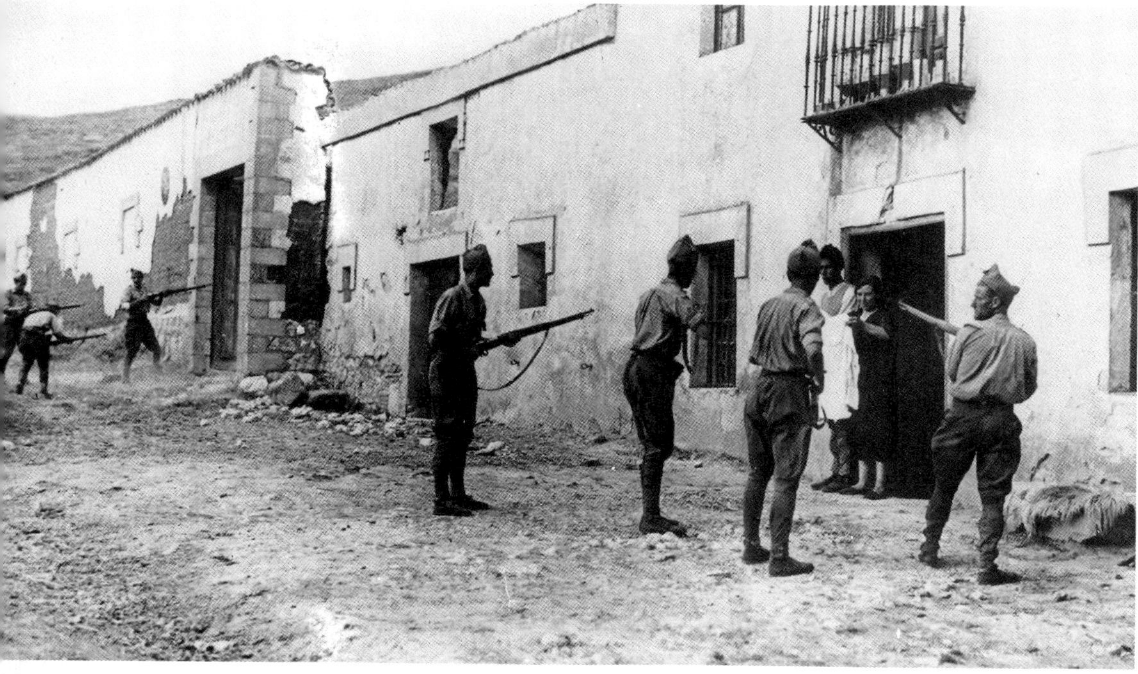

Der blaue Terror: Wo immer die Franco-Truppen einrücken, werden die Bewohner zusammengetrieben und die Männer abgeführt. Wer im Verdacht steht, ein „Roter" zu sein, wird erschossen.
Links: Szene in Irún (Nordspanien), rechts: ein Dorf in Andalusien

Irgendwo in Spanien:
Eine Gruppe republikanischer
Gefangener wird zur
Exekution geführt

Marokkanische Söldner fahren Gefangene zur Hinrichtung. Die „Moros" waren die gefürchtetste Truppe Francos.

„Al paredón — an die Wand!" Ein Bündel Menschen, wie Kehricht auf dem Bürgersteig: Straßenbild aus Lérida, Katalonien

LEGION CONDOR

Hitlers Elitetruppe in Spanien:
Franco verabschiedet die
Legion Condor nach dem Sieg

Generalprobe für den Zweiten Weltkrieg: Vom Gefechtsstand der Legion Condor aus werden die ersten Einsätze der neuen deutschen Flugzeugtypen, wie des Bombers He-111, geleitet. Auch die 250-kg-Bomben werden erstmals in Spanien erprobt

Stuka-Angriff in Spanien, von einem Reporter der „Berliner Illustrirten" fotografiert: „Die Maschine ist bis auf 1000 m gestürzt", heißt es im Originaltext von 1937, „in diesem Moment löst der Stukaführer die Bomben durch einen kleinen Hebel am Steuerknüppel. Eine riesige Sprengwolke steht über der Einschlagstelle."

Fliegeralarm in Madrid: Fatalistisch blicken die Menschen in den Himmel. In diesem Krieg gibt es keine Sicherheit mehr.

Der Sturzkampfbomber JU-87 (Stuka) ist die modernste Entwicklung der deutschen Rüstungsindustrie. Die Maschinen kommen frisch aus den Fabriken nach Spanien. Sie fliegen mit dem liegenden Kreuz, dem Kennzeichen der Legion Condor

Bombenopfer in Barcelona, nach einem Angriff aus den Trümmern geborgen: Als erstes Land der Welt erlebt Spanien den systematischen Luftkrieg gegen eine schutzlose Zivilbevölkerung

Guernica, 26. April 1937: Die Zerstörung der baskischen Kleinstadt wurde zum Symbol dieses Krieges. Pablo Picasso widmete ihr sein berühmtes Monumentalwerk. Rechts: „Der Friedensengel der Faschisten", Plakat von 1937.

L ANGEL DE LA PAZ...
DE LOS FASCISTAS!
AS JUVENTUDES LIBERTARIAS
LO SABRÁN DESTRUIR!

Untergang der Basken: Abgeschnitten von der spanischen Republik erliegt das autonome Baskenland der deutsch-italienischen Offensive. Bis zum Schluß weht über den baskischen Stellungen die „Ikurriña", die baskische Nationalflagge.

„Eine disziplinierte Armee ist die Grundlage des Sieges": Kriegsplakate der PSOE mit dem Porträt von Verteidigungsminister Prieto (rechts) und der katalanischen Kommunisten.

N EJERCITO CON DISCIPLINA
ES LA BASE DE LA VICTORIA
GRUPACIÓN SOCIALISTA
ICÁLVARO y CANILLAS
PSOE

DIE ITALIENER

Italienische Infanterie auf dem Vormarsch in Zentralspanien. Mussolini schickte ein Expeditionskorps von 50 000 Mann zur Unterstützung Francos nach Spanien

„Ihr seid für den Sieg des Faschismus gefallen": Mussolini übergibt die Orden gefallener Spanien-Legionäre an deren Väter

Spanien unter dem italienischen Stiefel: „Erhebt euch gegen die italienische Invasion in Spanien!" lautet der Plakattext

JUNTA DELEGADA DE DEFENSA
DE MADRID
DELEGACION DE PROPAGANDA Y PRENSA
¡levantaos contra la
INVASION ITALIANA
EN ESPAÑA!

Italienische Bomberbesatzungen in Palma de Mallorca: Von den Balearen aus flog Mussolinis Luftwaffe schwere Bombenangriffe gegen Barcelona und andere Ziele. Außerdem führten die Italiener einen völkerrechtswidrigen Blockadekrieg vor der spanischen Küste. Zahlreiche neutrale Schiffe wurden auf hoher See versenkt.

Die Sekunde des Todes:
Beim Sprung aus dem Graben trifft den Soldaten die feindliche Kugel. Ein kleines Stück Metall löscht sein Leben aus – ein Bild, das für alle Kriege dieser Welt steht. Es stammt von dem amerikanischen Fotografen Robert Capa, der wie kein anderer die Tragödie des einzelnen im Spanischen Bürgerkrieg dokumentiert hat. Auch die Bilder auf den Seiten 156/7, 199 und 204/5 sind Capa-Fotos.

INTERNATIONALE BRIGADEN

Truppen der
XIII. Internationalen Brigade
beim Sturm

Ludwig Renn, Stabschef der XI. Brigade, führt seinen Schriftsteller-Kollegen Ernest Hemingway an die Front

Egon Erwin Kisch, der „Rasende Reporter", und der Schauspieler und Sänger Ernst Busch 1936 in Spanien. Die gesamte deutsche Emigration kämpfte für die Republik – mit und ohne Waffe.

Hans Kahle (Mitte), zuerst Bataillonskommandeur, später Kommandeur der XI. Brigade, in seinem Gefechtsstand. Über die Karte gebeugt: General Rojo, Stabschef der republikanischen Armee.

Links: Interbrigadisten beim Vorbemarsch. Die Freiwilligen-Verbände waren die Elitetruppe der Republik. Sie erlitten die schwersten Verluste und mußten später durch spanische Mannschaften aufgefüllt werden

Die deutschen Kommandeure Richard Staimer (mit Käppi) und Heinrich Rau. Staimer wurde später General der DDR-Armee, Rau stellvertretender Ministerpräsident und Außenhandelsminister der DDR.

Pasaremos

ORGAN DER XI. BRIGADE

Numer 31 — 15. Oktober 1937

EIN JAHR XI. BRIGADE

ERSTE INTERNATIONALE BRIGADE

Truppenzeitschrift der XI. Brigade, in der die meisten Deutschen dienten

Werbeplakat der Interbrigaden: „Vereint mit den Spaniern kämpfen wir gegen den Invasor"

DICIONES
DE LAS
RIGADAS
ITERNACIONALES
VOLUNTARIOS INTERNACIONALES DE LA LIBERTAD
1936
1937
PARRILLA
LOS INTERNACIONALES
NIDOS a los ESPAÑOLES LUCHAMOS CONTRA el INVASOR

DIE FRONT

Stellungskrieg in Aragonien:
Die Front erstarrt in Kälte und Schnee.
Keine der beiden Seiten ist auf einen
klassischen Krieg vorbereitet

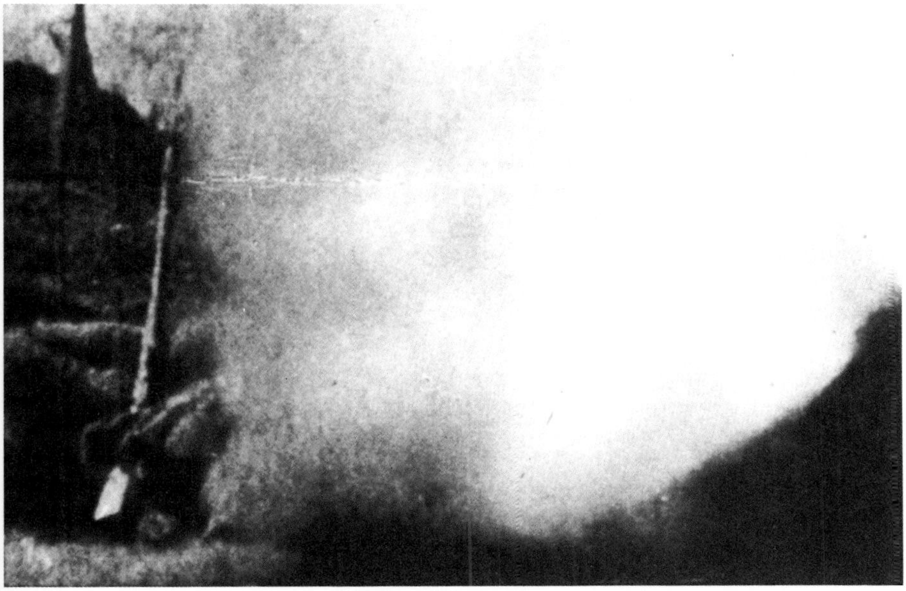

Der tägliche Krieg, von einem unbekannten Kameramann gefilmt: Vor dem vordersten Graben der Republikaner springt ein Franco-Soldat auf und wirft eine Handgranate. Der Soldat links schießt, doch zu spät. Sein Gewehr ist das einzige, was übrigbleibt.

Republikanische Panzer vor der Stierkampfarena von Teruel: Der Kampf um die Stadt, im Winter 1937/38, wird zur erbittertsten Schlacht des Krieges

Hoffen auf den Zweiten Weltkrieg: Ministerpräsident Juan Negrín und Generalstabschef Vicente Rojo an der Front

Links: Republikanische Truppen beim Kampf um Teruel. Die Schlacht um die strategisch wichtige Stadt kostet über 40 000 Tote

HEXENJAGD

Schauprozeß gegen die Führer der linkssozialistischen, antistalinistischen POUM in Barcelona, Oktober 1938: Auf der Anklagebank Julian Gorkin, Chefredakteur der Parteizeitung „La Batalla"

S.R.I.
EL IZQUIERDISTA
EL EMBOSCADO SE CUBRE DE TODOS LOS ROPAJES PARA MEJOR ASESINAR EN LA SOMBRA
¡ANIQUILÉMOSLE SE ENCUENTRE DONDE SE ENCUENTRE!
ORTEGA-INTERVENIDO, U.G.T.-C.N.T.-VALENC

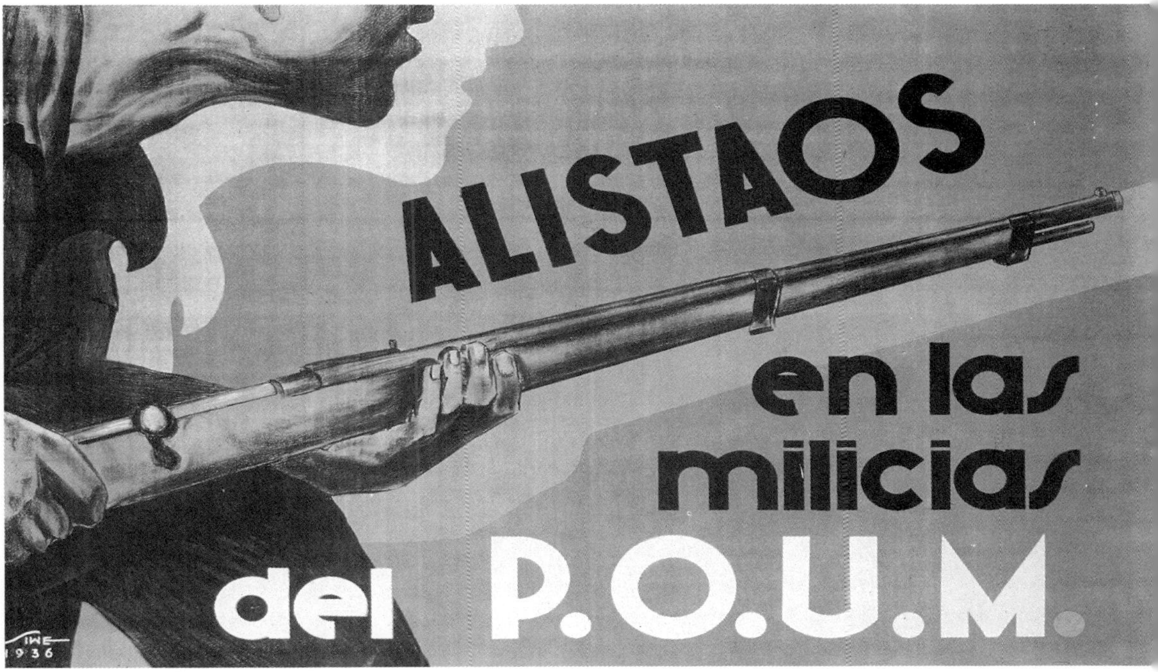

Die KP-Führerin Dolores Ibarruri (La Pasionaria) leitete die Kampagne gegen die „trotzkistischen Verräter". Die POUM hatte zu Beginn des Krieges eigene Milizen aufgestellt.

KP-Plakat gegen das Ungeheuer des Linksabweichlers: „Er tarnt sich auf jede Weise, um im Dunkeln morden zu können. Vernichten wir ihn, wo wir ihn treffen!"

Andrés Nín (oben), Chef der POUM, wird vom sowjetischen NKWD zu Tode gefoltert, seine Leiche nie gefunden. – George Orwell (x), der 1936 mit der POUM-Miliz an die Front zog, erlebt die Verfolgung als Schwerverwundeter und entkommt nur knapp der Verhaftung.

Der „Große Bruder", die Schreckensvision George Orwells, 1937 in Barcelona: Der lange Arm Stalins ist mächtiger als die Regierung der spanischen Republik

DAS ENDE

Siegesparade der italienischen Truppen in
Barcelona, Januar 1939

Sieger und Besiegte:
Die Republik ist nach zweieinhalb Jahren Krieg am Ende, Spanien ein verwüstetes Land

Einer von sechshunderttausend Toten: Spanien ist 1939 ein Land von Massengräbern.

Der letzte Putsch: Im belagerten Madrid übernimmt eine Junta unter Führung des Obersten Casado und des Sozialisten Julián Besteiro (am Mikrophon) kurz vor Kriegsende die Gewalt und entmachtet die Kommunisten. Doch die Junta kann nichts mehr retten. Am 30. März 1939 rücken Francos Vorauskommandos in die Hauptstadt ein. Die große Säuberung beginnt. Zehntausende von Republikanern erwartet der Tod. Auch Julián Besteiro stirbt im Gefängnis.

Der lange Marsch ins Exil: Fast eine halbe Million Soldaten und Zivilisten werden in Frankreich interniert. Viele werden später von der Vichy-Regierung an Franco und Hitler ausgeliefert. Die letzten Überlebenden kehren erst nach 40 Jahren in die Heimat zurück.

AUGENZEUGEN BERICHTEN

Selten hat ein Bürgerkrieg so tiefe Spuren in der zeitgenössischen Literatur so vieler Länder hinterlassen wie das spanische Drama. Die internationale Republik des Geistes nahm leidenschaftlichen Anteil an dieser Auseinandersetzung, denn auf spanischem Boden wurde ebenso um Deutschland und Italien, um Frankreich, England und die Sowjetunion gekämpft. Kaum einer aus der schreibenden Zunft Europas und Amerikas, den es damals zu Hause hielt. Alles, was Rang und Namen hatte, versammelte sich in Spanien, darunter die gesamte deutsche Emigration. Hunderte von Büchern, Tausende von Pamphleten und Berichten zeugen vom Engagement der besten Federn der Welt. Viele Literaten kehrten zum Handwerk der Reportage zurück, viele Reporter schrieben große Literatur. Manche gaben die Rolle des engagierten Beobachters gänzlich auf, weil sie ihnen nicht genügte, und vertauschten die Schreibmaschine mit der Waffe.

Für die meisten Autoren blieb der Spanische Bürgerkrieg die heroischste Epoche ihres Lebens. Viele von ihnen bezahlten einen hohen Preis dafür, den höchsten: „Sie ließen ihre Seele tot auf dem spanischen Boden zurück", wie der Amerikaner Frederick Benson schreibt. Die Leidenschaft verglühte mit dem bitteren Ende der Republik in Trauer und Resignation. Als Stalin und Hitler über den rauchenden Trümmern Spaniens ihren Pakt schlossen – kein halbes Jahr nach dem Ende ihres Stellvertreter-Krieges –, da zerbrach in vielen, die ihr Bestes in diesem Krieg gegeben hatten, etwas für immer. Koestler, Malraux, Orwell, um nur die bekanntesten zu nennen, wandten sich vom Kommunismus ab, der ihnen einst mehr bedeutete als bloß eine politische „Überzeugung". Keiner von ihnen hat jedoch jemals sein Engagement für die Sache widerrufen, die damals Demokraten, Sozialisten, Liberale, sogar Konservative unter der Fahne der spanischen Republik vereinte.

Die folgende Auswahl vereinigt Autoren, die unmittelbar am Krieg beteiligt waren, sei es als Beobachter oder Handelnde. Die Auswahl schließt auch Berichte der faschistischen Seite ein. Diese weist keine Namen von literarischem Rang auf, denn sie besaß keine. Doch erst vor dem Hintergrund der dröhnenden Fanfarensprache der Sieger wird die Tragödie der geschlagenen Republik deutlich.

TERROR UND ANARCHIE

Der Spanische Bürgerkrieg löste in der Anfangsphase einen Blutrausch aus, der nur in den Schreckensjahren der Französischen oder Russischen Revolution eine Parallele findet. Auf beiden Seiten fielen Zehntausende, meist unschuldige Menschen, den Exekutionskommandos oder nächtlichen Mördertrupps zum Opfer. Jahrhundertealter Haß entlud sich in einer Orgie der Vernichtung. Der Schlachtruf ,,Viva la muerte''(Es lebe der Tod!) kam in dieser Zeit zu makaberen Ehren.

Die Greuel boten beiden Seiten reiches Propagandamaterial. Aus der Flut billiger Kriegsschriften ragen die Zeugnisse von Schriftstellern hervor, die das Gemetzel auf der eigenen Seite mit Erschütterung erlebten oder, wie Koestler, selbst am Rande des Todes standen.

GEORGES BERNANOS

Der konservative französische Schriftsteller und gläubige Katholik (,,Ich bin kein Demokrat") wird im Sommer 1936 vom Bürgerkrieg auf der Insel Mallorca überrascht, wo er sich, ein Liebhaber und Kenner Spaniens, als Privatmann aufhält. Die Insel fällt kampflos an die Franco-Seite, und Bernanos wird zu seinem Entsetzen Zeuge des ,,blauen" Terrors. Sein Spanienbuch ,,Die großen Friedhöfe unter dem Mond", 1937 unter dem frischen Eindruck der Greueltaten veröffentlicht, wendet sich direkt an die französische Rechte, die mit Franco sympathisiert. Auszüge:

Schreckensherrschaft auf Mallorca

Das alles schreibt sich leicht so hin, aber man muß es einmal sehen, man muß es begreifen. Da ist eine kleine, stille Insel, wohlbehütet unter ihren Mandelbäumen, Orangen und Weinbergen. Die Hauptstadt hat keine viel größere Bedeutung als irgendeine alte Stadt in unseren französischen Provinzen. Die zweite Hauptstadt, Soller, ist nur ein Flecken. Die weit auseinanderliegenden Dörfer, die am Hang des Gebirges kleben oder in der Ebene verstreut sind, sind nur durch schlechte Straßen oder seltene Küstendampfer mit asthmatischen Maschinen untereinander verbunden. Jedes dieser Dörfer ist eine Welt für sich, mit seinen zwei Parteien, der der ,,Priester" und der der ,,Intellektuellen", zu der sich zaghaft die der Arbeiter gesellt. Dann gibt es noch den Gutsherren, der sich zwar nur an schönen Tagen sehen läßt, seine Häupter aber genau kennt und sich die Bösen zusammen mit seinem Gevatter, dem Pfarrer, seit langem gemerkt hat. Aber das macht nichts. Die Anmut der spanischen Sitten läßt diese kleine Welt einträchtig zusammen leben, und an Festtagen gehen sie alle gemeinsam zum Tanz. Von einem Tag auf den anderen fast hatte jedes dieser Dörfer sein Säuberungskomitee, ein geheimes, williges Gericht, das im allgemeinen so zusammengesetzt war: der bürgerliche Besitzer oder sein Verwalter, der Küster, die Pfarrköchin, einige ordnungsliebende Bauern und ihre Frauen, und endlich die jungen, von der neuen Falange angeworbenen Leute, die allzuoft erst seit gestern bekehrt und ungeduldig, Beweise ihrer Gesinnung zu geben, von der Erregung, in die das blaue Hemd und die Mütze mit dem roten Knopf die armen Teufel so plötzlich versetzt, wie berauscht sind.

Ich habe schon gesagt und werde immer wieder sagen: am 17. Juni* waren es fünfhundert Falangisten. Einige Wochen später fünfzehntausend, dann zweiundzwanzigtausend. Weit entfernt, diese schwindelerregende Aushebung zu kontrollieren, fördert die militä-

* 17. Juni 1936: Vorabend des Franco-Putsches gegen die Republik

rische Führung sie mit allen Kräften, denn sie hat ihren ganz bestimmten Plan. Ist es einmal soweit und die Arbeit getan, dann wird es das einfachste von der Welt sein, eine Menge, deren plötzliches Wachstum die alten Formationen gesprengt hat, und der man dafür neue, für sie geeignete Polizeiformationen gegeben hat, zu entwaffnen. Dann wird man sie schubweise auf die Truppe verteilen, und die Säuberung ist zu Ende.

Georges Bernanos

Denn Säuberung ist das letzte Wort dieses Krieges, jedermann weiß das oder beginnt es zu begreifen oder wird es einmal begriffen haben. Das *„Man muß ein Ende machen"*, das gemeine Heuchler ungefähr mit *„Auf zur Befreiung des heiligen Grabes"* übersetzen, hat niemals etwas anderes als die systematische Ausrottung der verdächtigen Elemente bedeutet. Da ist kein Grund zur Überraschung. Das genau war 1871 der einmütige Wunsch der Nationalversammlung. Zweihundert Jahre vor der Schreckensherrschaft haben dieselben Formeln dazu gedient, die Massaker in den Gefängnissen nach der Bartholomäusnacht zu rechtfertigen, die Katharina von Medici in einem Brief an den Papst mit dem Sieg bei Lepanto vergleicht (noch in derselben Nacht hatte Rom sich mit Freudenfeuern illuminiert). Alle Schreckensherrschaften gleichen sich, alle sind einander wert, und niemand wird mich dazu bringen, Unterschiede zwischen ihnen zu machen, ich habe nun zu viele Dinge gesehen, ich kenne die Menschen zu gut und bin zu alt geworden. Die Angst ist mir bei jedem Menschen widerlich, und hinter den schönen Worten der Massenmörder steht nur die Angst. Zum Mörder wird man immer nur aus Angst, der Haß ist nur ein Alibi.

Die Säuberung auf Mallorca hat sich in drei ziemlich verschiedenen Phasen und einer vorbereitenden Periode abgespielt. Während dieser letzteren gab es allerdings auch schon Massenhinrichtungen in den Häusern, die jedoch das Wesen von persönlichen Racheakten hatten oder zu haben schienen, von allen mehr oder weniger ausdrücklich mißbilligt wurden und deren Einzelheiten man sich mit leiser Stimme zuflüsterte. Da erschien der General Graf Rossi.

Der neue Mann war natürlich weder General noch Graf noch Rossi, sondern ein italienischer Funktionär aus den Reihen der Schwarzhemden. Eines schönen Morgens sahen wir ihn einem scharlachroten Flugzeug entsteigen. Sein erster Besuch galt dem Militärgouverneur, der von General Godet eingesetzt worden war. Der Gouverneur und seine Offiziere nahmen ihn höflich auf. Indem er seine Rede mit Faustschlägen auf den Tisch akzentuierte, erklärte er, er bringe ihnen den Geist des Fascio. Einige Tage später wanderten der General und sein Generalstabschef ins Gefängnis von San Carlos, und der Graf Rossi übernahm in Wirklichkeit das Kommando über die Falange. In einer schwarzen Kombination, die Brust mit einem riesigen weißen Kreuz geschmückt, eilte er durch die Dörfer, wobei er selbst seinen Rennwagen lenkte, dem in einer Wolke von Staub andere Fahrzeuge voller bis an die Zähne bewaffneter Männer kaum zu folgen vermochten. Jeden Morgen berichteten die Zeitungen über diese Propagandafahrten, bei denen er, zwischen dem Alkalden und dem Pfarrer stehend, den Kreuzzug verkündete. Sicher verfügte die italienische Regierung in Palma auch über weniger grelle Mitarbeiter als diesen viehischen Hünen, der eines Tages am Tisch einer großen Palmesaner Dame erklärte, daß er mindestens „einer Frau pro Tag" bedürfe, wobei er sich die Hände am Tischtuch abwischte. Aber die spezielle Mission, mit der man ihn betraut hatte, entsprach vollkommen seiner Begabung. Es war die Organisation des Terrors.

Von nun an operierten von ihm zusammengestellte Gruppen jede Nacht in den Dörfern und bis in die Vorstädte von Palma hinein. Wo immer diese Herren ihrem Eifer Raum gaben, die Szene änderte sich kaum. Dasselbe leise Klopfen an der Tür der komfortablen Wohnung oder der strohgedeckten Hütte, dasselbe Getrappel im dunklen Garten, dasselbe Grabgeflüster auf dem Treppenabsatz, das ein Unglücklicher auf der anderen Seite der Wand, das Ohr am Schlüsselloch, mit furchtverkrampftem Herzen vernimmt. – „Kommen Sie mit!" – ... Dieselben Worte zu der halb irrsinnigen Frau, Hände, die die gewohnten Kleidungsstücke, die sie vor ein paar Stunden abgeworfen haben, zusammenraffen, und unten auf der Straße das Geräusch eines leer laufenden Motors. „Weck die Kinder nicht auf, wozu denn!" – „Sie bringen mich ins Gefängnis, nicht wahr, Señor?" – „Perfectamente", antwortet der Mörder, der manchmal nicht über zwanzig ist. Dann klimmt man auf den Wagen, wo man zwei oder drei Gefährten vorfindet, ebenso düster, ebenso resigniert, mit leeren Augen ... Hombre! Das Auto knarrt und fährt an. Noch ein Moment der Hoffnung, solange es die feste Straße nicht verläßt. Aber da wird es schon langsamer und biegt rumpelnd in einen Seitenweg ein. – „Absteigen!" – Sie steigen herunter, stellen sich in eine Reihe, küssen noch eine Medaille oder auch nur ihren Daumennagel – Peng! Peng! Peng! – Die Leichname liegen nebeneinander am Rande der Böschung, wo der Totengräber sie am nächsten Morgen mit geborstenem Schädel, den Nacken auf einem häßlichen Kissen aus schwarz geronnenem Blut liegend, finden wird. Ich sage der Totengräber, weil man Sorge trug, das Nötige nicht weit von einem Friedhof zu tun. Und der Alkalde wird in sein Register schreiben: „Dieser und jener und noch einer, verstorben an Gehirnschlag!"

Die erste Phase der Reinigung dauerte vier Monate. Während dieser vier Monate versäumte der Ausländer, der Hauptverantwortliche für diese Massenmorde, nicht, den Ehrenplatz bei allen religiösen Veranstaltungen einzunehmen. Er wurde im allgemeinen von einem an Ort und Stelle bereitgestellten Geistlichen begleitet, mit Reithosen, Stiefeln, dem weißen Kreuz auf der Brust und einer Pistole am Gürtel. (Dieser Priester wurde übrigens später von den Soldaten erschossen.) Niemand hätte es gewagt, die unbeschränkte Machtvollkommenheit des italienischen Generals in Zweifel zu ziehen. Ich kenne einen armen Mönch, der ihn bescheidentlich bat, das Leben von drei jungen gefangenen Frauen mexikanischer Herkunft zu schonen, die er, nachdem er ihnen die Beichte abgenommen hatte, für unschuldig hielt. „Es ist gut", erwiderte der Graf, der eben dabei war, zu Bett zu gehen, „ich werde mich mit meinem Kopfkissen darüber beraten." Am nächsten Morgen ließ er sie von seinen Leuten niedermachen.

So empfingen die Hohlwege der Insel in der Umgebung der Friedhöfe bis in den Dezember hinein regelmäßig ihre Grabesernte von Andersdenkenden. Arbeiter, Bauern, aber auch Bürger, Apotheker, Notare. Als ich einen befreundeten Arzt um die Aufnahme bat, die vor einiger Zeit von einem seiner röntgenologischen Kollegen – dem einzigen Röntgenologen in Palma – gemacht worden war, erwiderte er mir lächelnd: „Ich weiß nicht, ob man das Ding finden wird ... der arme X ... gestern haben sie ihn mitgenommen." Diese Tatsachen sind allen bekannt.

Als die Säuberung am Platze fast abgeschlossen war, mußte man auch an die Gefängnisse denken. Sie waren alle voll, das können Sie sich vorstellen! Voll waren auch die Konzentrationslager und weiterhin die abgetakelten Schiffe, die finsteren Gefängniskähne, die Tag und Nacht bewacht wurden und über die zur größeren Vorsicht nach Einbruch der Dunkelheit der unheilverkündende Kegel eines Scheinwerfers dahinstrich, den ich von meinem Bett aus sehen konnte! Damals begann die zweite Phase, die Säuberung der Gefängnisse.

Denn eine große Zahl dieser Verdächtigen, Männer und Frauen, entgingen dem Standrecht mangels des geringsten greifbaren Vergehens, das von einem Kriegsgericht hätte verhandelt werden können. Man begann sie also gruppenweise zu entlassen. Auf halbem Wege kippte man dann die Ladung in den Graben.

Ich weiß ... Sie lassen mich nicht fortfahren. Wie viele Tote? Fünfzig? Hundert? Fünfhundert? Die Zahl, die ich jetzt nennen werde, ist von einem der Führer der Palmesaner Unterdrückung ausgegeben worden. Die volkstümliche Schätzung kommt zu einem wesentlich anderen Ergebnis. Aber lassen wir sie beiseite. Anfang März 1937, nach sieben Monaten Bürgerkrieg, zählte man dreitausend von diesen Morden. Sieben Monate sind zweihundertzehn Tage, das macht durchschnittlich fünfzehn Erschießungen pro Tag. Ich erlaube mir, daran zu erinnern, daß die kleine Insel leicht in zwei Stunden von einem Ende zum anderen zu durchmessen ist. Ein neugieriger Autofahrer hätte also gut die Wette eingehen können, pro Tag fünfzehn andersdenkende Köpfe springen zu sehen. Diese Zahlen sind Mgr., dem Bischof von Palma, nicht unbekannt.

Es fällt Ihnen natürlich schwer, das so zu lesen. Mir fällt es auch schwer, es zu schreiben. Noch schwerer ist es mir gefallen, es zu sehen und zu hören. Weniger vielleicht als Sie denken? ... Wir haben ausgehalten, meine Frau und ich, nicht aus Trotz, nicht einmal in der Hoffnung, sehr nützlich sein zu können – im ganzen vermochten wir so wenig –, sondern vielmehr aus einem tiefen Gefühl der

Solidarität heraus gegen tapfere Menschen, deren Zahl mit jedem Tag wuchs, denen unsere Hoffnungen, unsere Illusionen bekannt waren, die sich erbittert gegen den Augenschein gewehrt hatten und die am Ende unsere Befürchtungen teilten. Sie waren nicht frei, wir waren es. Ich denke an jene jungen Falangisten, an jene alten Priester – einer, der unvorsichtige Worte gesprochen hatte, mußte, mit der Pistole bedroht, einen Liter Rizinusöl herunterwürgen. Hätte ich dort unten mit linksgerichteten Leuten Umgang gehabt, so hätten ihre Proteste wahrscheinlich gewisse parteiliche Reflexe in mir ausgelöst, über die ich nicht immer Herr bin. Aber die Enttäuschung, die Traurigkeit, das Mitleid, die Scham sind ein viel engeres Band als die Empörung und der Haß. Matt erwacht man am Morgen, man geht aus, und da begegnet man auf der Straße, am Kaffeehaustisch, in der Kirchentür diesem oder jenem, von dem man bis dahin glaubte, daß er auf der Seite der Mörder stehe, und der einem plötzlich mit Tränen in den Augen sagt: „Es ist genug! Ich kann nicht mehr. Hören Sie, was sie nun wieder getan haben!" Ich denke an jenen Bürgermeister einer kleinen Stadt, dem seine Frau ein Versteck in der Zisterne eingerichtet hatte. Bei jedem Alarm kauerte sich der Unglückliche in eine Art Nische, die einige Zentimeter über dem schweigenden Wasser war. Dort zogen sie ihn mittem im Dezember mit schnatterndem Fieber heraus. Sie führten ihn auf den Friedhof und erledigten ihn mit einer Kugel in den Bauch. Als er nicht gleich sterben wollte, kamen seine Henker, die sich in der Nähe gütlich taten, ein wenig betrunken mit der Schnapsflasche in der Hand zurück. Sie stießen den Flaschenhals in den Mund des Sterbenden, und dann zerschlugen sie das leere Gefäß auf seinem Kopf. Ich wiederhole, daß diese Tatsachen allgemein bekannt sind. Ich habe kein Dementi zu fürchten. Ach, die Atmosphäre des Terrors ist nicht so, wie ihr sie euch vorstellt! Zunächst hat man den Eindruck eines riesigen Mißverständnisses, das alle Dinge verwechselt und das Gute und das Böse, die Schuldigen und Unschuldigen, die Begeisterung und die Grausamkeit zu einem unentwirrbaren Knäuel vermengt. Habe ich recht gesehen? ... Habe ich richtig verstanden? ... Man versichert euch, daß das aufhören wird, daß es zu Ende ist. Man atmet auf. Man atmet freier bis zum nächsten Massaker, das einem die Luft wieder benimmt. Die Zeit verrinnt ... sie rinnt ... Und dann? Was wollt ihr von mir hören? Priester, Soldaten, die rot und goldene Fahne – kein Gold zum Kaufen, kein Blut zum Verkaufen. – Es ist hart, mit sehenden Augen zu erleben, wie das, was man zu lieben geboren ist, sich selbst entwertet.

Man denke nicht, daß die Säuberung der Gefängnisse der Tätigkeit der Gruppen für die Säuberung in den Häusern plötzlich ein Ende gesetzt hätte, sie verlangsamte sie nur. Die abgelegenen Dörfer atmeten auf, da das Schlimmste von nun an in der unmittelbaren Umgebung von Palma vor sich ging. Doch das Ziel, das die militärische Führung verfolgte, nämlich den Skandal zu begrenzen, wurde deswegen doch nicht erreicht. Früher hatten die Verwandten der

Erschossenen nur einige Schritte zu gehen, um ihre Toten zu identifizieren. Jetzt bedurfte es dazu einer kostspieligen Reise und vieler Formalitäten, die besonders ekelhaft wurden durch die große Zahl der Ansuchenden und dadurch, daß die Register der Gefängnisse selten mit der Liste des Totengräbers übereinstimmten, was zu grauenhaften Verwechslungen Anlaß bot. Da die Massengräber ihre Geheimnisse nicht mehr hergaben, blieb den Familien als letztes nur ein Mittel übrig. Der wohlwollende Beamte erlaubte ihnen, in dem Kleiderhaufen zu wühlen und dabei zu versuchen, das Hemd oder die Unterhose des Toten zu entdecken.

Ich bemühe mich, dies alles ohne Phrasen niederzuschreiben. Ich will nichts hinzutun, etwa denen zuliebe, die glauben, ich könnte einfach die Tatsachen ohne Beweise oder auf bloßes Gerede hin vorbringen. Ich klage keine mehr oder weniger hypothetische Mafia an. Die berichteten Tatsachen sind allgemein bekannt. Von den meisten gutgeheißen, von einigen getadelt, wurden sie von niemandem in Zweifel gezogen. Ach, viele Seiten bräuchte man, um verständlich zu machen, warum man sie auf die Dauer nicht mehr als empörend empfand. Die Vernunft, die Ehre verwarf sie, das Gefühl war nur erstarrt und betäubt. Derselbe Fatalismus vereinte Opfer und Henker in der gleichen Erstarrung. Ja, der Bürgerkrieg hat mir wahrhaft Angst nur an dem Tage gemacht, an dem ich merkte, daß ich fast unbewußt, ohne Erbrechen, seine fade blutige Luft atmete. Daß Gott sich der Menschen erbarme!

ARTHUR KOESTLER

Der gebürtige Ungar, ein leidenschaftlicher Journalist, in den zwanziger Jahren Reporter der „Berliner Illustrirten" und Korrespondent des Ullstein-Verlags, emigrierte 1933 nach London. Nach Ausbruch des Bürgerkrieges geht er als Reporter des „News Chronicle" nach Spanien. Im Februar 1937 wird er in Málaga von der Front überrollt und befindet sich plötzlich auf der Franco-Seite. Er wird als „Spion" verhaftet und verbringt drei Monate als Todeskandidat in dem berüchtigten Gefängnis von Sevilla. Eine Protestwelle der britischen und französischen Presse sowie diplomatische Interventionen der britischen Regierung retten ihm das Leben. In seinem „Spanischen Testament" (1937) schildert Koestler die Situation des Gefangenen:

Drei Monate in der Todeszelle

Ich hatte während dieser beiden ersten Gefängnismonate in vollständiger Isolation gelebt. Jetzt erst, da ich Kontakt mit andern Gefangenen bekam, erfuhr ich, was rings um mich vorging. Ich erfuhr, daß in der Woche nach meiner Einlieferung siebenunddreißig Menschen auf dem großen Patio erschossen worden waren. In der letzten Februarwoche hatten keine Hinrichtungen stattgefunden; im März fünfundvierzig. Fast durchwegs Kriegsgefangene von den Fronten. Die Prozedur war bei allen die gleiche wie bei Nicolas.

Kein einziger wurde ohne Prozeß erschossen, das ist wahr. Aber diese Prozesse waren schändlicher als das formlose Niederknallen der Gefangenen unmittelbar nach dem Gefecht an der Front.

Bei sämtlichen Kriegsgefangenen, ausnahmslos, lautete die Anklage auf bewaffneten Aufstand, „Rebelión Militar". Ich weiß nicht, ob die von Franco ernannten Scheingerichtshöfe diese Formulierung für einen besonders gelungenen Witz hielten, oder ob sie sich des Aufstandsparagraphen bedienten, weil er der bequemste ist. Die Anklage bedeutete die denkbar zynischste Umkehrung der Fakten; die Gerichte waren illegal; das Verfahren war die Parodie eines Prozesses – aber die Urteile wurden vollstreckt.

Der Verlauf der sinistren Komödie war immer der gleiche. Die Verhandlung dauerte zwei, drei Minuten. Der, den sie den Staatsanwalt nannten, beantragte den Tod; immer und ausnahmslos. Der, den sie den Verteidiger nannten, beantragte „Lebenslänglich infolge mildernder Umstände"; immer und ausnahmslos. Dann wurde der Gefangene abgeführt; das Urteil erfuhr er nicht. Es wurde gefällt, sobald er aus der Tür war; es lautete auf Tod; immer und ausnahmslos. Das Militärgericht sandte das Urteil an den Befehlshaber der südlichen Streitkräfte, General Queipo de Llano. Die Abfertigung durch Queipo erfolgte listenweise. Zwanzig bis fünfundzwanzig Prozent der Verurteilten – je nach der Laune Queipos oder der Lage an den Fronten – wurden begnadigt. Die anderen erschossen.

Formell stand die letzte Entscheidung General Franco zu. In Fällen, wo internationale Komplikationen zu befürchten waren, wie bei dem meinigen, machte Franco mitunter von seinem Begnadigungsrecht Gebrauch. Für die Pobres und Humildes galt das nicht. Er bekam ihre Namenslisten gar nicht zu Gesicht. Nicolas wurde am vierten Tage nach der Verhandlung erschossen. Es ist technisch unmöglich, daß der Akt in drei Tagen vom Gericht zu Queipo de Llano, von Queipo zu Franco in Salamanca oder Burgos, und von dort zurück nach Sevilla gelangt sein konnte.

Von der Stunde an, da er das Militärgericht verlassen hatte, wurde der Verurteilte über sein Schicksal im ungewissen gelassen. War er zu dreißig Jahren begnadigt worden, dann wurde ihm das brieflich mitgeteilt – nach acht Tagen oder nach zwei Monaten oder nach einem Jahr. War das Todesurteil bestätigt, so erfuhr er es erst, wenn man ihn zur Hinrichtung abholen kam.

In der Zwischenzeit durfte er auf dem Patio fußballspielen, bockspringen und sich täglich an den Knöpfen abzählen, ob er in der betreffenden Nacht erschossen wird.

Es liefen auf dem Patio Leute herum, die seit vier Monaten auf ihre Hinrichtung warteten. Den Rekord hielt ein Kapitän der Miliz: viereinhalb Monate. Er wurde erst einige Tage vor meiner Entlassung erschossen.

Nicolas hatte Glück gehabt, daß es bei ihm so schnell ging.

Im März wurden fünfundvierzig erschossen.

In den ersten dreizehn Tagen des April gab es keine Hinrichtungen.

In der Nacht vom dreizehnten zum vierzehnten April wurden zur Feier der Republik siebzehn erschossen. Darunter Nicolas.

Zwei Nächte später, vom Donnerstag auf den Freitag, wurden acht erschossen. Das war das erste Mal, daß ich es hörte.

Es ging sehr gedämpft dabei zu. Vielleicht ist das der Grund, warum ich bis dahin nichts gehört hatte. Aber jetzt war ich auf der Lauer.

Ich wußte jetzt, daß die kritische Zeit zwischen Mitternacht und zwei Uhr früh ist. Einige Tage hindurch stand ich um Mitternacht auf und stand bis zwei Uhr früh Wache, das Ohr an die Tür gepreßt.

In der ersten Nacht, der Nacht nach Mittwoch, geschah nichts.

In der zweiten Nacht – – –

Es befällt mich immer noch eine leichte Übelkeit, wenn ich an jene Nacht denke.

Ich hatte vorher geschlafen und wachte kurz vor Mitternacht auf. In der tauben Stille des Gefängnisses, geladen mit den Alpträumen von dreizehnhundert schlafenden Männern, hörte ich die gemurmelte Litanei des Priesters und das gedämpfte Läuten der Meßglocke.

Dann wurde die Tür einer Zelle aufgeschlossen, die dritte links von mir, und ein Name wurde hineingerufen. Eine schläfrige Stimme fragte: Qué? – was ist los? – und der Priester räusperte sich und betete lauter und die Meßglocke läutete stärker.

Jetzt hatte der schläfrige Mann in seiner Zelle begriffen. Zuerst stöhnte er nur, dann rief er mit erstickter Stimme um Hilfe; ,,Socorro! Socorro!''

,,Mann, da gibt es keine Hilfe'', sagte der Wärter, der den Priester begleitete. Er sagte es weder freundlich noch feindselig; er stellte eine Tatsache fest. Eine Weile war der Mann, den sie zum Sterben holten, still; der nüchterne, sachliche Ton des Wärters hatte ihn zum Verstummen gebracht. Dann begann er zu lachen.

Arthur Koestler

Er lachte nicht laut und keineswegs theatralisch; er schlug sich nur mit den Händen auf die Knie und schluckte und kicherte. ,,Ihr macht ja bloß Spaß'', sagte er zum Priester. ,,Ich wußte es gleich, daß ihr bloß Spaß macht.''

,,Mann, das ist kein Spaß'', sagte der Wärter in dem gleichen trockenen Ton wie vorher.

Sie führten ihn ab.

Ich hörte ihn noch von draußen schreien. Die Salve kam erst einige Minuten später.

Inzwischen hatten Priester und Wärter die nächste Zellentür geöffnet – es war Nr. 42, die zweite zu meiner Linken. Und der Priester betete wieder und die Glocke läutete wieder. Der Mann auf 42 weinte und schnupfte durch die Nase wie ein Kind. Dann rief er nach seiner Mutter: ,,Madre, Madre!''

Und nochmals: ,,Madre, Madre!''

Der Wärter sagte: ,,Mann, warum hast du nicht vorher an sie gedacht?''

Sie führten ihn ab.

Sie gingen zur nächsten Tür. Mein Nachbar sagte nichts, als sie ihn riefen. Wahrscheinlich hatte er an der Tür gelauscht wie ich und war vorbereitet. Aber als der Priester das Gebet beendet hatte, fragte er halblaut: ,,Warum muß ich sterben?'' Der Priester antwortete mit einem Satz, sehr feierlich gesprochen, nur etwas eilig: ,,Glaub an Gott, Mann; der Tod bedeutet die Freiheit.''

Sie führten ihn ab.

Sie kamen zu meiner Zelle und der Priester schob den Riegel zurück. Ich sah ihn durch den Spion, ganz nahe. Er war ein kleiner schwarzer, speckiger Mann.

,,Diesen nicht'', sagte der Wärter.

Sie gingen zur nächsten Tür. Auch dieser war bereits wach. Er stellte keine Fragen. Während der Priester sein Gebet hersagte und mit der Meßglocke läutete, begann er leise die Marseillaise zu singen. Aber nach den ersten Takten brach seine Stimme, und auch er begann zu weinen.

Sie führten ihn ab.

Ringsherum war wieder alles still.

Und ich verstand, warum der Valutaschieber aus Gibraltar gesagt hatte, er und seine Freunde würden demnächst auf Nummer neununddreißig übersiedeln können.

Ich wachte in dieser Nacht wiederholt mit dem Gefühl auf, daß meine Pritsche zittere, als ob ein Erdbeben wäre. Dann merkte ich, daß es mein eigener Körper war, der von einem Nervenschock geschüttelt hin und her flog. Sobald ich aufwachte, wurde ich still; sobald ich einschlief, begann das Schütteln wieder. Ich dachte schon, der Schock werde bleiben wie bei den Kriegsschüttlern; aber ich hatte nur noch zwei Rückfälle in den kommenden Tagen, dann ging es vorbei.

Schlimmer erging es Carlos. Er hörte das gleiche, was ich gehört hatte. In der Nacht nach dem Freitag wurden neun erschossen, in der Nacht nach dem Samstag dreizehn. Wir hörten alles, vier Nächte hindurch. Montag früh wurde ich in die Zelle Carlos' gerufen: er lag bewußtlos auf dem Boden vor der Tür, Schaumblasen vor dem Mund, beide Füße steif und gelähmt.

Innerhalb von fünf Tagen hatten sie siebenundvierzig Menschen erschossen. Das war selbst für dieses Gefängnis ein Rekord; die Gesichter auf dem Patio waren grau, beim Fußballspiel gerieten sich zwei in die Haare und rissen sich ganze Strähnen aus. Die Wärter, die Nachtdienst hatten, schlichen am nächsten Morgen mit umränderten Augen über den Korridor, scheu und verstört. Sogar der Angelito, der Nacht für Nacht die Todeszellen zu öffnen hatte, kam eines Morgens mit verweinten Augen. „Wenn das so weitergeht", sagte er, „machen sie uns noch alle nieder."

Am besten hielten sich meine beiden Republikaner auf dem Siesta-Patio. Einmal, am Sonntag, als wir zum Fenster einer der Massenzellen emporsahen, wo einer ihrer Freunde täglich Punkt drei durchs Gitter zu winken pflegte, signalisierten seine Zellengefährten, daß es ihn die letzte Nacht erreicht hatte. Darauf mußte sich Byron übergeben; nachher zündete er eine Zigarette an und riß eine Zote.

Wenn wir vom Patio in unsere Zellen zurückgeführt wurden, wagten wir aus Aberglauben nicht „Hasta mañana" – „Bis morgen" zu sagen. Wir murmelten „Hasta ..." und schämten uns, daß wir so abergläubisch waren.

Einmal abends kam Don Antonio nach der Essensausteilung in meine Zelle zurück. „Warum ißt du so wenig?" fragte er. Ich sagte, ich hätte keinen Appetit. „Fürchtest du dich?" fragte er. Ich überlegte eine Weile, dann sagte ich „Ja". Er antwortete nicht, zuckte die Achseln, bot mir eine Zigarette an und machte die Zellentür vorsichtig zu, ohne sie ins Schloß zu werfen.

Carlos erzählte mir, aus der Zelle Johnnys habe man die Nacht vorher zwei herausgeholt. Johnny habe ihm erzählt, daß beide geweint hätten, und habe Witze gerissen, wie feige die Roten seien. Carlos hatte ihn gefragt, ob Johnny nicht selber Angst habe. Johnny sagte, er sei ja kein Roter. Einer der erschossenen Roten habe ihm tags vorher zwei Peseten geborgt, jetzt brauche er sie wenigstens nicht zurückzugeben.

Auch das gab es.

Ich fragte Carlos, ob er nachher weiter Johnny Freundschaft zu halten gedenke. Er sagte, er würde ihn am liebsten mit seinen nackten Händen erwürgen.

Wir waren mit solchen Ausdrücken sehr freigebig geworden. Der Tod ging um, er surrte uns wie eine lästige Fliege ums Gesicht. Wo man ging und stand, das Surren war nicht loszuwerden.

Man wurde nervös. Sehr nervös.

In der Nacht nach dem Samstag hörte ich noch einmal das gleiche Lachen, wie bei dem von Nummer dreiundvierzig.

Es wirkte bedenklich ansteckend; und ich wundere mich, daß alles so glatt abging.

Während ich am Sonntag auf dem Patio draußen war, beugte sich aus einem der Fenster der Massenzellen im zweiten Stock ein Kopf heraus – diese Zellen hatten keine Gitter. Der Mann hatte eine schwarze Mütze auf einem kleinen, häßlichen Kopf sitzen, er sah aus wie ein Jockey. Er rief herunter, ob einer Ungarisch könne.

Ich bin ungarischer Abstammung; das mußte sich im Gefängnis herumgesprochen haben.

Der Mann rief mir ungarisch zu, daß er gestern einen Brief bekommen habe, wonach er im Laufe der nächsten zwei Tage erschossen werde. Wenn ich je nach Ungarn zurückkomme, möge ich seine Familie verständigen.

Ich sagte, das sei Unsinn, niemandem werde vorher die Erschießung mitgeteilt.

Während ich mit dem Ungarn sprach, wagte ich nicht den Kopf nach oben zu drehen; wir standen mit Byron einander gegenüber und gestikulierten, damit der Dienstchef an seinem Fenster glauben sollte, wir unterhielten uns.

Der Ungar antwortete, er habe den Brief nicht verstanden, da er nicht Spanisch könne, aber seine Zellengefährten hätten ihm gesagt, darin stünde, daß er erschossen wird. Dann sagte er noch, aus der Nachbarzelle hätte man im letzten Monat fünfundzwanzig weggeführt. Ich fragte, wohin.

Er sagte: „Fragen Sie doch nicht so dumm. Wohin man alle Spanier führt. Auf die Schlachtbank."

Am nächsten Tag war der Ungar immer noch da. Er warf mir einen Brief an seine Frau herunter. Ich wagte wieder nicht, zu ihm hinaufzuschauen; man hatte mich gewarnt: in der Barbierstube, deren Fenster gleichfalls auf den Patio gingen, saßen Leute, die alles, was sie sahen, dem Dienstchef denunzierten.

In den nächsten Tagen bekam ich wiederholt Zettel aus den Fenstern zugeworfen, die mich vor Spionen warnten. Einige warnten vor Carlos, dessen Hakenkreuz allen aufgefallen war. Einer der Zettel lautete: „Gib acht, Ausländer, hier gibt es Spione, die ihr Leben retten wollen, indem sie andere ans Messer liefern."

Die Zettel fielen zu kleinen Kugeln geballt, oder zusammengerollt und mit einer Schnur umwickelt, von oben herunter. Wenn wir einen Zettel am andern Ende des Hofes herunterfallen sahen, schlenderten zwei von uns hinüber, blieben stehen, unterhielten sich, ließen schließlich eine Zigarette oder ein Buch fallen, um ihn unbemerkt aufheben zu können. Dann wurde der Zettel in der Hosentasche auseinandergefaltet, ins Buch hineingelegt. Dann setzte man sich mit dem Rücken zur Mauer und las – scheinbar das Buch, in Wirklichkeit den Zettel.

Tags darauf war der Ungar immer noch da. Er warf mir einen neuen Abschiedsbrief an seine Frau zu.

Fünf Tage lang tauchte sein Kopf Punkt zwei am Fenster auf, und ein neuer Abschiedsbrief an seine Frau fiel herunter. Am sechsten Tag erschien einer seiner Zellengenossen hinter ihm, schnitt eine Grimasse und tippte sich an die Stirn. Uns begann etwas zu dämmern.

Des Rätsels Lösung erfuhren wir dann via Johnny–Carlos. Der Ungar war ein Freiwilliger aus der Fremdenlegion Francos, der wegen eines gemeinen Deliktes im Gefängnis war. In seiner Zelle saßen fünf zum Tode verurteilte republikanische Milizianos. Drei von ihnen wurden in der betreffenden Woche erschossen. Es war kein erhebendes Gefühl für sie, die Zelle mit dem Feind zu teilen. Noch dazu mit der verhaßtesten Sorte von Feind: mit dem ausländischen Söldner; und vor seinen Augen zum Sterben geführt zu werden. Der Mann aus der Fremdenlegion konnte kein Spanisch. Als er von der Behörde ein Schreiben mit irgendeiner dienstlichen Mitteilung erhielt, redeten sie ihm ein, er werde erschossen. Sie wollten die Genugtuung haben, daß auch er fühle, wie das Warten auf den Tod schmeckt. Nach einer Woche hatten die beiden Überlebenden sein Gejammer satt und klärten ihn auf. Kurz darauf wurde er in Freiheit gesetzt.

Carlos fragte mich, was ich über das Verhalten der Milizionäre dächte. Ich sagte, daß ich ihre Handlungsweise für durchaus verdammenswert halte und daß ich an ihrer Stelle genauso gehandelt hätte.

Von Dienstag auf Mittwoch wurden siebzehn erschossen.

Von Donnerstag auf Freitag wurden acht erschossen.

Von Freitag auf Samstag wurden neun erschossen.

Von Samstag auf Sonntag wurden dreizehn erschossen.

Ich riß mir Streifen von meinem Hemd ab und stopfte sie mir in die Ohren, um Nachts nichts zu hören. Es nützte nichts. Ich zerschnitt mir mit dem Glassplitter das Zahnfleisch, behauptete, Zahnfleischblutungen zu haben, um jodgetränkte Watte zu bekommen. Die Watte steckte ich mir in die Ohren; es nützte auch nichts.

Unser Gehör nahm übernatürliche Schärfe an. Wir hörten alles. Wir hörten in den Nächten der Erschießungen um zehn Uhr abends das Telefon im Büro läuten. Wir hörten den diensthabenden Wächter sich melden. Wir hörten, wie er in kurzen Abständen wiederholte: desgleichen ... desgleichen ... desgleichen ... Wir wußten, es war die Staatsanwaltschaft, die die Liste der in dieser Nacht zu Erschießenden durchgab. Wir wußten, daß der Wärter vor jedem „desgleichen" einen Namen niederschrieb. Aber wir wußten nicht, ob die unsern dabei waren.

Das Telefon läutete immer um zehn. Dann hatte man bis Mitternacht oder bis eins Zeit, auf seiner Pritsche zu liegen und zu warten. Jede Nacht machte man die Bilanz seines Lebens, und jede Nacht fiel sie ungünstiger aus.

Um zwölf oder eins hörten wir dann den schrillen Klang der Nachtglocke. Das war der Priester mit dem Peloton. Sie kamen immer zusammen.

Dann begann es. Das Öffnen der Türen, das Läuten der Meßglokke, das Beten des Priesters, die Hilferufe und die Schreie nach der Mutter.

Es kam näher auf dem Korridor, es entfernte sich, es kam näher, es entfernte sich. Jetzt waren sie bei den Nachbarzellen; jetzt waren sie auf dem anderen Flügel; jetzt kamen sie zurück. Am deutlichsten war immer die Stimme des Priesters. „Herr, erbarme Dich dieses Mannes, Herr, verzeihe ihm seine Sünden, Amen." Wir lagen auf unsern Pritschen und klapperten mit den Zähnen.

Von Dienstag auf Mittwoch wurden siebzehn erschossen.

Von Donnerstag auf Freitag wurden acht erschossen.

Von Freitag auf Samstag wurden neun erschossen.

Von Samstag auf Sonntag wurden dreizehn erschossen.

Sechs Tage sollst du arbeiten, sprach der Herr, am siebenten, dem Sabbat, sollst du ruhen.

Von Sonntag auf Montag wurden drei erschossen.

ANTOINE DE SAINT-EXUPÉRY

Der empfindsame französische Dichter und Kampfflieger (gefallen 1944) besuchte Spanien als Sympathisant der Republikaner. In seinem Bericht „Blutendes Spanien" (1936) schlägt sich die Erschütterung über die Erbarmungslosigkeit dieses Krieges nieder.

Man reinigt sich von Keimträgern

Seine anarchistischen Führer haben mich also begleitet. Hier ist der Verladebahnhof für die Truppen. Wir müssen dort hinunter, um sie zu erreichen, weit fort von den Bahnsteigen, die für zärtliche Abschiede gebaut sind, hinein in eine Wüste von Zeigern und Signalmasten. Und im Regen tappen wir im Labyrinth der Ausweichgleise umher. Wir kommen an vergessenen Ansammlungen schwarzer Waggons vorüber, wo schweißfarbene Planen starre Formen umhüllen. Diese Aufmachung, der nichts Menschliches mehr eigen ist, bestürzt mich. Eisenkonstruktionen haben nichts Wohnliches an sich. Ein Schiff wirkt lebendig, wenn ihm der Mensch mit seinen Pinseln, seinen Ölfarben immer wieder einen falschen Glanz anmalt. Doch nach vierzehntägiger Verwahrlosung sind das Schiff, die Fabrik, die Eisenbahn wie ausgelöscht und nehmen ein totes Aussehen an. Nach sechstausend Jahren glühen die Steine eines Tempels noch vom Vorüberzug des Menschen, doch es braucht nur etwas Rost, eine Regennacht, und schon kommt mir diese Bahnhofslandschaft abgenutzt und fadenscheinig vor.

Da sind unsere Leute. Sie verladen ihre Kanonen und Maschinengewehre auf den Plattformwagen. Sie verrenken sich das Kreuz und kämpfen, unter dumpfen „Hopp"-Rufen, gegen diese unförmigen, entfleischten Insekten, diese Packen mit Rückenpanzern und Wirbelknochen.

Und die Stille überrascht mich. Kein Lied, kein Schrei. Höchstens dröhnt zuweilen eine Stahlwand hohl, wenn eine Lafette hinfällt. Und ich höre keine menschlichen Stimmen.

Keine Uniform. Diese Männer werden sich in ihren Arbeitskleidern umbringen lassen. Die Kleider sind schwarz, schlammverkrustet. Die Kolonne, die sich um ihren Eisenkram abmüht, gleicht den Insassen eines Nachtasyls.

Und mich befällt ein Unbehagen, das ich schon vor zehn Jahren in Dakar zu spüren meinte, als das Gelbfieber über uns kam …

Der Abteilungsführer spricht ganz leise mit mir, er sagt abschließend:

„Und wir fahren nach Zaragoza …"

Warum spricht er ganz leise mit mir? Es herrscht hier eine Krankenhausatmosphäre. Ja, das empfand ich deutlich ... Ein Bürgerkrieg ist kein Krieg, sondern eine Krankheit ...

Diese Männer nehmen nicht eroberungstrunken an einem Sturmangriff teil, sondern kämpfen stumpf gegen eine Ansteckung an. Und im Gegenlager steht es zweifellos ebenso. Es geht bei diesem Kampf nicht darum, den Feind aus dem Lande zu jagen, sondern ein Übel zu heilen. Ein neuer Glaube gleicht der Pest. Er befällt einen innerlich. Es verbreitet sich im Unsichtbaren. Und die Männer jeder Partei wissen sich auf der Straße von Pestkranken umgeben, die sie nicht zu erkennen vermögen.

Deshalb entfernen sich diese Menschen schweigend mit ihren Betäubungsinstrumenten. Sie haben nichts gemein mit jenen Regimentern nationaler Kriege, die auf Wiesen wie auf einem Schachbrett aufgestellt sind und von Strategen gelenkt werden. In einer Stadt, in der alles drunter und drüber geht, haben sie sich schlecht und recht zusammengefunden. Barcelona, Zaragoza weisen so ziemlich die gleiche Mischung auf: Kommunisten, Anarchisten, Faschisten ... Und sogar die Menschen, die sich aneinanderklammern, sind vielleicht mehr voneinander unterschieden als von ihren Gegnern. Im Bürgerkrieg steht der Feind drinnen, man schlägt sich nahezu mit sich selber herum.

Saint-Exupéry

Und gewiß nimmt dieser Krieg deshalb so schreckliche Formen an: man erschießt mehr, als daß man kämpft. Der Tod erfüllt hier die Funktion einer Isolierabteilung im Lazarett. Man reinigt sich von den Keimträgern. Die Anarchisten machen Hausbesuche und laden die der Ansteckung Verdächtigen auf ihre Karren. Und auf der anderen Seite der Schranke konnte Franco das furchtbare Wort aussprechen: „Hier gibt es keine Kommunisten mehr!" Die Aussiebung geschah wie durch einen Rechnungshof, die Aussiebung geschah wie durch einen Generalstabsoffizier ...

Ein Mann, der sich für eine soziale Aufgabe ausersehen hielt, stellte sich vor: mit seinem Glauben, seinen fiebernden Augen ...

„Dienstuntauglich auf Lebenszeit!"

Mit Kalk oder Benzin verbrennt man die Toten auf den Rieselfeldern. Es gibt keine Ehrfurcht vor dem Menschen. In jeder Partei hat man, wie einer Krankheit, seinen Gewissensregungen nachgespürt. Warum sollte man seine sterbliche Hülle achten? Und man denkt nicht einmal daran, diesen Leib zu begraben, den jugendliche Keckheit beseelte; der zu lieben, zu lächeln und sich zu opfern wußte.

Und ich denke daran, wie bei uns dem Tode Achtung erwiesen wird. Und ich denke an das weiße Sanatorium, in dem das junge Mädchen sanft inmitten seiner Lieben erlischt, die sein letztes Lächeln, seine letzten Worte wie einen unschätzbaren Schatz empfangen. Und wahrhaftig wird sich diese individuelle Vollendung nie mehr wiederherstellen lassen. Nie wird man genauso wieder dieses Lachen hören, diesen Tonfall der Stimme, die Eigenart der flinken Antworten. Jeder Mensch ist ein Wunder. Und zwanzig Jahre lang spricht man von den Toten ...

Hier wird der Mensch lediglich an eine Mauer gepreßt, damit er seine Eingeweide auf Steinen los wird. Man hat dich eben erwischt. Man hat dich erschossen. Du dachtest nicht so wie unsereins …

Ja, nur diese nächtliche Abfahrt im Regen ist der Wahrheit solch eines Krieges angemessen. Diese Männer umringen mich und blikken mich an, und aus ihren Augen lese ich einen gewissen, etwas traurigen Ernst heraus. Sie wissen, welches Los sie erwartet, wenn man sie gefangennimmt. Mich fröstelt. Und auf einmal bemerke ich, daß keine einzige Frau zu diesem Abschied zugelassen wurde. Und auch dieses Fernbleiben kommt mir vernünftig vor. Was haben diese Mütter hier zu suchen, die doch nicht wissen, wenn sie gebären, was für ein Abbild der Wahrheit später ihren Sohn entflammen wird und was für Parteigänger ihn, im Einklang mit ihrer Gerechtigkeit, erschießen werden, sobald er zwanzig ist!

DIE ARENA DES KRIEGES

Der Spanische Bürgerkrieg, regellos wie alle Bürgerkriege, trug in mancher Hinsicht surrealistische Züge. Die Hauptstadt Madrid lebte fast drei Jahre lang unter der Belagerung Francos – man konnte mit der Straßenbahn an die Front fahren. Die Front selbst wurde in der ersten Phase von untrainierten Arbeitermilizen gehalten, denen auf der anderen Seite marokkanische Kolonialtruppen gegenüber lagen. In anderen Abschnitten kämpften Deutsche gegen Deutsche, Italiener gegen Italiener. Das Sterben freilich war überall gleich. Hinter dem Pathos und der Leidenschaft dieses Krieges wartete der hunderttausendfache Tod auf dem Schlachtfeld oder in den Straßen der Städte: Metallsplitter dringen in weiche Körper, Blut versickert in der Erde, Menschen sterben in Einsamkeit.

LOUIS DELAPRÉE

Der Korrespondent des französischen Massenblattes ,,France-Soir" schrieb 1936 diese Reportage über das Leben im belagerten Madrid. Er stürzte kurz darauf mit dem Flugzeug über Spanien ab.

Belagertes Madrid

Der Dunst über Madrid ist so dick, daß man ihn mit einem Messer schneiden könnte. Wir sehen den Himmel nicht, aber vom Himmel aus können sie uns sehen.

Ein Summen, ein Rauschen, ein Grollen, in einem eindrucksvollen Crescendo; es sind die Flugzeuge der Rebellen. In dieser Dunkelheit können die Abfangjäger der Regierung sie nicht verfolgen. Wir sind schutzlos. Über uns hören wir dieses tiefe und musikalische Vibrieren, die Sendboten des Todes.

Einige unterdrückte Detonationen, dann wieder andere. Es zerreißt uns das Herz.

Fensterscheiben ächzen leise in der Hitze.

Fenster öffnen sich unter einer unsichtbaren Druckwelle.

Und dann all die Geräusche, die uns bald vertraut sein werden: die stampfenden Schritte der Flüchtlinge, die schrillen Sirenen der Krankenwagen, welche die Verwundeten wegfahren, das Schluchzen der Frauen, die ihre Gesichter neben uns in ihren Taschentüchern verbergen, die auf und ab gehenden Männer, die die Hacken zusammenknallen, um sich beim Gehen selbst zu vergewissern, daß sie keine Angst haben.

Und über all dem Geräusch des Herzens, das immer schneller und schneller schlägt.

Die ersten Bomben verwüsten das Provinzhospital und das San Carlos-Krankenhaus.

Die alten Männer, deren Kraft noch nicht völlig dahin ist, rennen aus den Schlafsälen, drängeln sich auf den Treppen, schlurfen gebückt in den Kellergewölben, kämpfen mit all ihrer schwächer werdenden Kraft wie wild um ,,die besten Plätze". Die Invaliden und Kranken lassen sich auf den Fußboden fallen und verstecken sich unter den Betten. Fünf oder sechs von ihnen wird man am nächsten Morgen am gleichen Platz finden; sie sind wahnsinnig geworden. Man muß sie mit Gewalt aus diesen lächerlichen Zufluchtsorten herausziehen.

Unterdessen regnen die Bomben weiter auf das Stadtviertel zwischen dem Cortes-Platz, dem Atocha-Bahnhof und der León-Straße.

In der San Agustín-Straße ist ein Haus vom Dachboden bis zum Keller von einer Bombe durchschlagen worden – so wie der Vorschneider eines Pfluges Ackerboden durchschneidet. Das Haus steht sofort in Flammen. Das Feuer springt auf das gegenüberliegende Haus über.

Ist auch das Palace-Hotel, in dem eintausend Verwundete Unterschlupf gefunden haben, getroffen worden? Ich weiß es nicht. Aber um das Hotel herum zeichnen vier Einschlagstellen von Bomben eine geometrische Figur. Die Wucht der Explosion hat einen Zentimeter dicke Fensterscheiben zerbersten lassen. Wie im San Carlos-Krankenhaus werfen Männer sich unter ihre Betten und versuchen so zu entkommen. Wundverbände lockern sich, Wunden reißen wieder auf.

Auf das Dach der französischen Botschaft in der Villalar-Straße fällt eine Brandbombe. Zum Glück kann sie noch rechtzeitig gelöscht werden. Um die Botschaft herum aber brennen sämtliche Gebäude wie Fackeln. Um fünf Uhr morgens steht die Straße immer noch in Flammen.

Eine schreckliche Verwirrung erfüllt die Nacht, die von tödlichen Feuersbrünsten erhellt wird. Beim Gehen stolpert man überall über Trümmer. Man stößt mit Verwundeten zusammen, die im Lichtschein des Feuers ihr Blut betrachten, das auf den Asphalt fließt.

Louis Delaprée

An der Kreuzung Calle de Alcalá und Gran Vía umklammert plötzlich eine Hand mein Bein. Ich mache mich frei und zünde ein Streichholz an. Ich beuge mich über das menschliche Wesen, das sich wie ein Ertrinkender an mich geklammert hat. Es ist eine junge Frau. Sie ist bereits vom nahenden Tod gezeichnet. Ich weiß nicht, wo sie verwundet worden ist, aber ihr Morgenrock ist blutgetränkt und rot. Sie murmelt: „Sehen Sie! Sehen Sie doch, was sie getan haben." Und ihre Hand macht eine vage Geste. Noch ein Streichholz.

„Sehen Sie! Sehen Sie doch ..."

Die blutlose Hand versucht noch immer, mir etwas zu zeigen. Zunächst denke ich, es ist die Blutlache, die sich auf dem Straßenpflaster ausbreitet.

„Sehen Sie ..."

Ich bücke mich und entdecke auf den Glassplittern den zermalmten Leichnam eines kleinen Kindes.

Die Hand, weiß wie Marmor, ruft den Himmel zum Zeugen an und fällt wieder zu Boden.

Noch ein Streichholz. Mein Genosse Flash vom „Journal", der zu mir gekommen ist, beugt sich wie ich über die Verwundete: „Sie ist tot", sagt er.

Es stimmt. Ihr letzter Seufzer und eine Zuckung haben ihren Morgenmantel durcheinandergebracht. Eine scheußliche Wunde, die vom Messer eines Sadisten verursacht sein könnte, hat den Körper von der linken Brust bis zur rechten Hüfte aufgeschlitzt.

Ein Krankenwagen fährt langsam vorbei. Wir halten ihn an. Ein Mann tritt zu uns. Der Lichtstrahl einer Taschenlampe erhellt den Leichnam. „Tot", sagt der Mann kurz. „Wir werden sie morgen abholen. Erst kommen die Verwundeten."

Jetzt entdeckt er den Leichnam des Kindes, der auf dem Bürgersteig liegt und Gefahr läuft, ein zweites Mal zerquetscht zu werden.

Die Hände des Krankenwagenfahrers entfernen behende die zerbrochenen Glasstücke, heben den kleinen Leichnam auf und legen ihn der Frau ans Herz, dicht neben ihre rechte, unversehrte Brust. Ein letztes Aufblitzen der Taschenlampe zeigt uns den kleinen, kindlichen Kopf auf dem Herzen der Mutter, und dann wird alles wieder dunkel.

Eine ganze Stadt ist voller Szenen wie dieser; voller ähnlicher Anblicke, die voller Entzücken von einem entsetzlichen Genius erfunden zu sein scheinen, von einem weltbeherrschenden Totenbeschwörer. Ich habe diese Szene ein wenig ausführlicher geschildert, weil es die erste dieser Art war, mit der ich in Berührung kam. Dies war nicht mehr das abstrakte Bombardement ohne Leichen, dem ich wie jeder andere in dieser gequälten Stadt aus dem Weg ging, sondern die nackte Realität dieses Gemetzels.

Wie sollte ich das Bild von diesem Kind vergessen, das tot auf der Brust einer toten Frau lag, inmitten einer Lache geschwärzten Blutes?

Der nächste Tag war schlimmer. Diese Nacht war nur eine Generalprobe gewesen.

Die Flugzeugstaffeln des Feindes erschienen um drei Uhr morgens. (Die Stadt Madrid war immer noch dabei, ihre Verwundeten zu verbinden und ihre Toten zu zählen.) Um sieben und acht Uhr morgens sowie um halb vier nachmittags kommen sie wieder. Sie haben gute Arbeit geleistet. Sämtliche zentralen Stadtteile sind mit sorgfältig dosierten Bombenteppichen belegt worden. Der San Miguel-Markt, das Rotkreuzkrankenhaus, die Marqués Urquijo-Avenue liegen in Trümmern. Überall explodieren Bomben: bei Martín de los Hijos und in der San Marcos-Straße hat man schon mehr als dreihundert Tote gezählt.

Das Bombardement aus der Luft hält man auf der anderen Seite ohne Zweifel für ungenügend: Jetzt wird die Stadt auch von Artillerie beschossen.

In der Zentrale der Telefongesellschaft, die sich wie ein amerikanischer Wolkenkratzer fünfzehn Stockwerke über Madrid erhebt, und zwei anderen Gebäuden, den letzten Beispielen des spanischen Barocks, schlagen sechs 75-Millimeter-Granaten ein. Wie durch ein Wunder explodiert keine von ihnen. In der großen Halle landet ein 155-Millimeter-Geschoß, aber auch diese Granate explodiert nicht.

Das Gebäude erzittert wie nach einem Erdstoß, aber niemand bewegt sich. Die Mädchen in der Telefonzentrale stecken weiter ihre Stecker, die Reporter telefonieren weiter mit London oder Paris.

Unglücklicherweise kann im Rest der Stadt von Artilleriegeschossen solch minderer Qualität keine Rede sein. Überall zerbersten krachend die Geschosse, bringen Gebäude zum Einsturz und erschlagen Menschen. Die Besatzungen der Krankenwagen gönnen sich keinen Moment lang Ruhe. Sie fahren unbeirrt durch die Straßen, laden neue Verwundete und Leidende auf, sobald sie eine Fuhre im nächsten Krankenhaus abgeliefert haben.

Aber dann bricht die Nacht an. Es beginnt das große Gemetzel, das Entsetzen, die Apokalypse. Die mordenden Flugzeuge nehmen am Himmel beständig neue Stellungswechsel vor und werfen abwechselnd Sprengbomben, Brandbomben und Torpedos ab.

An der Puerta del Sol am Ende der Calle de Alcalá fällt eine Bombe in einen der Eingänge zur U-Bahn, zerfetzt die Treppe und reißt einen fünfzehn Meter tiefen Krater auf. In der Carrera de San Jerónimo gähnt entlang der gesamten Straße ein Abgrund. Von zwanzig Brandherden aus frißt sich das Feuer immer tiefer in die Stadt hinein.

Zu Beginn des Bombardements befinde ich mich zufällig mit zwei Genossen in der Nähe des kleinen Carmen-Marktes. In unserer Nähe schlagen drei Bomben ein, zwei davon Brandbomben. Wir suchen kauernd in einem Hauseingang Schutz und sehen, wie die kleinen Stände und Bretterbuden auf dem Markt Feuer fangen. Die Flammen erleuchten die desperate Flucht von Männern, Frauen und Kindern.

Wir nutzen eine Bombenpause von wenigen Minuten und rennen zur „Telefónica", der Telefonzentrale.

Von diesem großartigen Aussichtspunkt aus bietet sich uns ein Anblick von unsäglichem Entsetzen. Auf die Gran Vía bewegt sich von allen Seiten her ein Flammenmeer mit majestätischer Langsamkeit zu. Wir sehen, wie die Häuser zunächst auf den Dächern Feuer fangen und dann bis auf die Grundmauern niederbrennen und in einem Funkenregen und aufflackernden Flammenzungen in sich zusammensinken. Bei einigen brennenden Häusern bleiben die Außenmauern stehen; diese hoch aufragenden und düsteren Hausskelette werden durch den Widerschein des Feuers erleuchtet, das in der Nachbarschaft sein Zerstörungswerk fortsetzt.

Die Feuerwehrleute haben es längst aufgegeben, diese Tausende kleiner Feuer mit Wasser zu bekämpfen. Andererseits machen ihnen die Flugzeuge des Feindes ihre Aufgabe so gut wie unmöglich. Die Maschinen fliegen in niedriger Höhe über die größten Feuer hinweg, und wenn die Piloten sehen, daß die Löschmannschaften bei der Arbeit sind, lassen sie zwei oder drei Bomben fallen, um diesen Feuerwehrleuten eine Lektion zu erteilen, die den Ehrgeiz haben, ihre Pflicht zu tun. Ein Dutzend dieser tapferen Männer, die den Versuch machten, das brennende Savoy-Hotel zu erreichen, werden so auf ihren Leitern getötet und fallen in die Flammen.

Wir können nichts tun. Wir müssen das Ende dieses Regens mörderischer Meteore abwarten, bis die Toten und Verwundeten zahlreich genug sind, den Blutdurst der Götter General Francos zu stillen.

Auf den Straßen laufen dreihunderttausend schutzsuchende Menschen herum. Mütter laufen zu ihrem brennenden Stadtviertel zurück, zu einem zerbombten und zusammengefallenen Haus, um nach einem Kind zu suchen, das jetzt – obwohl sie es nicht wissen – nicht mehr ist als ein kleiner Haufen Asche; vor Angst wahnsinnige Kinder rufen nach einer Mama, die unter den Ruinen gerade verkohlt ist. Ein ganzes Volk sucht Schutz vor dem Zorn des Himmels und findet ihn nicht. Von dieser Nacht an beginnen die Madrider in ihrer im Stich gelassenen Stadt wie verloren herumzulaufen; man sieht sie überall mit ihren Matratzen, ihren Weckern, ihren resignierten Seelen, ihren zahlreichen hungrigen und verängstigten Kindern; sie scheinen sich im Kreis zu drehen, unfähig, dem Entsetzen zu entfliehen.

Madrid brennt fünfzehn Stunden lang. Danach ist das Feuer erschöpft. Wir haben einen Tag Ruhe. In der folgenden Nacht, dem achtzehnten, um 2 Uhr 30 beginnt die Schlächterei von neuem; die Feuersbrünste brechen wieder aus, die Hölle hat uns wieder.

Aber was hat es für einen Sinn, noch länger bei der Beschreibung dieses Martyriums der Stadt Madrid zu verweilen, weiter die Orte aufzuzählen, an denen Bomben gefallen sind, diese Massenmorde zu beschreiben? Das Entsetzen wird monoton.

Bevor ich schließe, möchte ich nur fünf kleine Anregungen zum Nachdenken geben:

1. Das Bombardement hat schon jetzt etwa zweitausend Nichtkombattanten getötet.
2. Innerhalb der Stadtviertel, die am meisten zu leiden hatten, befand sich kein einziges militärisches Zielobjekt.
3. Niemand – ich wiederhole: niemand – hat gesehen, wie jene berühmten Flugblätter abgeworfen worden sind. Es ging das Gerücht, die Flugzeuge der Rebellen hätten mit diesen Flugblättern die Bevölkerung warnen wollen, sie solle im Stadtviertel Salamanca Schutz suchen.
4. Dieses Stadtviertel, das schon jetzt überfüllt ist, kann jetzt nicht mehr als zwanzigtausend weitere Menschen aufnehmen. Im Augenblick befinden sich aber eine Million Menschen in Madrid.
5. Die Keller, Luftschutzräume und andere unterirdische Zufluchtsorte, die ein Minimum an Schutz bieten, können nur etwa einhunderttausend Personen fassen. Im Augenblick befinden sich aber eine Million Menschen in Madrid.

Der Tod hat daher leichte Beute.

Christus hat gesagt: Vergib ihnen, denn sie wissen nicht, was sie tun.

Ich meine, daß wir nach dem Massaker an Unschuldigen in Madrid sagen müssen: Vergib ihnen nicht, denn sie wissen, was sie tun.

ERNEST HEMINGWAY

Der amerikanische Schriftsteller und Journalist schrieb das große Epos des Spanischen Bürgerkrieges, den Roman „Wem die Stunde schlägt“. Von allen Literaten, die diesen Krieg beschrieben, besaß er wohl die innigste, im Grunde unpolitische Beziehung zu Spanien. Lange vor dem Krieg hatte er das Land seiner Träume gefunden. Im Stierkampf spiegelte sich für ihn die Seele dieses alten, ewig jungen Volkes – das Leben, ein Spiel mit dem Tod. Bei Ausbruch des Bürgerkrieges kehrte Hemingway als Reporter nach Spanien zurück. Er blieb mit Unterbrechungen bis 1938 dort, als die Front in Katalonien zusammenbrach. Nachfolgend zwei typische Kurzreportagen aus verschiedenen Phasen des Bürgerkrieges, zuerst veröffentlicht 1938 in der englischen Monatszeitschrift „Fact“.

Eine neue Art Krieg

NANA-Depesche: 14. April 1937

MADRID. – Das Hotelfenster steht offen, und vom Bett aus hören Sie das Schießen, siebzehn Blocks weit von der Front her. Das Gewehrfeuer hält die ganze Nacht an. Die Gewehre machen takrong – kapong – krang – takrong – und dann fällt ein Maschinengewehr ein. Es hat ein größeres Kaliber und das Rong – kararong – rong – rong ist viel lauter. Später kommt ein Granatwerfer dazu, und dann ein Feuerstoß aus dem Maschinengewehr. Sie liegen da und hören das alles, und Sie sind fein heraus, daß Sie im Bett liegen, die Beine ausgestreckt und die Füße gegen den Bettpfosten gestemmt, der langsam warm wird. Das ist besser jetzt als Carabanchel oder das Universitätsviertel. Sie hören unten auf der Straße einen Mann singen. Dann streiten sich drei Betrunkene, und dann schlafen Sie ein.

Am Morgen weckt Sie eine Granate. Sie explodiert, noch ehe der Portier Sie weckt, und Sie gehen ans Fenster und sehen hinaus und sehen einen Mann wie verrückt rennen, quer über den gepflasterten Platz hinweg, mit hochgeschlagenem Mantelkragen, den Kopf eingezogen. In der Luft ist der säuerliche Geruch von Sprengstoff, den Sie eigentlich nie wieder hatten riechen wollen, und Sie rasen das marmorne Treppenhaus hinunter, in Pantoffeln und Bademantel, und rennen ums Haar in eine Frau hinein. Sie ist vierzig oder fünfzig, und zwei Männer in Monteuranzügen helfen ihr ins Hotel. Sie hat etwas abbekommen. Sie hält die Hände überkreuz auf den Leib gepreßt, auf diesen altmodischen spanischen Altweiberbusen, den sie hat, und zwischen ihren Fingern rieselt Blut hervor. Zwanzig Schritt weiter, an der Straßenecke, liegen ein Haufen Schutt und

Betonsplitter, und Erde ist hochgeworfen, und ein Toter liegt da, allein, die Kleider in den Schmutz gezerrt, und aus dem Granattrichter im Gehsteig steigt es wie Hitzeflimmern in den kalten Morgen. Dort ist das Hauptrohr der Gasleitung getroffen.

Sie fragen den Polizisten, wie viele Tote es gegeben hat.

,,Nur den einen", sagt er. ,,Die Granate schlug durchs Trottoir und ist drunter erst hochgegangen. Wenn sie schon im Beton explodiert wäre, hätten's gut fünfzig sein können."

Ein Polizist deckt den Toten zu. Er deckt zu, wo der Kopf gewesen ist. Jemand wird losgeschickt, damit sie kommen und das Gasrohr reparieren, und Sie gehen zum Frühstück. Eine verheulte Reinmachfrau schrubbt das Blut vom Marmorfußboden in der Hotelhalle. Der Tote waren nicht Sie und auch keiner, die Sie gekannt haben, und nach dem langen Tag gestern und der kalten Nacht an der Front, oben bei Guadalajara, hätte jeder Hunger.

,,Haben Sie ihn gesehen?" fragt jemand beim Frühstück.

,,Ja", sagen Sie.

Ernest Hemingway

,,Das ist die Stelle, wo wir jeden Tag zehnmal vorübergehen. Genau die Ecke ist es."

Jemand macht einen Witz über einen ausgefallenen Zahn, und jemand anderes sagt, er solle keine Witze machen. Und jeder weiß im stillen, daß das typisch ist für diesen Krieg, dieses: ,,Schließlich bin *ich* es doch nicht, verstehn Sie nicht? Nicht ich bin's."

Die toten Italiener, oben an der Guadalajara-Front, das waren Sie auch nicht, obgleich Ihnen tote Italiener immer wie Ihre eigenen Gefallenen vorgekommen sind. Es liegt daran, daß Sie einmal an ihrer Seite gestanden haben, als Sie noch jung waren. Nein, Sie fahren frühmorgens mit einer elenden kleinen Kiste an die Front und mit einem elenden kleinen Chauffeur, dem immer mieser wird, je näher Sie der Front kommen, und nachts kommen Sie zurück, spät mitunter, ohne Licht, und die großen Lastwagen röhren vorbei, und dann liegen Sie in Ihrem Bett, und das Bett ist frisch bezogen und steht in einem guten Hotel, und Sie bezahlen einen Dollar pro Tag für die besten Zimmer, die nach dem Platz hinausgehen. Die kleineren Zimmer auf der Rückseite sind etwas geschützter gegen Granattreffer und kosten bedeutend mehr, und nach dem Treffer auf dem Gehsteig vor dem Hotel bekommen Sie das wunderbare Eckzimmer mit den beiden Nischen, das doppelt so groß ist wie Ihr altes, und bezahlen noch nicht einmal einen Dollar. Schließlich hat es doch mich nicht erwischt, nicht wahr? Nein, nicht mich. Und jetzt erwischt es mich auch nicht.

Später im Lazarett, das die ,,Amerikanischen Freunde der Spanischen Republik" gestiftet haben und das hinter der Morata-Front liegt, an der Straße nach Valencia, heißt es: ,,Sie sollen zu Raven kommen."

,,Kenne ich ihn?"

Es heißt: ,,Wahrscheinlich nicht, aber Sie sollen mal zu ihm kommen."

,,Wo ist er?''
,,Oben.''
Oben bekommt grad ein Mann eine Bluttransfusion. Der Mann sieht grau aus. Er liegt auf einer Bahre, und seine Arme hängen herunter. Er sieht die blubbernde Flasche nicht an, er stöhnt. Aber das ist ein ganz regelmäßiges Stöhnen, wie von einer Maschine, und es hört sich nicht an, als käme es von ihm. Seine Lippen bewegen sich nicht.
,,Wo ist Raven?'' fragte ich.
,,Hier'', sagte Raven.
Die Antwort kam von einer schäbigen grauen Decke her, die irgend etwas zudeckte. Auf der Decke lagen zwei Arme, und am Ende lag etwas, was einmal ein Gesicht gewesen war. Es war etwas verkrustetes Gelbes, und wo die Augen gewesen waren, war es weiß bandagiert.
,,Wer sind Sie?'' fragte Raven. Er hatte keine Lippen, aber das Reden ging ganz gut, ohne Lippen, und seine Stimme war angenehm.
,,Mein Name ist Hemingway'', sagte ich. ,,Ich wollte sehen, wie's Ihnen geht.''
,,Das Gesicht war ziemlich mies erst'', sagte er. ,,Es war irgendwie verbrannt, von der Handgranate, aber jetzt hat es sich ein paarmal geschält, und jetzt ist es besser.''
Ich sagte: ,,Es sieht auch recht gut aus ... es sieht ganz gut aus.''
Ich sah nicht hin, während ich das sagte.
,,Wie geht's in Amerika?'' fragte er mich. ,,Was denken die Leute von uns hier?''
,,Die Stimmung hat sich ziemlich geändert'', sagte ich. ,,Sie kapieren langsam, daß die Regierung dabei ist, den Krieg zu gewinnen.''
,,Wirklich?''
,,Ja'', sagte ich.
,,Das ist gut'', sagte er. ,,Wissen Sie, mir wäre es ja egal, wenn ich nur sehen könnte, wie's weitergeht. Die Schmerzen machen mir nicht viel aus. Das ist nicht wichtig. Aber ich habe mich immer so sehr interessiert, für so viele Sachen, und wenn ich mir bloß ein Urteil bilden könnte, ein eigenes, dann wären mir die Schmerzen egal. Ich könnte ja auch noch irgendwas ausrichten. Der Krieg interessiert mich gar nicht, müssen Sie wissen, wenn ich auch meine Sache gemacht habe. Ich war vorher schon verwundet, aber zwei Wochen später war ich wieder beim Bataillon. Ich konnte es hinten einfach nicht aushalten. Und dann kam das.''
Er hatte mir seine Hand gegeben. Es war keine Arbeiterhand. Sie hatte keine Schwielen, und die Fingernägel waren lang und spatelförmig und glatt gerundet.
,,Wo hat es Sie denn erwischt?'' fragte ich.
,,Ach, da war eine Abteilung von uns, die war aufgerieben, und sie sollte neu aufgestellt werden. Es war ein ziemliches Ding, mit den Faschisten, aber wir schafften es und schlugen sie. Es war ein

ziemliches Gefecht, aber wir schlugen sie. Und dann hat einer die Handgranate nach mir geworfen.''

Ich hielt seine Hand fest und hörte ihm zu, aber ich konnte kein Wort glauben von dem, was er redete. Was da lag, sah nicht wie das Wrack von einem Soldaten aus. Ich kannte seine Geschichte natürlich nicht, aber was er erzählte, klang komisch. Es war genau das Zeug, das alle Verwundeten gerne zu erzählen hätten, aber ich wollte, daß er dachte, ich nähme es ihm ab.

,,Wo kommen Sie her?'' fragte ich.

,,Aus Pittsburgh. Ich habe dort studiert.''

,,Und was haben Sie gemacht, ehe Sie herkamen?''

,,Ich war Angestellter, Fürsorgeangestellter'', sagte er. Da wußte ich, daß es nicht stimmen konnte, und ich überlegte mir, wo es ihn so elend erwischt haben konnte, aber es kümmerte mich nicht sehr. Im ersten Krieg, den ich miterlebt hatte, schwindelten die Verwundeten oft. Nicht gleich am Anfang, aber wenn's eine Zeit her war. Ich hatte damals selber ein bißchen übertrieben, besonders abends, wenn es spät geworden war. Immerhin war es gut, daß er sich einbildete, ich nähme es ihm ab, und wir unterhielten uns über Bücher. Er wollte Schriftsteller werden. Ich erzählte ihm auch, wie es im Norden aussah, nördlich von Guadalajara, und ich versprach ihm, ein paar Sachen mitzubringen, wenn ich das nächste Mal von Madrid her vorbeikäme. Vielleicht konnte ich ihm ein Radio mitbringen.

,,Ich habe gehört, daß Dos Passos und Sinclair Lewis auch herüberkommen?'' sagte er.

,,Ja'', sagte ich. ,,Und wenn sie da sind, bringe ich sie mit.''

Er sagte: ,,Mensch, das wäre fabelhaft. Sie können sich nicht vorstellen, was das für mich bedeuten würde.''

,,Ich bringe sie bestimmt mit'', sagte ich.

,,Wird es noch lange dauern?''

,,Sobald die da sind, bringe ich sie her.''

,,Das ist nett, Ernest'', sagte er. ,,Macht's Ihnen was aus, wenn ich einfach Ernest sage zu Ihnen?''

Seine Stimme war klar und freundlich, und sie kam aus diesem Gesicht, das wie ein Haufen Erde aussah, wenn es geregnet hat und der Angriff ist drüberhingegangen, und dann ist der Schlamm in der Sonne getrocknet.

,,Natürlich nicht'', sagte ich. ,,Hören Sie zu, mein Alter: Ich glaube, es geht gut mit Ihnen. Sie werden wieder ganz in Ordnung kommen. Sie können ja im Radio sprechen.''

,,Mal sehen'', sagte er. ,,Kommen Sie wirklich wieder vorbei?''

,,Klar'', sagte ich. ,,Ganz bestimmt.''

,,Auf Wiedersehen, Ernest'', sagte er.

Ich sagte: ,,Auf Wiedersehen.''

Unten erzählten sie mir, daß er beide Augen verloren habe, genauso wie das Gesicht, und daß er auch sonst schwer verwundet sei, an Beinen und Füßen.

„Er hat ein paar Zehen verloren", sagte der Doktor. „Aber auch das weiß er noch nicht."

„Vielleicht erfährt er's ja nie."

„Aber bestimmt!" sagte der Doktor. „Es geht ihm viel besser."

Und das sind Sie immer noch nicht, was da erwischt worden ist, es ist ein Landsmann. Ihr Landsmann aus Pennsylvania, wo einmal die „Schlacht von Gettysburg" stattgefunden hat.

Später, auf der Straße, lernte ich Ravens Bataillonschef kennen. Er ging spazieren. Er hatte den linken Arm in einer Streckschiene, und er ging wie ein Kampfhahn. Weder die Bandage noch zehn Jahre Parteiarbeit hatten es ihm abgewöhnen können. Er war Brite, aus Glasgow, und er war aktiver Soldat gewesen, Jack Cunningham. Er hatte drei frische Schußwunden im linken Oberarm. (Ich sah sie mir an. Eine eiterte.) Eine vierte Kugel war ihm unter dem Schulterblatt hindurch links in den Brustkorb gegangen. Sie war noch drin.

Cunningham erzählte mir in seinem Militärjargon die Geschichte von der zusammengeschlagenen und zurückweichenden Einheit auf der rechten Flanke seines Bataillons und von dem Versuch, sie aufzufangen. Es war eine Art Stoßtruppunternehmen gewesen, in einem Schützengraben, der an dem einen Ende von den Faschisten, am anderen von den Regierungstruppen gehalten worden war. Um das Grabenstück zu nehmen, waren sie mit sechs Mann und einem leichten Maschinengewehr vorgegangen, hatten eine Gruppe von ungefähr achtzig Faschisten abgeschnitten, und seine sechs Mann hatten durchgehalten, in dieser verrückten Lage, bis die Regierungstruppen anrückten und den Einbruch im Gegenstoß ausbügelten. Er erzählte das alles klar, überzeugend, und mit einem starken schottischen Akzent. Er hatte helle Augen, die aus tiefen Höhlen hervorstachen wie bei einem Raubvogel, und schon an seiner Art zu reden merkte man, was für eine Sorte Soldat er war. Für das, was er da gemacht hatte, hätte er im letzten Krieg das Victoria-Kreuz bekommen. In diesem Krieg gibt's keine Orden, nicht einmal Verwundetenabzeichen. Die Wunden sind die einzige Auszeichnung.

„Raven war auch dabei", sagte er. „Ich wußte gar nicht, daß er etwas abbekommen hat. Er ist ein ordentlicher Junge. Es muß ihn nach mir erwischt haben. Die Faschisten, die wir da abgeschnitten hatten, waren eine verdammt gute Truppe. Sie haben keinen unnötigen Schuß abgegeben, als wir da in der Tinte saßen. Es war ja Nacht. Sie warteten, bis sie genau zielen konnten, und dann gaben sie Feuer. In kurzen Stößen. Da habe ich meine vier Dinger abbekommen, da, an der Stelle."

Wir unterhielten uns eine ganze Weile, und er erzählte mir eine Menge. Es interessierte mich alles, aber am meisten interessierte mich die Sache mit Jay Raven, dem Fürsorgeangestellten aus Pittsburgh, der nicht einmal eine Rekrutenausbildung gehabt hat. Was er mir erzählt hatte, war wahr. Das Sonderbare an dieser neuen Art Krieg ist, daß Sie genausoviel erfahren, wie Sie imstand sind zu glauben.

Die Einnahme von Teruel

NANA-Depesche: 23. Dezember 1937

An der Teruel-Front. – Wir lagen auf einer Anhöhe, und wir lagen unter schwerem Gewehr- und Maschinengewehrbeschuß zwischen spanischen Infanteristen. Von der nächsten Höhe hörte man das Pop-pop-pop-pop der Maschinengewehre, und danach ging es jedesmal wispernd und küssend über uns hinweg. Sie hätten nur das Kinn aus dem Schotter zu heben brauchen und wären mit dem Schädel in so ein wisperndes Ding gefahren. Das wußten wir, denn es war schon passiert, vor unseren Augen. Es war sehr schweres Feuer.

Links von uns griffen sie jetzt an. Die Infanteristen gingen tief gebückt vor, mit aufgepflanztem Bajonett. Zuerst gingen sie in diesem komischen Galopp vor, mit dem Sturmangriffe bergauf immer anfangen. Das legt sich bald. Zwei von ihnen wurden getroffen und blieben zurück. Der eine sah verdutzt aus, wie jemand, dem das zum erstenmal passiert und der noch nicht weiß, daß etwas alles kaputtmachen und doch nicht weh tun kann. Der andere wußte, daß es ihn schlimm erwischt hatte. Ich selber wünschte mir nur eine Schaufel, um mir ein Loch für den Kopf zu machen, aber so weit man kriechen konnte, gab's keine Schaufeln. Auf unserer rechten Seite lag das große gelbe Massiv des Mansueto, die natürliche Festung, die Teruel verteidigt und wie ein Kriegsschiff aussieht. Die Batterien der Regierung in unserem Rücken feuerten. Es krachte, und nachdem es über uns hinweggegangen war, wie zerfetzte Seide, gab es drüben, auf den Erdwällen des Mansueto, plötzlich diese schwarz-spuckenden Geysire der Hochbrisanzgranaten. Wir waren von Sagunto heraufgekommen, über einen Paß hinweg, und neun Kilometer vor Teruel hatten wir das Auto stehenlassen. Bis zum Kilometer 6 waren wir auf der Straße gegangen, und dort war die Front. Wir hatten uns hier eine Zeitlang aufgehalten, aber in der Senke konnte man nicht viel sehen. So waren wir auf die Anhöhe gestiegen, wo uns die Maschinengewehre aufs Korn nahmen. Unter uns fiel ein Offizier, und sie brachten ihn langsam zurück und legten ihn auf eine Bahre, schwer, grau im Gesicht. Solange sie die Toten auf Bahren wegtragen, ist der Angriff noch nicht in Gang.

Die Aussicht war das Feuer, das wir auf uns zogen, nicht wert, und wir wechselten die Stellung. Von der Anhöhe, bis zu der sich die Mitte der Front vorgeschoben hatte, hatten wir einen fabelhaften Blick, nur daß der Aufenthalt auch hier bald nicht mehr angenehm war. Neben mir lag ein Soldat, der etwas mit seinem Gewehr hatte. Der Verschluß klemmte nach jedem Schuß, und ich zeigte ihm, wie man den Verschluß mit einem Stein aufkriegt. Plötzlich Rufe, die ganze Front entlang, und wir sahen, daß die Faschisten auf den gegenüberliegenden Höhen die ersten Gräben räumten. Sie sprangen auf und rannten und sprangen dann wieder auf und rannten. Es war keine Flucht, sondern Rückzug, und ihre Maschinengewehre bestrichen unsere Höhe, um den Rückzug zu decken. Ich wünschte mir den Spaten jetzt dringend, aber dann sahen wir die Regierungstruppen in stetigem Vordringen den Hügel hinaufgehen. So ging es den ganzen Tag, und als es dämmerte, waren wir sechs Kilometer weiter als bei Beginn des Angriffs. Wir hatten, als es noch hell war, die Regierungstruppen die Hänge von Mansueto nehmen und Panzerwagen und Infanterietrupps einen befestigten Bauernhof angreifen sehen. Es war hundert Meter vor uns gewesen. Die Panzerwagen waren längsseit gegangen, und dann das Wang – wang – wang in die Fenster hinein, während die Soldaten das Haus mit Handgranaten gestürmt hatten. Wir hatten im windigen Schutz eines Grashügels gelegen, und die Faschisten hatten mit ihren 8-cm-Granatwerfern das Feld und die Straße hinter uns beschossen. Die Granaten kamen mit einem plötzlichen Wuschsch – und dann krepierten sie krachend. Eine landete in einer Angriffswelle, und ein Mann lief weg. Er machte einen Bogen um die Rauchsäule. Dann fing er sich wieder und rannte hinter seinen Kameraden her. Ein zweiter lag da, als der Rauch verflogen war.

Es gab keine ziehenden Rauchschwaden an diesem Tage. Nach der arktischen Kälte und dem Schneesturm, der fünf Tage geweht hatte, war es wie Nachsommer geworden, und der Rauch der Detonationen stieg grad in die Höhe und sank in sich zusammen. Und die Armee griff an, stoppte und griff wieder an, den ganzen Tag. Als wir die Straße heruntergekommen waren, hatten uns die Soldaten, die in den Straßengräben lagen, für hohe Stabsoffiziere gehalten, denn an der Front gibt es nichts Feineres als Zivilisten. Sie riefen: „Seht sie euch an, da oben, auf dem Berg. Wann geht's los? He, wann greifen wir an?"

Wir saßen hinter Bäumen – wunderbar dicken Bäumen und sahen, wie es die Zweige über uns abknickte und sie herunterrieselten. Wir sahen auch zu, wie die Flugzeuge der Faschisten kamen, und krochen in die Erdlöcher. Dort sahen wir, wie sie einkurvten und die Regierungstruppen bei Concud bombardierten. Aber den ganzen Tag gingen die Regierungsstreitkräfte vor, stetig, ohne Erbarmen, die Berghänge hinauf, über die Bahnlinie hinweg. Dann nahmen sie den Tunnel, und dann hatten sie Mansueto genommen und waren drüberhinweg und stürmten die Straße hinunter und durch die Kurve bei Kilometer 2, und dann kamen die letzten Abhänge vor der Stadt, deren sieben Kirchtürme und hübsche Häuser vierkant im Gegenlicht standen. Der Abendhimmel war voll von Regierungsflugzeugen gewesen, und durchs Glas sahen wir die Jagdflugzeuge einkurven und stürzen, in ihrer wunderbaren Genauigkeit. Da kamen zwei Lastwagen schnaufend den Hang herauf. Sie stoppten, klappten die Seiten herunter, und eine Kompanie junger Kerle sprangen ab, die sich benahmen, als ginge es zu einem Fußballspiel. Erst als man die sechzehn Handgranaten, die jeder am Koppel hängen hatte, und die zwei Dynamitpacken sah, die jeder trug, merkte man, daß es der Sprengtrupp war.

,,Die sind prima'', sagte der Hauptmann. ,,Passen Sie mal auf, wenn sie sich die Stadt vornehmen ...''

In der kurzen Dämmerung nach Sonnenuntergang wirkten die Mündungsfeuer der Batterien rings um die Stadt gelber als die Lichtbögen am Schleifbügel einer Straßenbahn. Hundert Meter vor uns schwärmten die *dinamiteros* aus. Gedeckt von Gewehr- und Maschinengewehrfeuer krochen sie ruhig den letzten Abhang zur Stadt hinauf, unter der Stadtmauer zögerten sie einen Moment, und dann sah man die roten und schwarzen Blitze der Sprengladungen und hörte ihr Dröhnen. Dann waren sie über die Mauer hinweg.

Ich fragte einen Oberst: ,,Können wir mit in die Stadt hinein?'' Er sagte: ,,Ausgezeichnet, eine erstklassige Idee.'' Wir gingen die Straße hinunter, aber es wurde jetzt dunkel. Zwei Offiziere überholten uns, die nach Versprengten suchten, und wir sagten ihnen, daß wir uns in ihrer Nähe halten wollten, denn in der Dunkelheit konnte es zu wilden Schießereien kommen. Die Parole war nicht durchgekommen. Der Herbstdunst fiel ein, und es ging sich schön auf der Straße nach Teruel hinunter. Die Nacht fühlte sich wie Frieden an, und die Explosionen schienen nicht dazuzugehören.

Später lag ein Toter auf der Straße. Es war ein Offizier, der beim letzten Angriff eine Kompanie geführt hatte. Die Kompanie hatte weitergemacht, denn das war jetzt nicht die Zeit, wo es Bahren gab für die Toten, und so hoben wir ihn auf und trugen ihn an den Straßenrand, wo ihm die Panzer nichts mehr anhaben konnten. Da lag er mit seinem ernsten Wachsgesicht. Er war noch warm, noch nicht starr. Wir gingen weiter, zur Stadt hinauf.

In der Stadt umarmten uns die Leute, kamen mit Wein und fragten uns, ob wir wüßten, was ihre Brüder und Onkels und Cousins in Barcelona machten. Es war alles wunderbar. Wir hatten noch keine Einnahme einer Stadt mitgemacht und waren die einzigen Zivilisten an Ort und Stelle. Ich möchte wissen, was sie gedacht haben, wer wir wären. Tom Delmer, der Londoner Zeitungskorrespondent, sieht aus wie ein Bischof, Herbert L. Matthews von der *New York Times* wie Savonarola und ich – na, sagen wir: wie Wallace Beery vor drei Jahren ausgesehen hat. Die neue Regierung kann den Leuten kaum geheuer vorgekommen sein.

Aber alle sagten, daß sie uns herbeigewünscht hätten. Und als die Regierung angeboten hatte, die Zivilbevölkerung zu evakuieren, waren sie in ihren Kellern und Löchern geblieben, denn die Faschisten hatten sie nicht weggelassen, sagten sie. Sie berichteten auch, daß die Regierung die Stadt nicht beschossen habe, nur militärische Ziele. Das haben die Leute gesagt, nicht ich. Im Auto hatten wir noch Zeitungen aus New York gelesen, die wir in Madrid bekommen hatten. General Franco hatte der Regierung fünf Tage Zeit gegeben zu kapitulieren, danach werde die Schlußoffensive triumphieren. Diesen Nachrichten nach gehörte es sich eigentlich nicht, daß wir jetzt in Teruel waren, dem großen faschistischen Bollwerk, von wo sie sich zurückgezogen hatten, in Richtung Meer.

G. L. STEER

Der Spanien-Korrespondent der Londoner Times erlebte den Untergang Guernicas als professioneller Augenzeuge:

Der Untergang Guernicas

In Bilbao schickten wir unsere Geschichte vom Tage ab; es ging um die Bombardierung der Verkehrswege an jenem Tag, von Markina bis Arbacegui-Guerricaiz. So gegen sieben erzählte Arbex mir, Guernica würde bombardiert; er sagte, daß sie schon früher davon gehört hätten, aber Einzelheiten gebe es nicht. Er schien dem Bombenangriff keine große Bedeutung beizumessen. In meinem Bericht von jenem Tag erwähnte ich ihn nicht.

Um halb neun an jenem Abend begaben wir uns zum Dinner ins Torrontegui; ziemlich viele von uns. Captain Roberts vom SEVEN SEAS SPRAY und seine Tochter Fifi, Arbex, Christopher Holme und einige andere Journalisten. Wir nahmen in dem weitläufigen, düsteren Speisesaal Platz, der außer uns nur von den fast scheintoten Frauen und alten Männern der Rechten bevölkert wurde, die sich nur flüsternd unterhielten und eher schwebten als gingen. Das Essen nahm einen recht angenehmen Verlauf, als um zehn Uhr Antonio Irala anrief. ,,Guernica steht in Flammen'', sagte er.

Wir warfen die Servietten auf den Fußboden, besorgten uns ein paar Wagen und fuhren durch die Dunkelheit in Richtung Guernica. Ich erinnere mich noch an die Stimmung, in der ich zu diesem Brand fuhr; ich befand mich in der gleichen seelischen Verfassung, mit der viele Menschen in England die Nachricht von diesem Bombardement aufnahmen. Ich hatte das Gefühl, daß Irala übertrieben haben mußte. Es kann doch nicht die ganze Stadt brennen.

G.L. Steer

Wir folgten dem Wagen von Arbex auf der gleichen Landstraße, die wir am Morgen gefahren waren. Arbex fuhr wie ein Wahnsinniger.

Knapp 25 Kilometer südlich von Guernica fiel uns der Himmel auf. Es war nicht der glatte, leblose Nachthimmel wie sonst; er schien sich zu bewegen und zitternde Blutgefäße zu enthalten; irgend etwas gab ihm Gestalt und Leben, rötete seine zarte runde Haut.

Als wir näher kamen, wurde die Farbe ein phantastisches Rosa. Die Art von Rosa, von der Pariser seit Jahrhunderten träumen. Und es schien ungeheuer fett zu sein; die Farbe begann uns anzuwidern.

Noch immer war keine Quelle auszumachen. Guernica war hinter den Hügeln versteckt, durch die wir mit hoher Geschwindigkeit fuhren. Aber wir konnten jetzt sehen, daß der ,,fette'' Nachthimmel voller quellender Rauchwolken war und das Rosa der Widerschein irgendeines großen Brandes. Der Nachthimmel gab auf unbestimmte und doch allumfassende Weise wider, was in Guernica vorging, und schien in Zeitlupe die Zerstörung der Heimat von siebentausend Menschen widerzugeben.

Nachdem wir die Hügel hinter uns gelassen hatten, konnten wir Guernica sehen. Eine Ansammlung ausgebrannter Häusergerippe. Aus jedem Fenster schlugen Flammen; wo einst Dächer gewesen waren, gewaltige Flammen. Die Hausskelette zitterten und bebten, und die starre Geometrie der Häuser wich einer wilden roten Unordnung. Wir fuhren vorsichtig auf der Straße, die nach Guernica hineinführte, von Süden her weiter, denn es war keine Straße mehr. Verkohlte oder brennende Balken und zerfetzte Telefonkabel rollten trunken über die Straße; die Häuser auf beiden Seiten verströmten Feuer, so wie Wasserdampf von den Niagarafällen aufsteigt. Rechts von uns lagen vier tote Schafe in einer Blutlache, und als wir uns dem Marktplatz in der Mitte der Stadt näherten, auf dem wir riesige Bombenkrater und wie von einem Vulkan ausgespiene Erde vor der Casa de Juntas sahen, entdeckten wir einen verwirrten Haufen Milizsoldaten, das Bataillon Saseta. Die Männer standen am Straßenrand. Sie schienen auf Befehle zu warten, jedoch gleichzeitig unfähig zu sein, diese zu verstehen. Das Feuer von den Häusern erleuchtete ihre erschöpften, offenen Gesichter.

Auf der Plaza, im Schatten der Casa de Juntas, die in jener Nacht in Guernica als einziges Haus Schatten warf, saßen die Menschen auf zerbrochenen Stühlen, lagen auf Tischplatten oder durchnäßten Matratzen. Meist Frauen: Einige hundert Frauen lagen überall auf dem großen Platz herum. Als wir an ihnen vorbeigingen, tappten sie umher, hantierten mit schmutzigen Kissen, versuchten zu schlafen, machten schwache Gehversuche. Wir sprachen mit ihnen: Sie erzählten mir alles, was geschehen war. Diese schwergeprüften Menschen waren meine Zeugen für alles, was ich geschrieben habe. Zwei Priester waren bei ihnen: Aronategui war nicht aufzufinden, und sie hielten ihn für tot. Sie unterhielten sich mit müden Gesten und für spanische Verhältnisse unnatürlich kurzen Worten. Sie machten die komischen Geräusche der in der Luft schwebenden Bomber nach, äfften das MG-Rattern der Jäger nach, das Explodieren berstender Bomben, das Donnergrollen zusammenfallender Häuser, demonstrierten, wie die Flammen sich über ihre Stadt ausgebreitet hatten. Das waren die Dinge, die die erschöpften, übermüdeten Menschen von Guernica zu erzählen hatten. Erst später kam es dazu, daß Leute, die niemals in Guernica gewesen waren, andere Geschichten zu erzählen hatten.

Manche der Augenzeugen waren so gut wie stumm. Man grub sie aus Hausruinen aus – manchmal ganze Familien auf einmal, tot und von Brandwunden blauschwarz. Andere wurden vom Stadtrand Guernicas mit Maschinengewehrkugeln im Körper in die Stadt gebracht: darunter ein wunderschönes Mädchen. Die Milizsoldaten weinten, als sie sie in dem von Bomben schwer beschädigten Krankenhaus auf den Fußboden legten. Die Männer konnten nicht sagen, warum sie weinten – sie weinten einfach.

Eine Feuerwehrbesatzung versuchte, den Brand in der Kapelle von Andra Mari mit einem schwachen Wasserstrahl zu bekämpfen. Ich begab mich in den Schatten der Casa de Juntas. Die Gartenanlagen waren verwüstet, Fensterscheiben zerbrochen; aber hinter der Casa stand die baskische Nationaleiche, das Symbol der Unabhängigkeit des Baskenlandes. Unversehrt! Der schwarze alte Baumstamm, unter dessen üppiger Laubkrone einst die katholischen Könige versprachen, die baskische Demokratie zu respektieren, stand da in seinem mumifizierten Tod, unversehrt zwischen mächtigen weißen Säulen. Die Sitze mit dem geschnitzten Wappen des Baskenlandes – Baum und lauernde Wölfe –, der Ort, an dem der Herr des Baskenlandes den Eid entgegennahm, der ihm Oberhoheit und Achtung sicherte, unangetastet und grün. Auf den Steinen um die Sitzgruppe herum lagen einige Rosenblätter verstreut – rosafarbenes Konfetti, im Zwielicht durch das Bombardement Guernicas hierhergeweht.

Im Zentrum der Stadt vereinigten sich die kleineren Brände zu einer einzigen Feuersbrunst. Die motorisierte Polizei stand zusammen mit Monzón, dem Innenminister, hilflos auf der anderen Seite der Plaza, wo das Straßengewirr enger und unübersichtlicher wurde. Dort war das Zentrum des riesigen Brandes. Wir wagten einen Versuch, diesen Stadtteil zu betreten, aber die Straßen waren ein Teppich aus glühender Kohle; Trümmerstücke rutschten aus den brennenden Häusern und landeten krachend auf der Straße. Die Hitze der noch stehengebliebenen Hauswände traf unsere Wangen und Augen. Man sagte uns, dort gebe es noch Menschen zu retten. Man zeigte uns Dutzende ausgebrannter Autowracks. Es gab aber nichts, was man hätte tun können, und wir steckten die Hände in die Hosentaschen und fragten uns, warum zum Teufel die Welt so verrückt geworden war, und warum es so leicht geworden war, Krieg zu führen.

Wir unterhielten uns zwei Stunden lang mit den Menschen, die am Rand des Feuersturms standen. Ich rauchte ein paar Zigaretten, um mein inneres Gleichgewicht wiederherzustellen, fuhr nach Bilbao zurück und überschlief meinen Bericht.

Lastwagen der Regierung und Ochsenwagen fuhren mit den überlebenden Flüchtlingen aus der Stadt. Im Licht der Scheinwerfer unserer Wagen sahen wir die hängenden Schultern und Wolldekken der Hunderte von Menschen, die langsam in Richtung Bilbao und Munguia gingen.

Zwischen zwei Zigaretten spielte ich mit drei silberfarbenen Brandbombenzündern, die ich an jenem Abend in Guernica auf der Straße gefunden hatte. Das Silberthermit auf ihrer Unterseite löste sich allmählich auf; sie stammten aus einer deutschen Fabrik. Ich erkannte die Jahreszahl 1936 und einen Fabrikstempel „RhS“. Darüber sah ich ein Symbol en miniature: den deutschen Reichsadler, der seine Flügel wie eine Vogelscheuche ausbreitete.

ILJA EHRENBURG

Der sowjetische Starautor hielt sich als Korrespondent der Moskauer Iswestija in Spanien auf. Ehrenburg, der sich dank enger Beziehungen zum Kreml selbst in der Stalinzeit einen bürgerlichen Lebensstil und einen gewissen literarischen Freiraum bewahren konnte, schildert in seinen Memoiren ,,Menschen, Jahre, Leben'' den spanischen Anarchistenführer Durruti:

Begegnung mit Durruti

Ihr in Rußland habt einen richtigen Staat, wir aber sind für die Freiheit'', sagte ein Wachtposten im rot-schwarzen Hemd bei der Ausweiskontrolle zu mir. ,,Wir wollen den freien Kommunismus einführen.''

,,Comunismo libertario!'' Diese Worte klingen mir heute noch in den Ohren. Wie oft habe ich sie gehört: als Herausforderung, als Schwur!

Um das bisweilen unbegreifliche Verhalten der Anarchisten zu erklären, wurde manchmal darauf hingewiesen, daß ihre Kolonnen von Banditen nur so wimmeln. Zweifellos sickerten in die anarchistischen Reihen ganz gewöhnliche Räuber und Diebe ein; die an der Macht befindliche Partei zieht stets nicht nur die ehrlichen Menschen, sondern auch den Pöbel an. Damals konnte sich jedermann für einen Anarchisten ausgeben. Als ich im September 1936 in Valencia war, traf dort von der Teruelfront eine Hundertschaft der anarchistischen ,,Eisernen Kolonne'' ein. Die Anarchisten erklärten, ihr Kommandeur sei im Kampf gefallen, und sie wüßten nicht, was sie tun sollten. In Valencia fanden sie Beschäftigung. Sie verbrannten die Gerichtsarchive und versuchten ins Gefängnis einzudringen und die dort sitzenden Kriminellen zu befreien; wahrscheinlich waren Kumpane darunter.

Trotzdem waren die Kriminellen nebensächlich. Im Herbst 1936 vereinigte die CNT drei Viertel der Arbeiter Kataloniens in ihren Reihen. Die Führer der CNT und FAI waren Arbeiter und meistens ehrliche Männer. Das Schlimme war, daß sie zwar den Dogmatismus geißelten, dabei aber selber waschechte Dogmatiker waren. Sie versuchten, das Leben in ihre Theorien zu zwängen.

Die Klügsten von ihnen bemerkten die Diskrepanz zwischen den schönklingenden Broschüren und der rauhen Wirklichkeit. Sie mußten nun aus dem Stegreif, im Bombenhagel und Geschoßregen, das umbauen, was für sie gestern noch unverbrüchliche Wahrheit gewesen war.

Durruti hatte ich schon 1931 kennengelernt. Ich fand sofort Gefallen an ihm. Kein Schriftsteller hätte sich entschlossen, ihn zu beschreiben; sein Leben glich allzusehr einem Abenteuerroman. Dieser Metallarbeiter kämpfte von früher Jugend an für die Revolution, stieg auf die Barrikaden, betätigte sich als Bombenwerfer, überfiel Banken, entführte Richter. Er wurde dreimal zum Tod verurteilt: in Spanien, in Chile und in Argentinien. Er wanderte durch unzählige Gefängnisse. Er wurde aus acht Ländern ausgewiesen. Als die Putschisten im Juli ihren Handstreich auf Barcelona wagten, warf Durruti ihnen die Arbeiter der CNT entgegen.

Ende August, Anfang September fuhr ich mit Karmen und Makassejew zu Durrutis Gefechtsstand. Es war damals sein Traum, Zaragoza zu erobern. Der Gefechtsstand befand sich am Ufer des Ebro. Ich hatte meinen Begleitern erzählt, Durruti sei ein Bekannter von mir; sie waren daher auf einen herzlichen Empfang gefaßt. Durruti aber zog einen Revolver aus der Tasche, sagte, ich hätte in meinem Aufsatz über den asturischen Aufstand die Anarchisten verleumdet, und fügte hinzu, er werde mich sogleich über den Haufen schießen. Leere Worte pflegte Durruti nicht zu machen. „Tu, was du willst“, erwiderte ich, „aber ich finde, daß du die Regeln der Gastfreundschaft ein wenig seltsam auffaßt.“ Durruti war zwar Anarchist und zudem jähzornig, aber außerdem Spanier. Meine Antwort brachte ihn in Verlegenheit: „Gut. Hier bist du mein Gast. Aber deinen Aufsatz werde ich dir noch heimzahlen. Nicht hier: in Barcelona!“

Ilja Ehrenburg

Da er mich wegen der Regeln der Gastfreundschaft nicht umbringen konnte, begann er wüst zu schimpfen. Er schrie, die Sowjetunion sei keine freie Kommune, sondern ein Staat, wie er im Buche steht, ein Staat mit zahllosen Bürokraten, die ihn nicht zufällig aus Moskau ausgewiesen hätten.

Karmen und Makassejew spürten, daß etwas Ungutes vorging, das plötzliche Auftauchen des Revolvers bedurfte keiner Übersetzung. Eine Stunde später sagte ich ihnen: „Es ist alles in Ordnung. Er lädt uns zum Abendessen ein.“

An den Tischen saßen Milizmänner, die einen in rot-schwarzen Hemden, die anderen in blauen Trainingsanzügen, alle mit gewaltigen Revolvern bewaffnet. Sie saßen, aßen, tranken Wein und lachten. Keiner beachtete uns und Durruti. Einer der Männer reichte das Essen und die Weinkrüge herum. Neben Durrutis Teller stellte er eine Flasche Mineralwasser. Ich scherzte: „Du redest immer von der absoluten Gleichheit. Dabei trinken alle Wein – nur du allein trinkst Mineralwasser.“ Ich konnte nicht ahnen, welchen Eindruck meine Worte auf Durruti machen würden. Er sprang auf und schrie: „Räumt die Flasche weg. Bringt mir Wasser aus dem Brunnen!“ Lange versuchte er, sich zu rechtfertigen: „Ich habe sie nicht darum gebeten. Sie wissen, daß ich keinen Wein vertrage, und haben irgendwo eine Kiste Mineralwasser aufgetrieben. Das ist natürlich unmöglich – du hast völlig recht.“ Wir aßen wortlos weiter, dann fügte er plötzlich hinzu: „Es ist schwer, alles auf einen Schlag zu ändern. Die Prinzipien und das Leben decken sich nicht.“

Nachts besichtigten wir die Stellungen. Die Luft war von einem entsetzlichen Lärm erfüllt, eine Kolonne von Lastwagen fuhr an uns vorbei. ,,Warum fragst du mich nicht, was diese Lastwagen zu bedeuten haben?'' sagte Durruti. Ich entgegnete, ich hätte nicht die Absicht, ihm seine Kriegsgeheimnisse abzuluchsen. Da lachte er: ,,Geheimnisse? Das weiß doch jeder, daß wir morgen den Ebro überschreiten! So ist es!'' Einige Minuten später begann er wieder: ,,Willst du nicht wissen, weshalb ich den Entschluß gefaßt habe, den Fluß zu überschreiten?'' – ,,Du wirst schon deine Gründe haben'', meinte ich. ,,Schließlich bist du der Kommandeur der Kolonne.'' Durruti lachte wieder: ,,Das hat nichts mit Strategie zu tun. Gestern kam ein kleiner Junge von vielleicht zehn Jahren aus dem faschistisch besetzten Gebiet zu uns gelaufen. Der fragte: ,Was ist denn mit euch los? In unserem Dorf wundern sich alle, daß ihr keine Offensive macht. Die Leute sagen: Jetzt hat wohl auch noch Durruti in die Hosen gemacht!' Verstehst du: wenn ein Kind solche Dinge sagt, dann spricht aus ihm das ganze Volk. Das bedeutet, daß wir angreifen müssen. Die Strategie spielt sich schon von alleine ein ...'' Ich blickte in sein fröhliches Gesicht und dachte: ,,Du bist doch selber noch ein Kind!''

Später war ich noch mehrmals bei Durruti. Seine Kolonne zählte zehntausend Mann. Durruti glaubte nach wie vor fest an seine Ideen, aber er war kein Dogmatiker und mußte fast jeden Tag irgendein Zugeständnis an die Realität machen. Er war der erste Anarchist, der begriff, daß man ohne Disziplin keinen Krieg führen kann. ,,Der Krieg ist eine Sauerei'', meinte er voll Bitterkeit. ,,Er zerstört nicht nur Häuser, sondern auch die höchsten Prinzipien.'' Seinen Leuten freilich gestand er das nicht ein.

Eines Tages verließen mehrere Milizmänner ihren Beobachtungsposten. Man fand sie im nächstgelegenen Dorf, wo sie friedlich ihren Wein tranken. Durruti tobte: ,,Begreift ihr denn nicht, daß ihr die Ehre der Kolonne durch den Dreck zieht? Gebt eure CNT-Ausweise her.'' Die Missetäter zogen seelenruhig ihre Gewerkschaftsausweise aus der Tasche. Das versetzte Durruti in noch größere Rage: ,,Ihr seid keine Anarchisten, ihr seid Dreckskerle! Ich jage euch aus der Kolonne und schicke euch nach Hause.'' Wahrscheinlich hatten es die Burschen gerade darauf abgesehen. Statt zu protestieren, erwiderten sie nur: ,,Einverstanden.'' – ,,Wißt ihr auch, wem die Kleider gehören, die ihr tragt? Zieht sofort eure Hosen aus! Sie sind volkseigen.'' Die Milizmänner entledigten sich in aller Ruhe ihrer Beinkleider. Durruti befahl, sie in Unterhosen nach Barcelona zu schaffen – ,,damit jeder sieht, daß das keine Anarchisten sind, sondern ganz gewöhnlicher Dreck!''

Er verstand, daß man im Angesicht der Faschisten nicht über Grundsätze streiten darf. Er trat für ein Abkommen mit den Kommunisten und mit der Esquerra-Partei* ein und schrieb eine Grußadresse an die sowjetischen Arbeiter. Als sich die Faschisten Madrid näherten, beschloß er, sein Platz sei dort, wo es am gefährlichsten ist: ,,Wir werden zeigen, daß Anarchisten Krieg führen können!''

* *Linksliberale Partei in Katalonien*

Ich sprach ihn kurz vor seiner Abreise nach Madrid. Er war wie immer fröhlich und guter Dinge; er glaubte an den nahen Sieg. ,,Siehst du", sagte er zu mir, ,,wir zwei sind Freunde. Deshalb können wir uns zusammenschließen. Wir müssen uns sogar zusammenschließen. Sobald wir gesiegt haben, sehen wir weiter ... Jedes Volk hat seinen Charakter. Die Spanier gleichen weder den Franzosen noch den Russen. Uns wird schon etwas einfallen ... Doch zunächst einmal müssen wir die Faschisten vernichten." Gegen Ende des Gesprächs konnte er seiner Gefühle nicht länger Herr bleiben: ,,Sag mal, kennst du diesen inneren Riß? Du denkst das eine und tust das andere: nicht aus Feigheit, sondern aus Notwendigkeit." Ich antwortete, daß ich ihn sehr gut verstehen könne. Zum Abschied klopfte er mir auf die Schulter, wie sich das in Spanien gehört. Seine Augen sind mir im Gedächtnis geblieben. In ihnen paarte sich eiserner Wille mit kindlicher Ratlosigkeit – eine ganz ungewöhnliche Mischung.

Durruti weilte nicht lange an der Front von Madrid. Er fiel am 19. November 1936. Sein Tod war ein schwerer Schlag für alle Republikaner.

Zusammenbruch in Katalonien

Im Januar 1939 bricht die republikanische Front in Katalonien zusammen. Die Regierung und die demoralisierten Truppen fliehen über die Grenze nach Frankreich. Das Schicksal der spanischen Republik ist damit besiegelt. Ilja Ehrenburg schildert die letzten Tage:

Die Woche vom achtundzwanzigsten Januar bis zum fünften Februar 1939 war die Woche der katalanischen Katastrophen. Wie soll man davon erzählen? Wir haben seitdem so viel gesehen und erlebt. Doch in meinem Gedächtnis leben jene Tage fort. Jene Wunde ist niemals zugeheilt.

Am achtundzwanzigsten Januar traf ich in Gerona ein. Früher war das ein kleines altertümliches Städtchen mit malerischen Gassen, mit Arkaden und Gärten, mit einer mittelalterlichen Stadtmauer gewesen. Jetzt war diese Stadt ein einziger Schrei. Gerona hatte früher dreißigtausend Einwohner gehabt. Jetzt befanden sich vierhunderttausend Menschen in ihren Mauern. Die Menschen saßen, lagen und schliefen auf den Plätzen und Straßen, mit Bündeln und Körben. Und fast unaufhörlich wurden sie von den faschistischen Flugzeugen aus der Luft beschossen. Die Republikaner besaßen keine Jagdflugzeuge und keine Flakgeschütze mehr. An jenem Tag glaubte ich, es gäbe nur noch jenen Schrei, nur noch das Blut und die Spaten auf dem Friedhof, wo eilig Massengräber ausgehoben wurden.

Am dreißigsten Januar sagte mir ein Divisionskommandeur, ein hochgewachsener, knochiger Spanier: „Wir haben keine Spaten. Wir müssen uns eingraben, aber wir haben keine Spaten ..." Die Straßen waren von der Flüchtlingslawine verstopft. Die Städter waren auf der Flucht. Jemand schleppte einen Sessel. Ein bärtiger Mann von würdigem Aussehen, vermutlich ein Professor, trug ein Bündel dicker Folianten. Die Bauern trieben ihre Schafe und Ziegen vor sich her. Kleine Mädchen hatten ihre Puppen mitgenommen. Ein ganzes Volk war auf der Flucht. Jetzt schrieb niemand mehr an die Hausmauern, daß die Menschen nicht mit den Faschisten zusammen leben wollten. Die Zeit der Worte war vorbei – vielleicht auch die Zeit der formulierten Gedanken. Die Menschen gingen der Straße nach: ohne Schlagworte, ohne Hoffnung.

Einige Einheiten leisteten immer noch Widerstand. Die kleine Stadt Figueras, zwanzig Kilometer entfernt von der französischen Grenze, wurde für einen kurzen Augenblick zur Hauptstadt der Spanischen Republik. In einer alten Schmiede sah ich einen Journalisten, den ich kannte. Dort waren Redaktion und Druckerei einer barcelonesischen Zeitung untergebracht. Man bereitete gerade die laufende Ausgabe vor. Ein Mann mit einer Binde um den Kopf diktierte ins Halbdunkel hinein: „... weisen die Angriffe eines zahlenmäßig weit überlegenen Gegners erfolgreich ab ..."

Ich suchte Sawitsch, konnte ihn aber nicht finden. Als ich mich auf dem mit Flüchtlingen vollgestopften Hauptplatz befand, begann wieder einmal ein Luftangriff. Italienische Flugzeuge beschossen die Flüchtlinge im Tiefflug mit Bordwaffen. Der Stabschef sagte zu mir: „Ich muß den Heeresbericht aufsetzen – und habe nicht einmal eine Schreibmaschine zu meiner Verfügung." Es kursierten böse Gerüchte: Die Italiener seien im Grenzort Port Bou gelandet und hätten Figueras von Frankreich abgeschnitten; die Franzosen würden nicht einmal Frauen über die Grenze lassen. In einem Café wurden Verwundete verbunden.

„Ich glaube, die Russen sind dort drüben", sagte mir ein Kommandeur und zeigte auf ein Schulgebäude. Statt der Russen traf ich dort aber Negrín an, Álvarez del Vayo und einige andere Minister. Sie saßen auf Schemeln um einen langen Tisch herum. Auf dem Tisch lagen Landkarten und Mappen.

Negrín sagte zu mir: „Wir müssen Zeit gewinnen, um die Evakuierung der Bevölkerung nach Frankreich zu gewährleisten. Anschließend können wir nach Madrid fliegen." Einer der Minister versuchte nachzuweisen, es käme vor allem darauf an, die Armee mit den schweren Waffen zu retten. Man könnte Menschen und Material via Marseille nach Valencia leiten und dann gemeinsam mit Einheiten der Zentralfront zum Gegenangriff übergehen. Es waren noch nicht alle Illusionen tot ...

Schließlich erfuhr ich, daß sich die sowjetischen Kameraden in einem Dorf, acht Kilometer von der Stadt entfernt, aufhielten. Ich brauchte drei Stunden, bis ich dieses Dorf erreichte. Die Nächte waren kalt; die Flüchtlinge entzündeten Lagerfeuer und verbrannten den Plunder, den sie aus unerfindlichen Gründen mit sich geschleppt hatten. Die Luftangriffe ließen nicht nach.

Ich betrat ein Bauernhaus und war starr vor Glück. Ich sah einen riesengroßen lodernden Kamin – und davor Sawitsch und Kotow. Sawitsch erläuterte, daß die Botschaftsbücherei versehentlich ausgelagert worden sei; jetzt müsse man sie verbrennen, schließlich dürfe man den Faschisten diese russischen Bücher nicht in die Hände fallen lassen. Dem Manne, der in Spanien Kotow hieß, begegnete ich mit Mißtrauen, denn er war weder Diplomat noch Soldat. Er warf die Bücher mit sichtlichem Wohlbehagen ins Feuer: ,,Wer ist das? Kawerin? Bitte schön! Olga Forsch? Kenne ich nicht. Dort drin ist es jedenfalls wärmer ...'' Ich staunte über Sawitsch. Dieser Büchernarr ließ sich anstecken und schmiß die Bücher voller Hingabe in den Kamin. Kotow sagte: ,,,Der zweite Tag' ...Das Recht auf Einäscherung werde ich wohl dem Verfasser überlassen müssen.'' Ich nahm das Buch und warf es den anderen nach.

Dann kamen einige Botschaftsangehörige und erzählten, bei der Räumung von Barcelona habe man vergessen, das Wappen und die Flagge der Sowjetunion vom Botschaftsgebäude zu entfernen. Jemand fragte Sawitsch: ,,Vielleicht holen Sie das nach?'' Sawitsch fuhr noch einmal nach Barcelona zurück, in dessen Straßen schon geschossen wurde, kletterte mit seinem Fahrer, dem wackeren Pepe, aufs Dach der Botschaft und holte Wappen und Flagge herunter. (Sawitsch ist und bleibt ein merkwürdiger Mensch. Er kehrte seelenruhig nach Barcelona zurück, als bereits die Faschisten in die Stadt einzogen, er schrieb im Bombenhagel TASS-Meldungen, er saß mit Kotow zusammen, er verbrannte scherzend Bücher. Und eine Woche später stand er in Paris Todesängste aus; er besaß nämlich keine Aufenthaltserlaubnis der Polizei. Nachts versteckte er sich bei Dussja, und nicht einmal die lustige Dussja vermochte es, ihm ein Lächeln zu entlocken. Er zeigte mir ein Telegramm, das ihn aus einem französischen Grenzort erreicht hatte: ,,Wagen und ich zu Ihrer Verfügung. Pepe.'' Dabei lachte er bitter auf. Aber vielleicht ist diese Widersprüchlichkeit nichts Ungewöhnliches; vielleicht sind alle Menschen so.)

Man sagte uns, am ersten Februar fände in Figueras eine Sitzung der Cortes statt. Sawitsch und ich suchten in der Dunkelheit lange nach dem Eingang, der in den Keller des alten Schlosses führte. Die italienischen Flugzeuge griffen die Stadt pausenlos an. Am Eingang stand ein Wachtposten mit weißen Handschuhen. Der alte Schloßdiener hatte irgendwo einen alten, abgeschabten Läufer aufgetrieben und ihn auf die Treppe gelegt; die Mitglieder der Cortes sollten nicht auf bloßem Stein in den Keller hinabsteigen. Für das diplomatische Korps und die Presse stand je eine Bank bereit. Auf Wunsch des Schloßdieners setzte ich mich auf die Diplomatenbank, damit sie nicht leer blieb; später kam noch jemand aus unserer Botschaft hinzu. Negrín war unrasiert; seine Augen waren entzündet, weil er lange nicht mehr geschlafen hatte. Er sagte, England und Frankreich hätten die Republik verraten und eine Blockade über Katalonien verhängt. Die Franzosen hätten sich geweigert, Schwerverwundete aufzunehmen. Seine Rede enthielt unter anderem den Satz: ,,Frankreich wird es noch leid tun, sich so verhalten zu haben.'' Dann wurde über einen Aufruf an das spanische Volk abgestimmt: Der Kampf geht weiter! Die Abstimmung erfolgte namentlich. Ein Abgeordneter nach dem anderen erhob sich und sprach ein feierliches Ja. Ein Abgeordneter war am Arm verwundet; das Blut durchtränkte den Verband.

In der Nacht fuhr ich in die französische Stadt Perpignan, um den Bericht über die Cortes-Sitzung an die ,,Iswestija'' durchzugeben. Am Morgen kehrte ich nach Spanien zurück.

Die Flüchtlinge konnten die Straßen nicht mehr benutzen, sie strömten, wie ein Fluß im Frühling, in die Breite und überfluteten die Felsen am Wegrand. Bei Puigcerda lag tiefer Schnee, die Kinder versanken darin. In der Nähe des Ares-Passes sah ich alte Frauen über die eisverkrusteten Felsen kriechen. Die Bauern schlachteten die Schafe, brieten sie an Ort und Stelle und ernährten so die Soldaten.

Eine Frau kam auf einem Feld nieder. Wir riefen nach einem Arzt. Ein alter Mann kam herbei, ein Facharzt für Hals, Nasen und Ohren; er leistete Hebammendienste. Als das Kind geboren war, wärmte sich der Arzt am Lagerfeuer und sagte plötzlich: ,,Da hat der Kleine Glück gehabt: Er ist noch auf spanischer Erde zur Welt gekommen.'' Dieser Arzt hatte herzlich wenig Ähnlichkeit mit einem Helden, der wie beiläufig historische Sentenzen fallenläßt; er hatte eine grüne Frauenjacke an und hielt seine steifgefrorenen rheumatischen Finger an das Feuer.

In einem Hirtenzelt sah ich Álvarez del Vayo. Jemand hatte ihm einen Krug mit warmem, bräunlichem Kaffee gebracht. Seine Augen waren so traurig, daß ich mich abwandte. Er aber sprach mit ungebrochenem Mut über einen Lastwagen mit Brot für die Soldaten, über Sperrfeuer, über die Evakuierung der Verwundeten. (Dieser Mann hat einen unbändigen Glauben. Ich treffe ihn zwei- bis dreimal im Jahr in Paris, Moskau oder Genf. Jedesmal sehe ich dann jenen Februartag vor mir, den Minister des Auswärtigen im Hirtenzelt, seine tragischen Augen und seine ruhige, gleichmäßige Stimme.)

Irgendwo in Grenznähe stand ich drei Tage später mit Sawitsch auf einem Felsvorsprung. An uns vorbei zogen unübersehbare Scharen von Flüchtlingen. Maulesel schrien, Kinder weinten. Dann kam eine Einheit Soldaten; ein Soldat stieß in ein Horn. Es fielen Bomben. Ein Bauer nahm eine Handvoll Erde auf und tat sie in ein großes rotes Tuch.

Ich schrieb ein Gedicht. Es enthielt verschiedene Details, die ich in diesem Kapitel erwähnt habe. Es besaß aber noch eine Tiefenschicht: jene Erregung, die sich nur in Versen ausdrücken läßt:

„In der feuchten Nacht nagten die Winde am Felsgestein.
Seinen Harnisch hinter sich her schleppend,
zog Spanien gen Norden.
Und bis zum Morgen schrie das Horn des tollgewordenen
Hornisten.
Die Soldaten führten ihre Kanonen mit.
Die Bauern trieben das Vieh vor sich her.
Die Kinder trugen ihr Spielzeug,
und die Puppe hatte einen verzerrten Mund.
Sie gebaren im Feld,
sie wickelten ihre Qual ein – und gingen weiter,
um aufrecht zu sterben.
Die Lagerfeuer brannten noch–
vor der Trennung,
das Messing des Horns war noch nicht erstorben.
Was kann trauriger und wunderbarer sein –
die Hand preßte noch eine Handvoll Erde zusammen.
In jener Nacht befreiten sich die Lieder vom Wort,
in jener Nacht fuhren die Dörfer wie Schiffe dahin."

INTER-
NATIONALE
BRIGADEN

Die internationalen Brigaden waren ein einzigartiges Experiment in der modernen Militärgeschichte: Zehntausende von Freiwilligen aller Herren Länder, die in eigenen Verbänden zusammengefaßt waren und als selbständige Einheiten im Rahmen der republikanischen Armee operierten. Sie wurden schon in den ersten Monaten des Bürgerkrieges aufgestellt und bildeten neben den spanischen Arbeitermilizen zunächst das Rückgrat des republikanischen Widerstands, da die reguläre Armee sich teils aufgelöst hatte, teils zu Franco übergelaufen war. Der erste große Erfolg der Interbrigaden war die Rettung Madrids in den kritischen Novembertagen 1936, als die Hauptstadt dem Zugriff Francos hilflos ausgeliefert schien.

Obwohl die Brigaden bis auf Kompanieebene hinunter vielsprachig waren – es gab nur wenige „nationale" Einheiten wie das deutschsprachige Bataillon Thälmann –, wuchsen sie rasch zur schlagkräftigsten Truppe der Republik heran. Organisation und Führung lagen in den Händen der Kommunistischen Partei bzw. unmittelbar bei der Komintern. Viele prominente KP-Führer der Nachkriegszeit verdienten sich damals militärische Sporen, so Walter Ulbricht und sein späterer Staatssicherheitsminister Wilhelm Zaisser (1953 wegen Abweichung entfernt), im Spanischen Bürgerkrieg unter dem Pseudonym „Gómez" Kommandeur der XIII. Brigade.

Die meisten Kämpfer der Interbrigaden waren allerdings nicht parteigebunden. Sie kamen aus allen Lagern der Linken oder waren einfach Sympathisanten der republikanischen Sache. Das stärkste Kontingent stellten die Franzosen mit insgesamt 10 000 Mann, das zweitstärkste die Deutschen und Österreicher mit 5000, fast alles Emigranten der Linken. Zu ihnen zählten zahlreiche Schriftsteller und Journalisten der Weimarer Zeit. Einige von ihnen, wie Ludwig Renn, Gustav Regler, Willy Bredel, Bodo Uhse, Alfred Kantorowicz stiegen zu militärischen und politischen Kommandopositionen auf.

Insgesamt dienten etwa 40 000 Mann in den Brigaden. Die Kampfstärke belief sich 1937 auf etwa 18 000 Mann. Die Verluste waren enorm. Sie betrugen in manchen Einheiten mehr als 50 Prozent. Von den deutschen Kämpfern fiel fast die Hälfte, von den Franzosen jeder dritte.

Im Frühjahr 1938 wurden die Internationalen Brigaden auf Grund eines Völkerbundsbeschlusses „zur Beendigung der ausländischen Intervention" aufgelöst. Die Westmächte hatten sich bei der spanischen Republik dafür verbürgt, daß auf der anderen Seite die faschistischen Mächte ihre „Freiwilligen" ebenfalls aus Spanien abziehen. Im Vertrauen darauf schickte die Republik die Interbrigadisten nach Hause. Hitler und Mussolini dagegen dachten nicht daran, das Abkommen zu erfüllen. Ihre Truppen blieben in Spanien und kämpften bis zum Endsieg für Franco.

Lied der Internationalen Brigaden
Text: Erich Weinert

1

Wir, im fernen Vaterland geboren,
nahmen nichts als Haß im Herzen mit.
Doch wir haben die Heimat nicht verloren,
unsre Heimat ist heute vor Madrid.
Doch wir haben die Heimat nicht verloren,
unsre Heimat ist heute vor Madrid.
Spaniens Brüder stehen auf der Barrikade.
Unsre Brüder sind Bauer und Prolet. –
Vorwärts, Internationale Brigade!
Hoch die Fahne der Solidarität –!
Vorwärts, Internationale Brigade!
Hoch die Fahne der Solidarität!

2

Spaniens Freiheit heißt jetzt unsre Ehre.
Unser Herz ist international.
Jagt zum Teufel die Fremdenlegionäre,
jagt ins Meer den Banditengeneral.
Träumte schon in Madrid sich zur Parade,
doch wir waren schon da, er kam zu spät.
Vorwärts, Internationale Brigade!
Hoch die Fahne der Solidarität –!

3

Mit Gewehren, Bomben und Granaten,
wird das Ungeziefer ausgebrannt.
Frei das Land von Banditen und Piraten,
Brüder Spaniens, denn euch gehört das Land.
Dem Faschistengesindel keine Gnade,
keine Gnade dem Hund, der uns verrät!
Vorwärts, Internationale Brigade!
Hoch die Fahne der Solidarität –!

GUSTAV REGLER

Der damals gläubige Kommunist war mit 38 Jahren Kommissar (Politischer Offizier) der XII. Brigade. Er war in Deutschland mit seinem Zuchthausroman ,,Wasser, Brot und Blaue Bohnen" hervorgetreten und 1933 nach Paris emigriert. Nach dem Spanischen Bürgerkrieg und dem Hitler-Stalin-Pakt brach er mit dem Kommunismus und emigrierte nach Mexiko. Er starb 1963 in der Bundesrepublik. In seinen Memoiren ,,Das Ohr des Malchus" schildert Regler den Kampf um Madrid und den Tod des deutschen Kommunisten Hans Beimler an der Front:

So starb Hans Beimler

Francos Mohren wurden, als sie in jenem Herbst 1936 im Begriff waren, zu einem unvorstellbar grausamen Gemetzel in die naive, unbewaffnete, träumende Stadt Madrid einzubrechen, aufgehalten von jenen wenigen Bataillonen, die man später die Internationale Brigade genannt hat. Die Retter hatten keine Namen und werden auch keine bekommen. Ihre Führer, mannigfaltig im Charakter, aber einig in jeder bedingungslosen Hingabe an den Kampf der spanischen Republik, waren Paul Lukacz, waren Hans Beimler und Hans Kahle, die deutschen Kommunisten, war jener ,,Lausejunge" Alexander Maass, der den ersten Kontakt herstellte und sofort einen Lungenschuß abbekam, war Pacciardi, der kaltblütige Italiener, war Gallo, der gehorsame Marty-Beamte, war ein Jugoslawe, von dem man später, als er nach Moskau abberufen wurde, sagte, er habe Josef Broz geheißen.

Eine seltsam magnetische Kraft ging von Madrid und unserem Freiwilligenkorps aus.

Wir lagen im Universitätsviertel im Westen der Stadt. Durch Barrikaden von Bücherregalen, aus Kellerfenstern und manchmal auch von einem Dach der sehr modernen, unvollendeten Wissensstadt schossen wir in die Nacht.

Seit die baumhohen Mohren von den paar Bataillonen überrascht und reihenweise niedergelegt worden waren in Kämpfen, die ebenso tragisch wie grotesk waren (denn keiner auf Francos Seite ahnte, wie wenig wir waren), sahen wir keine Feinde mehr, sondern nur hier und da an den Ecken der Gebäude das Aufflammen der Mörser. Die schwarzen Leichen verwesten unbeerdigt zwischen dem, was man ,,die Linien" nannte: philosophische Fakultät und juristische Fakultät. Meine Freiwilligen waren von einer Gleichgültigkeit gegenüber aller Gefahr, die ich schwer erklären kann. Keiner wußte genau, wo der Feind war. Jederzeit war ein Überraschungsmanöver möglich. Man würde sich umdrehen und in die andere Richtung schießen. Aus der totalen Unsicherheit der militärischen Lage wuchs die Sicherheit von Gladiatoren. Todgeweihte sahen wieder Sinn im Leben. Die meisten der Männer waren Emigranten, die seit drei Jahren die Gedemütigten der Pariser, Prager und Schweizer Präfekturen gewesen waren. Einige hatte man gezwungen, täglich (ich wiederhole: täglich!) zu erscheinen und um einen weiteren Tag Asyl zu bitten. Nun hatten sie Waffen in den Händen und eine Stadt zu beschützen. Der ständig drohende Tod, den sie verlachen oder zum mindesten übersehen konnten, gab ihnen die Würde wieder. Viele waren Juden; ihre Schüsse in die Nacht galten Hitler. Sie genossen es, über Gnade zu reden. Auch das flickte ihren verletzten Stolz.

Einmal zeigte man mir bei Tageslicht unter unserem Dach einen Mohren, der sich in dem Wirrwarr der Gebäude verlaufen hatte und wie ein Tier von einem Winkel zum andern sprang, wir hatten von oben genaue Sicht; er drehte uns den Rücken, stand manchmal still und lauschte, indem er die Nase in die Luft hob; er schnupperte in die falsche Richtung. Es entstand eine Diskussion, ob man auf ihn schießen solle; die Mehrheit war dagegen, weil man von hinten niemand tötet und weil er auch nur ein Mensch sei, ein Opfer des Kolonialgedankens. Diese politische Idee tauchte gleich zu Anfang auf und beeinflußte nicht wenig die Kriegstechnik. Bei Guadalajara im März 1937 sollte sie dann auch zu einem grandiosen Sieg führen. Jetzt überwog trotz prinzipieller Diskussionen doch die Lust am Vernichten des Feindes. Die Freiwilligen schossen übrigens nicht schlechter, weil sie zögerten; im letzten Augenblick festigte sie eine schreckliche Erinnerung an Hitler oder ganz einfach die Gnadenlosigkeit des Kampfes.

Gustav Regler

,,Ich komme aus Dachau'', sagte mir Hans Beimler, der in Bayern geborene deutsche Verantwortliche. Er hatte zum Zentralkomitee der deutschen KP im Exil gehört, seit er als Flüchtling in Prag erschienen war. Er hatte Grund zur Flucht gehabt; im KZ gefangen und des Todes sicher, hatte er den ersten SS-Mann, der in seine Zelle kam, erwürgt, hatte des Toten Uniform angezogen und sich auf so natürlich-unnatürliche Weise vor seinen Henkern in Sicherheit gebracht. Er konnte auf kein Versteck in Deutschland rechnen, alle seine Freunde saßen im Gefängnis. Er schlug sich durch, kam nach Prag, traf dort auf die Feldgendarmen Moskaus, die jeden als Deserteur bezichtigten, der wagte, an der Führung der Partei Kritik zu üben. Der aufrichtige Bayer sollte ebenfalls zugestehen, daß alles nur ein strategischer Rückzug und keine Niederlage sei. Beimler soll nur bitter gelacht haben; da stellte man ihn kalt, erklärte ihn für unzuverlässig; man ,,erlaubte'' ihm, nach Spanien zu gehen; vielleicht wollte Ulbricht seinen Tod; Beimler konnte leicht zum lebenden Heroen werden; nicht jeder hatte einen erwürgten SS-Mann vorzuweisen. Beimler sprach nie davon, vielleicht verschob er die Abrechnung. ,,Nur über Madrid kommen wir nach Deutschland zurück'', sagte er, als ich in Fuencarral neben ihm auf einer Matratze ausruhte. Er war achtundvierzig Stunden im Gefecht gewesen, nur mit

Mühe hatten wir ihn überzeugt, daß er Schlaf brauche. Nachdem er sich hatte überreden lassen, fiel jene fast übermenschliche Intensität und Kühle von ihm ab. Er zog mir die Schuhe aus. ,,So rasch kommen die Mohren nicht'', erklärte er, ,,und ein Fuß ruht nur aus, wenn er atmen kann.'' Um fünf Uhr weckte er uns. ,,Ablösung'', sagte er, ,,eh es Tag wird.''

Es war etwas Gieriges in seinem Eifer, als wenn er Angst hätte, nicht genug zu bekommen. Er trug eine schaffellgefütterte Jacke und eine graue Milizmütze, ein roter Stern war daraufgeheftet; sein slawisch knochiges Gesicht verriet nichts Ungewöhnliches, und doch wurde er in wenigen Tagen das magische Zentrum aller Kämpfe um die Farmen bei Palacete; es war eine deutsche Gründlichkeit in seinen Anordnungen, gelockert durch eine Nachsicht für alle schwachen Augenblicke der Leute, eine Güte, die eher ein bayrisches Erbgut war. Aber er roch auch den Ernst; er verlangte, daß wenigstens eine Tragbahre bei den Truppen bereit liege; seine väterliche Sorge schloß auch die letzte Möglichkeit ein; ich fühlte, daß der Krieg gewonnen werden konnte, denn diese Eindringlichkeit war Bataillone wert.

Ich fand ihn an jenem 12. Dezember 1936 im Nordwesten von Madrid, bei den Scheunen von Palacete, hinter einem Maschinengewehr. Dicht vor ihm lagen einige der langen Körper der Afrikaner. Ich war erstaunt über sein haßloses Gesicht; er richtete mit der Sachlichkeit eines Geometers sein Maschinengewehr auf eine Patrouille, die sich vergeblich in die roten Gebäude einer Farm zurückziehen wollte. Einer beschloß, durch uns hindurch einen Ausweg zu suchen. Beimler tötete ihn zehn Meter vor unserem Erdwall. Werner, der Arzt, kam neben mich gekrochen. ,,Ihr müßt bis zur Dämmerung aushalten, ich habe drei Verwundete zurückzubringen.''

,,Gemacht'', sagte Beimler, dann deutete er auf den Toten. ,,Und der da?'' Werner erhob sich zu meinem Entsetzen, ging zu dem Afrikaner, kniete nieder, um seinen Puls zu fühlen, ließ dann den schwarzen Arm fallen. Beimler räusperte sich, als er es sah. ,,Schade'', sagte er, ,,daß sie für diesen Hundsfott Franco kämpfen müssen.'' Sein Blick ging nachdenklich über die lang ausgestreckte Gestalt des toten Riesen.

Am Nachmittag hörte er, daß nah dem Fluß eine schwache Stelle in der Linie sei, ließ sich ablösen und unternahm einen Patrouillengang. Es wurde ein verhängnisvoller.

Er kam an meinen Gefechtsstand und sagte, daß er die Linie wieder herstellen wolle. Werner zeigte auf eine Bahre, die gerade angekommen war. ,,Da ist sie!'' – ,,Bravo'', sagte Beimler und ging über die Schanze. Ich warnte ihn vor den Scharfschützen, die im roten Haus versteckt lägen. Er lachte: ,,Ich bin immun!''

Zehn Minuten später kamen zwei mir unbekannte Deutsche, rissen die Tragbahre hoch und rannten damit davon. Ich hörte Tankfeuer am Manzanares; irgendein Panzer gab Beimler Deckung; er war also drüben angelangt. Ich fühlte mich erleichtert und befahl, auch auf unserem Geländekrater Feuer zu geben. Der Wald hallte von Explosionen; die Sonne öffnete sich einen Weg durch die Wolken und erhellte die Birkenbäume; da kamen die zwei jungen Deutschen langsam und fast feierlich um das Ende der Schanze herum. Auf der Bahre lag Beimler. Er war merkwürdig gelb, seine Pelzjacke stand offen, in seinem Sweater war nah der Stelle, wo man das Herz vermutete, ein kleiner Schlitz.

Werner kniete nieder und stand sofort wieder auf. „Ist es schlimm?" Ich mußte so albern fragen, denn ich wußte, was geschehen war; es kam kein Blut aus der Wunde, da kein Herz mehr schlug, es zu treiben. Ich weinte; Werner schnauzte mich an. Da leerte ich dem Toten die Taschen; er hatte das Waidmesser bei sich, das er dem SS-Mann abgenommen, als er ihn erwürgt hatte. Ich fand einen Zeitungsausschnitt mit der Rede, in der Stalin Spanien Hilfe versprach. Mehr hinterließ er nicht. Ich nahm seine Jacke und zog sie an; sie verließ mich erst 1940 im französischen Konzentrationslager.

ALFRED KANTOROWICZ

Der Jurist, Literat und Journalist kämpfte mit 37 Jahren als Nachrichtenoffizier im Bataillon „Tschapajew", einem buntgewürfelten Haufen aus allen europäischen Nationen. Kantorowicz war wie die meisten deutschen „Interbrigadisten" aus dem Pariser Exil nach Spanien gekommen. Er kehrte später wieder nach Frankreich zurück, wurde wie die meisten Spanienkämpfer interniert, entkam 1941 in die USA und kehrte nach Ende des Zweiten Weltkriegs in die damalige sowjetische Besatzungszone Deutschlands zurück. Nach dem Ungarn-Aufstand 1956 brach Kantorowicz endgültig mit dem Kommunismus sowjetischer Prägung, gab seinen Lehrstuhl an der Ostberliner Humboldt-Universität auf und siedelte in die Bundesrepublik über. Er starb 1979 in Hamburg.

Obwohl Kantorowicz später zu einem der schärfsten Kritiker des Stalinismus wurde, hat er seinen Einsatz in Spanien nie bereut. „Wir deutschen Antifaschisten", schrieb er kurz vor seinem Tode, „gingen nach Spanien nicht als Söldner und Legionäre, sondern als Alibi des ‚anderen Deutschland'. Der Kampf gegen Franco war für uns alle zugleich ein Kampf gegen Hitler, für Freiheit und Menschenrechte. Ich habe nie einen Anlaß gesehen, dieses Engagement zurückzunehmen."

In seinem „Spanischen Tagebuch" (erschienen 1949) beschreibt Kantorowicz die erbitterten Kämpfe an der spanischen Zentralfront 1937, bei denen er selbst schwer verwundet wurde:

Sturmangriff auf Guadarrama

Die Nacht ist wieder sehr kalt gewesen. Geweckt worden sind wir um 3.30 Uhr durch den Brigadechef persönlich. Er überbrachte den Angriffsbefehl. Aus der verschrobenen Kodifizierung, in der er gehalten war, in allgemeinverständliche Anweisung gebracht, ergab der Befehl: daß die XV. Division die gegnerischen Stellungen auf den Höhen des linken Ufers des Rio Guadarrama zu stürmen habe. Unsere Brigade hatte links des Weges, der von der Furt auf die Höhen führt, anzugreifen, die XV. Brigade rechts. Die Batterie Nr. 115 würde für die Dauer des Angriffes zur Verfügung unserer Brigade stehen, desgleichen eine Anzahl Tanks. Die unserer Brigade schon im Süden zugeteilte Antitankbatterie, aus drei modernen Geschützen bestehend, hatte Brisanzgranaten erhalten und sollte nun ihre Feuerprobe bestehen. Der Angriff war auf fünf Uhr morgens festgesetzt worden, wurde dann aber um eine Stunde verschoben.

Die Faschisten, die Bewegung bei uns bemerkt hatten, eröffneten als erste das Feuer, wenige Minuten vor sechs Uhr. Da die Kompanien in den Büschen des Guadarrama noch ihren Blicken verborgen waren, konzentrierten sie den Beschuß auf die Anhöhe, auf der wir uns befanden. Eines ihrer schweren Maschinengewehre schoß sich auf das dünne Gebüsch ein, in dem wir lagen; wir hätten voraussehen sollen, daß sie an diesem vorgeschobensten Punkt des Plateaus einen Beobachtungsposten oder ein MG von uns vermuten würden. Es prasselte und pfiff durch die Zweige. Wir preßten uns eng an den Boden und duckten die Köpfe, unsere Beobachtung wurde dadurch behindert. Wir bedauerten, daß wir trotz aller Müdigkeit uns nicht eingegraben hatten.

Unsere schweren Maschinengewehre antworteten sogleich. Um sechs Uhr eröffnete auch die uns zur Verfügung gestellte Batterie das Feuer auf die von den Faschisten besetzten Höhen. Unsere Antitankgeschütze begannen, sich auf die feststellbaren Maschinengewehrnester des Feindes einzuschießen.

Dies Duell der Maschinengewehre über die Köpfe der sich entwickelnden Infanterie hinweg kam dieser zugute; sie lenkte die Aufmerksamkeit und das Feuer der Faschisten von den Kameraden am Flußufer ab, die nun gruppenweise rasch den Guadarrama durchwateten und sich in den Gebüschen des jenseitigen Ufers sammelten.

Alfred Kantorowicz

In diesem Zeitpunkt wurde Brunner von einem der Melder angerufen: der Brigadekommandeur wünsche ihn zu sprechen. Wir wandten die Köpfe und sahen, wie Major K. mitten im wildesten Feuer auf dem Plateau herumspazierte, ein Stöckchen schwingend – ein Beispiel des unverständigsten Todesmutes. Brunner knurrte etwas, sprang aber sogleich auf, um zu seinem Kommandeur zu eilen. Ewald lieh mir sein Glas: der Brigadechef und Brunner standen hochaufgerichtet am Rande des Plateaus, die Gläser an den Augen, unbeweglich, wie Zuschauer beim Manöver. Offenbar dienten sie auch für die Faschisten als Ziel; rund um sie stäubten die kleinen Wolken der Einschläge der MG-Munition hoch. Es war wunderbar, daß sie nicht getroffen wurden. Keiner von beiden wollte zeigen, daß es ihn irritierte, als Zielscheibe für sechs schwere und fünfzehn leichte Maschinengewehre zu dienen. Sie waren wie erstarrt in ihrer heroischen Pose.

Ich sah, wie Major K., das Glas von den Augen nehmend, irgend etwas zu Brunner sagte und wie der mit einem Achselzucken antwortete, das andeutete, er habe nicht verstanden. Da K. nur fünfzig Worte deutsch und Brunner nur dreißig Worte französisch radebrecht, so konnten sie in der Tat ohne Dolmetsch einander nicht verstehen. Ich eilte zu ihnen. K. machte Bedenken geltend, unsere Sturmreihen hätten sich zu weit nach rechts hin entwickelt. Ich übersetzte Brunner diese Meinung und gab K. anschließend gleich die Gründe bekannt, die eine solche weitere Umfassung nach dem Urteil der Bataillonsführung zweckmäßig erscheinen ließen.

Die Wirkung unserer Antitankgeschütze war erkennbar. Zwei der feindlichen MGs im Zentrum schwiegen bereits. Die Mehrzahl der anderen beschoß nun unsere Stoßtrupps, die sich langsam die Höhe hinauf vorarbeiteten.

Vom Standort der Antitank aus kann ich beobachten, wie sich an unserer linken Flanke das zweite Bataillon entwickelt hat. Doch vermag ich die Männer unseres Bataillons nicht mehr zu sehen. Mir erscheint diese Minute wie die Atempause vor dem entscheidenden Sturm. Wenn jetzt die versprochenen Tanks kämen, so könnten wir im Ansprung die Höhen nehmen. Wir erspüren den psychologischen Augenblick an der Nervosität des faschistischen Feuers. Wenn in fünf Minuten nichts Entscheidendes geschieht, so ist der günstigste Zeitpunkt vielleicht verpaßt – Sieg und Niederlage sind bei gleichen Waffen zumeist eine Nervenfrage. Den entscheidenden Moment muß der militärische Führer erspüren und in diesem entscheidenden Moment muß er seine stärksten Mittel einsetzen. Wenn jetzt die Tanks kämen, so hätten wir gewonnen.

Da hören wir sie rollen und dann sehen wir sie die Landstraße mit ziemlicher Geschwindigkeit hochfahren. Das Feuer aller unserer MGs steigert sich zum Höchstmaß. Die Antitank jagt an die fünfzehn Schuß in der Minute aus den drei Geschützen ins feindliche Zentrum. Ich renne zu unserem Gefechtsstand zurück. In langen Sprüngen arbeiten sich die Gruppen unserer Männer noch weiter vor. Und dann erheben sich wie an Schnüren zugleich hochgezogen die dreihundert Infanteristen unseres Bataillons und rennen geduckt die Höhen hinan. „Sie stürmen!" schreit Brunner. Man hört das Hurragebrüll bis zu uns her.

Und nun verläßt der erste der Faschisten die Stellung. Wir haben gewonnen. Wir wissen, nun wird seine ganze Abteilung ihm nachlaufen und seiner Abteilung die anderen, es gibt kein Halten mehr. Da rennen sie schon. Zehn, zwanzig, hundert, zweihundert, die ganze faschistische Front rennt. Da haben sich im Laufen etwa dreißig von ihnen zusammengeballt. Unsere Antitank hält dazwischen: Volltreffer. Unsere MGs feuern, daß die Läufe zu glühen beginnen. Von drüben fällt kein Schuß mehr. So weit das Auge sehen kann, von allen Hügeln rechts und links rennen die Faschisten um ihr Leben. Rechts des Weges stürmen nun die Engländer und Amerikaner, die ganze XV. Brigade. Zwischen ihnen und unserem Bataillon stürmt „Juan Marco". Von links hören wir die Hurras der stürmenden Franzosen vom zweiten Bataillon.

Brunner hängt sein Glas um, ergreift seinen Karabiner und ruft mit schallender Stimme:

„Der Stab geht vor!"

Wir rennen in mächtigen Sprüngen den Abhang hinunter, durchwaten den Fluß und jagen im Laufschritt die jenseitigen Hänge hinan. In diesen Minuten, in denen die übermächtige Sensation des Sieges unsere Nerven und Sinne ausschließlich beherrscht, spürt niemand die körperliche Erschöpfung nach den Anspannungen der letzten Tage.

Noch bevor wir die Linie des stürmenden Bataillons wieder erreicht hatten, besann sich Brunner darauf, daß er im Überschwang der jeden Gedanken überflutenden rauschhaften Gefühlssteigerung daran vergessen hatte, sich beim Brigadechef die letzten Instruktionen über das weitere Vorgehen des Bataillons zu holen, ehe er den Gefechtsstand vorverlegte. So war es verabredet gewesen.

Es ist Sache des Bataillonsadjutanten, in Vertretung seines Kommandeurs die Orders des Brigadechefs einzuholen. Julius machte aber geltend, er könne sich ohne Dolmetscher nicht mit dem Chef verständigen und es sei daher besser, wenn ich den Rapport übernehmen würde. Brunner, dem dieser Gesichtspunkt richtig erschien, wandte sich an mich. ,,Gehst halt du, Kanto. Brauchst nicht gar so wild zu laufen.''

Der Stab der Fünfzehnten hat seinen provisorischen Gefechtsstand in den Büschen dicht bei der Furt. Ich eile, ohne mich aufzuhalten, durch das verwirrende Getriebe. Erst in der Mitte des Flusses (dessen Wasser in der Sommerdürre kaum bis zur Wadenmitte reicht) verharre ich, um meine Feldflasche zu füllen. Als ich wieder aufblicke, sehe ich einen Neger neben mir stehen. Ich erkenne ihn sogleich. Es ist der amerikanische Kamerad, der auf der Durchfahrt nach Albacete eine Nacht in Valencia durch Vermittlung gemeinsamer Freunde bei mir gewohnt hat.

,,Hallo'', rufe ich munter, ,,don't you remember me?''

,,Hallo'', antwortet er, ,,your are the editor of the Volunteer of Liberty?''

,,Nein'', brülle ich und stoße ihn übermütig vor die hemdoffene Brust, ,,no, comrade, I am fortunately no more editor. I am officer in the XIII. brigade. And you?''

Er sei, so sagt er, im Kommissariat der XV. Brigade tätig.

Wir schütteln uns die Hände, wünschen uns ,,good luck'', aber als ich weiterlaufen will, hält er mich noch einen Moment am Ärmel zurück und zieht aus seinem Brotbeutel – eine Schachtel Chesterfield, eine ganze Packung, zwanzig Stück, und wie ich eine nehmen will, drückt er sie mir alle in die Hand. Das ist ein fürstliches Geschenk unter unseren Bedingungen. Er flüchtet vor meinem Dank; ich haste weiter.

ROT GEGEN ROT

Auf Geheiß Stalins, der 1937 in Moskau die Schauprozesse gegen seine letzten innerparteilichen Widersacher inszenierte, eröffnet die spanische KP einen „Bürgerkrieg im Bürgerkrieg" gegen die linke Opposition im republikanischen Lager. Nach und nach werden die Sozialisten und Anarchisten entmachtet. In Barcelona, der Hochburg der Anarchisten, kommt es im Mai 1937 zu blutigen Straßenkämpfen. Schließlich holt die inzwischen allmächtige KP zum vernichtenden Schlag gegen Trotzkisten und Linkssozialisten aus. In einer Nacht-und-Nebel-Aktion wird die POUM („Arbeiterpartei der marxistischen Union"), eine kleine, aber äußerst militante marxistische Gruppe, zerschlagen. Die gesamte Führung wird liquidiert, die Miliz aufgelöst, Tausende von Anhängern verhaftet. Für viele Linke wird diese Episode zum Wendepunkt ihres politischen Weges.

GEORGE ORWELL

Der englische Schriftsteller, der später mit seinem Zukunftsroman „1984" Weltruhm erlangt, erlebt den stalinistischen Terror als Augenzeuge und Opfer. Der Linkssozialist, damals völlig unbekannt, hatte sich als Freiwilliger der POUM-Miliz, einer selbständig kämpfenden Truppe, angeschlossen. Im Frühjahr 1937 wird er an der Front in Katalonien schwer verwundet. Ein Splitter dringt in den Kehlkopf ein und zerreißt die Stimmbänder. In dieser Situation erlebt er die Hexenjagd auf die „Trotzkisten". Die Vision eines totalitären Polizeistaates, den er in „1984" schildert, hat ihren realen Hintergrund im Barcelona des Jahres 1937. Er beschreibt es in seinem Buch „Mein Katalonien":

Hexenjagd in Barcelona

Während der letzten Wochen, die ich in Barcelona verbrachte, lag ein eigentümliches, böses Gefühl in der Luft, es war eine Atmosphäre des Mißtrauens, der Furcht, der Ungewißheit und des verhüllten Hasses. Mit dem Fall der Regierung Caballero waren die Kommunisten endgültig an die Macht gekommen. Die Verantwortung für die innere Ordnung war kommunistischen Ministern übertragen worden, und niemand zweifelte daran, daß sie ihre politischen Rivalen zerschmettern würden, sobald sie auch nur einen Zipfel der Gelegenheit zu fassen kriegten. Bisher war noch nichts geschehen, und ich selbst hatte nicht einmal eine Idee davon, was geschehen würde. Dennoch hatte man das Gefühl ständiger, unbestimmter Gefahr, die Ahnung eines bevorstehenden, schlimmen Ereignisses. Obwohl man sich in Wirklichkeit nicht an einer Verschwörung beteiligte, zwang einen doch die Atmosphäre, sich wie ein Verschwörer zu fühlen. Es hatte den Anschein, als verbrächte man seine Zeit damit, geflüsterte Unterhaltungen in den Ekken des Cafés zu führen, während man sich gleichzeitig fragte, ob die Person am Nebentisch nicht ein Polizeispion sei.

Überall gab es Polizeispione. Die Gefängnisse waren noch mit Gefangenen aus den Maikämpfen vollgestopft, und weitere Menschen – immer Anarchisten und POUM-Anhänger – verschwanden einzeln oder zu zweit im Gefängnis. Soviel man erfahren konnte, wurde bisher niemand verurteilt oder angeklagt, nicht einmal eines so eindeutigen Vergehens wie des „Trotzkismus". Man wurde einfach ins Gefängnis geworfen und dort meistens *incomunicado* gehalten. Immer mehr Ausländer aus der Internationalen Brigade und anderen Milizeinheiten wurden ins Gefängnis gesteckt. Normalerweise wurden sie unter dem Vorwand der Fahnenflucht verhaftet.

An verschiedenen Stellen der Stadt hielten die Wachtposten der

Zivilgardisten oder Carabineros die Vorübergehenden an und verlangten ihre Papiere. Jeder warnte mich, meine POUM-Milizkarte zu zeigen, ich sollte nur meinen Paß und meinen Lazarettschein vorweisen. Es war nämlich sogar gefährlich, wenn sie erfuhren, daß man in der POUM-Miliz gedient hatte. Milizsoldaten der POUM, die verwundet worden waren oder Urlaub hatten, wurden auf kleinliche Weise benachteiligt. So erschwerte man ihnen beispielsweise die Auszahlung ihrer Löhne. ,,La Batalla'' erschien noch, aber sie wurde derartig zensiert, daß fast nichts mehr darin stand. Auch ,,Solidaridad'' und die anderen anarchistischen Zeitungen wurden in großem Umfang zensiert. Es gab eine Vorschrift, nach der die von der Zensur beanstandeten Abschnitte einer Zeitung nicht leer bleiben durften, sondern mit anderen Meldungen gefüllt werden mußten. Deshalb war es manchmal unmöglich zu sagen, wo etwas weggelassen worden war.

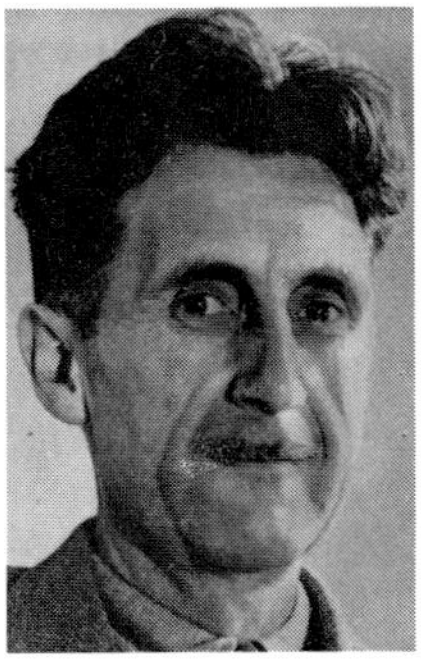
George Orwell

Die ,,Stalinisten'' saßen im Sattel, und darum war es eine Selbstverständlichkeit, daß jeder ,,Trotzkist'' in Gefahr war. Nur, was jeder befürchtete, geschah nicht – der erneute Ausbruch der Straßenkämpfe, die man dann wie beim letztenmal der POUM oder den Anarchisten zur Last gelegt hätte. Zeitweilig ertappte ich mich dabei, wie ich auf die ersten Schüsse lauschte. Es war, als brüte ein riesiger, übler Geist über der Stadt. Jeder bemerkte es und sagte etwas darüber. Es ist seltsam, wie alle ihre Beobachtungen fast mit den gleichen Worten beschrieben: ,,Die Atmosphäre dieser Stadt – sie ist schrecklich. Wie in einer Irrenanstalt.''

Ich lag im Sanatorium Maurin, einem der von der POUM unterhaltenen Sanatorien. Es lag in den Vororten in der Nähe von Tibidabo, dem eigentümlich geformten Berg, der sich gleich hinter Barcelona erhebt und den man traditionsgemäß für den Hügel hält, von dem aus Satan Jesus die Länder der Welt zeigte (daher stammt auch sein Name). Das Haus hatte früher einem reichen Bürger gehört und war während der Revolution beschlagnahmt worden. Die meisten Soldaten, die dort lagen, waren entweder als Invaliden von der Front entlassen worden oder hatten eine Wunde, die sie dauernd dienstunfähig machte, zum Beispiel amputierte Glieder. Dort lagen auch einige Engländer: Williams mit einem beschädigten Bein und Stafford Cottman, ein achtzehnjähriger Junge, der wegen Tuberkuloseverdacht aus den Schützengräben zurückgeschickt worden war, und Arthur Clinton, dessen zerschmetterter linker Arm immer noch in einer jener riesigen Drahtkonstruktionen lag, die die spanischen Lazarette benutzten und die man scherzhaft ,,Flugzeuge'' nannte. Meine Frau wohnte noch im Hotel ,,Continental'', und ich kam normalerweise tagsüber nach Barcelona.

Wir hatten uns beide dazu entschlossen, so schnell wie möglich nach England zurückzugehen, das war das Beste, was wir tun konnten. Ich war äußerst schwach, und meine Stimme war anscheinend für immer verschwunden. Die Ärzte sagten mir, daß es selbst im günstigsten Falle mehrere Monate dauern würde, ehe ich wieder kampffähig sei. Aber meine Motive waren hauptsächlich selbstsüchtig. Ich hatte den überwältigenden Wunsch, von allem wegzukommen. Weg von der scheußlichen Atmosphäre des politischen Mißtrauens und Hasses, weg von den Straßen, in denen sich bewaffnete Soldaten drängten, weg von den Fliegerangriffen, Schützengräben, Maschinengewehren, kreischenden Straßenbahnen, dem Tee ohne Milch, dem in Öl gekochten Essen und dem Zigarettenmangel, kurzum von allem, was ich irgendwie mit Spanien in Verbindung zu bringen gelernt hatte.

Die Ärzte im Allgemeinen Krankenhaus hatten mir bescheinigt, daß ich frontuntauglich sei. Um aber meine Entlassung zu erhalten, mußte ich nach Sietamo gehen, damit dort meine Papiere im Hauptquartier der POUM-Miliz abgestempelt würden.

Es dauerte fünf Tage, ehe ich nach Barcelona zurückkehrte. Wie gewöhnlich wurde man von Lazarett zu Lazarett hin- und hergeschickt – Sietamo, Barbastro, Monzon, dann wieder zurück nach Sietamo, damit meine Entlassungspapiere gestempelt wurden, dann über Barbastro und Lerida wieder an die Front hinunter.

Eine Nacht schlief ich im Lazarett von Monzon, wo ich die Ärztekommission aufsuchen mußte. Im Bett neben mir lag ein Sturmgardist, der über dem linken Auge verwundet worden war. Er war sehr freundlich und gab mir Zigaretten. Ich sagte: „In Barcelona hätten wir aufeinander schießen müssen", und wir lachten darüber. Eigentümlich, wie sich die allgemeine Einstellung zu ändern schien, sobald man in die Nähe der Front kam. Der ganze oder fast der ganze böse Haß zwischen den politischen Parteien verflog. Ich kann mich aus der ganzen Zeit, die ich an der Front verbracht habe, nicht ein einziges Mal erinnern, daß sich ein Anhänger der PSUC mir gegenüber feindselig zeigte, weil ich zur POUM gehörte. Das gab es eben nur in Barcelona oder an Orten, die noch weiter vom Kriegsschauplatz entfernt waren. In Sietamo lagen viele Sturmgardisten. Man hatte sie aus Barcelona hierhergeschickt, um am Angriff auf Huesca teilzunehmen. Die Sturmgardisten waren eigentlich nicht für den Einsatz an der Front bestimmt, und viele von ihnen hatten vorher noch nicht unter Beschuß gelegen. Unten in Barcelona waren sie die Herren der Straße, aber hier waren sie *quintos* (unerfahrene Rekruten), und ihre Kumpels waren die fünfzehnjährigen Milizkinder, die schon monatelang an der Front gewesen waren.

Im Lazarett von Monzon zog der Arzt wie üblich meine Zunge heraus, steckte seinen Spiegel in meinen Hals, versicherte mir in der gewohnten heiteren Weise wie seine Vorgänger, daß ich meine Stimme nie zurückbekomme, und unterschrieb meine Bescheinigung. Während ich auf diese Untersuchung wartete, wurde in der Chirurgie gerade eine schreckliche Operation ohne Betäubungsmittel durchgeführt – warum ohne Betäubungsmittel, weiß ich auch nicht. Sie dauerte endlos lange, und man hörte einen Schrei nach dem anderen. Als ich hinterher hineinging, lagen Stühle umher, und der Boden war voller Blut- und Urinlachen.

Die Einzelheiten dieser letzten Reise sind mit seltener Klarheit in meinem Gedächtnis haftengeblieben. Ich war in einer anderen Stimmung, ich beobachtete die Dinge besser, als ich es während der letzten Monate getan hatte. Ich hatte meine Entlassungspapiere mit dem Stempel der 29. Division und die Bescheinigung des Arztes, in der man mich ,,unbrauchbar erklärt" hatte. Ich konnte frei nach England zurückgehen und fühlte mich deshalb eigentlich zum erstenmal in der Lage, mir Spanien anzusehen. Für Barbastro blieb mir ein ganzer Tag, denn von dort fuhr der Zug nur einmal täglich. Vorher hatte ich Barbastro nur während kurzer Augenblicke gesehen, und die Stadt war mir einfach wie ein Bestandteil des Krieges vorgekommen; ein grauer, schmutziger, kalter Ort, voll lärmender Lastwagen und schäbiger Truppen. Jetzt sah es seltsam verändert aus. Als ich durch die Straßen wanderte, sah ich zum erstenmal mit Bewußtsein die freundlichen, gewundenen Straßen, die alten Steinbrücken, die Weinläden mit dicken, schlammigen Fässern, die so groß waren wie ein Mann, und die faszinierenden halb unter der Erde liegenden Werkstätten, in denen Männer Wagenräder, Dolche, hölzerne Löffel und Wasserflaschen aus Ziegenfell machten. Es war seltsam, wie ich beinahe sechs Monate lang kein Auge für solche Dinge gehabt hatte. Mit den Entlassungspapieren in der Tasche fühlte ich mich wieder wie ein menschliches Wesen und sogar wie ein Tourist. Eigentlich zum erstenmal fühlte ich, daß ich wirklich in Spanien war, in einem Land, das ich mein ganzes Leben lang hatte besuchen wollen. In den ruhigen Seitenstraßen von Lerida und Barbastro schien ich in einem Augenblick das zu erfassen, was sich jeder vom Hörensagen unter Spanien vorstellt. Weiße Berge, Ziegenherden, Verliese der Inquisition, maurische Paläste, schwarze Maultierzüge, die sich den Berg hinaufwinden, graue Olivenbäume und Zitronenhaine, Mädchen in schwarzen Mantillas, der Wein von Málaga und Alicante, Kathedralen, Kardinäle, Stierkämpfe, Zigeuner, Serenaden – kurzum Spanien. In ganz Europa war es das Land, das meine Phantasie am meisten beschäftigt hatte.

Es war spät, als ich nach Barcelona zurückkam, und es fuhren keine Taxis mehr. Es hatte keinen Zweck zu versuchen, noch zum Sanatorium Maurin zu kommen, denn es lag ganz am Rande der Stadt. So machte ich mich auf den Weg zum Hotel ,,Continental".

Als ich in das Hotel kam, saß meine Frau in der Halle. Sie stand auf und kam in einer betont unbekümmerten Weise auf mich zu, was mir auffiel. Dann legte sie einen Arm um meinen Hals und flüsterte mit einem süßen Lächeln zu den anderen Leuten in der Halle in mein Ohr: ,,Mach, daß du rauskommst!"

,,Was?"

,,Mach, daß du sofort hier rauskommst!"

,,Was?"

,,Bleib hier nicht stehen! Du mußt schnell hinaus!"

,,Zum Teufel, was bedeutet das alles?" sagte ich, sobald wir auf dem Bürgersteig waren.

„Hast du denn nichts gehört?"

„Nein. Was gehört? Ich habe nichts gehört."

„Die POUM ist unterdrückt worden. Sie haben alle Gebäude beschlagnahmt. Praktisch jeder ist im Gefängnis. Und sie sollen schon Leute erschießen."

Das war es also. Wir mußten einen Ort finden, wo wir uns unterhalten konnten. Alle großen Cafés an der Rambla steckten voller Polizisten, aber wir fanden ein ruhiges Café in einer Nebenstraße. Meine Frau erklärte mir, was sich ereignet hatte, als ich weg war.

Am 15. Juni hatte die Polizei plötzlich Andrés Nin in seinem Büro verhaftet, am gleichen Abend noch hatten sie das Hotel „Falcon" besetzt und alle Männer verhaftet, die dort waren, hauptsächlich Milizsoldaten auf Urlaub. Das Gebäude wurde sofort in ein Gefängnis verwandelt, und in kurzer Zeit war es randvoll mit Gefangenen aller Art.

Am nächsten Tage wurde die POUM zur illegalen Organisation erklärt und ihre sämtlichen Büros, Buchläden, Sanatorien, Rote-Hilfe-Zentren und so weiter beschlagnahmt. Außerdem verhaftete die Polizei jeden, dessen sie habhaft werden konnte und von dem man wußte, daß er irgendeine Verbindung mit der POUM hatte. Innerhalb von ein oder zwei Tagen befanden sich alle vierzig Mitglieder des Zentralkomitees im Gefängnis. Ein oder zwei entkamen möglicherweise und hielten sich versteckt, aber die Polizei bediente sich des Tricks, der in diesem Krieg auf beiden Seiten häufig gebraucht wurde.

Wenn ein Mann verschwand, hielt man seine Frau als Geisel fest. Das Beispiel von Kurt Landau und seiner Frau ist typisch dafür. Sie wurden am 17. Juni verhaftet, und Landau „verschwand" sofort. Fünf Monate später war seine Frau immer noch ohne Gerichtsprozeß und ohne Nachrichten von ihrem Mann im Gefängnis. Sie unternahm einen Hungerstreik, worauf der Justizminister ihr mitteilte, ihr Mann sei tot. Kurz darauf wurde sie entlassen, um fast sofort wieder verhaftet und in ein Gefängnis geworfen zu werden.

Meine Frau erzählte mir, was mit unseren verschiedenen Freunden geschehen war. Einige der Engländer und der anderen Ausländer waren über die Grenze entkommen. Williams und Stafford Cottman waren nicht verhaftet worden, als man das Sanatorium Maurin besetzte, und versteckten sich in der Stadt. Dort hielt sich auch John McNair auf, der in Frankreich gewesen war und nach Spanien zurückkam, als man die POUM für ungesetzlich erklärt hatte. Das war natürlich übereilt gewesen, aber er wollte nicht in Sicherheit sein, während seine Kameraden in Gefahr waren. Der Rest war einfach eine Aufzählung: „Sie haben den und den erwischt", und „sie haben den und jenen bekommen". Es schien, als hätten sie nahezu jeden erwischt. Es gab mir allerdings einen ziemlichen Schock, als ich hörte, daß sie auch Georges Kopp* erwischt hatten.

„Was! Kopp? Ich dachte, er sei in Valencia."

* *Major Kopp: Orwells Kompaniechef in der POUM-Miliz, ein belgischer Trotzkist.*

Ich muß zugeben, daß ich außer mir war, als ich von der Gefangennahme Kopps hörte. Er war mein persönlicher Freund, ich hatte monatelang unter ihm gedient, ich hatte zusammen mit ihm unter Beschuß gelegen, und ich kannte sein persönliches Geschick. Er war ein Mann, der alles geopfert hatte – Familie, Nationalität und Lebensunterhalt –, und das nur, um nach Spanien zu kommen und gegen den Faschismus zu kämpfen. Sollte er jemals in sein eigenes Land zurückkehren, würde er viele Jahre Gefängnis erhalten, denn er hatte Belgien verlassen und war einer fremden Armee beigetreten, obwohl er noch belgischer Armeereservist war. Seit Oktober 1936 hatte er an der Front gelegen und sich vom Milizsoldaten zum Major hinaufgedient.

Meine Frau hatten sie allerdings nicht ,,verhaftet". Obwohl sie im ,,Continental" geblieben war, hatte die Polizei nichts unternommen, um sie festzusetzen. Offensichtlich wurde sie als Lockvogel benutzt. Ein paar Nächte vorher jedoch waren sechs Polizisten in Zivil frühmorgens in ihr Hotelzimmer gekommen und hatten es durchsucht. Sie hatten jedes Stückchen Papier, das wir besaßen, beschlagnahmt, zum Glück nur nicht unsere Pässe und unser Scheckbuch. Sie hatten meine Tagebücher, alle Bücher und sämtliche Zeitungssausschnitte, die ich monatelang aufbewahrt hatte, mitgenommen.

Offensichtlich war es für meine Frau im Augenblick sicherer, im Hotel zu bleiben. Falls sie versuchte zu verschwinden, würde man ihr sofort nachspüren. Ich selbst aber mußte direkt untertauchen. Der Gedanke daran empörte mich. Trotz der unzähligen Verhaftungen konnte ich eigentlich nicht glauben, daß ich in Gefahr war.

Was hatte ich getan! Ich war nicht einmal Parteimitglied der POUM. Natürlich hatte ich während der Maikämpfe Waffen geführt, aber das hatten schätzungsweise vierzig- oder fünfzigtausend Leute getan. Außerdem brauchte ich dringend eine Nacht anständigen Schlafes. Ich wollte es riskieren und zum Hotel zurückgehen, aber meine Frau wollte nichts davon hören.

So trennten wir uns. Meine Frau ging zum Hotel zurück, und ich wanderte in die Dunkelheit, um ein Plätzchen zum Schlafen zu finden. Nirgends gab es etwas, wohin ich gehen konnte, kein Haus, wo ich unterschlüpfen konnte. Die POUM hatte praktisch keine Untergrundorganisation. So gab es keine Treffpunkte und Verstecke, die jede revolutionäre Partei selbstverständlich haben sollte. Gott weiß, wie viele Leute – Leute, deren Haus von der Polizei besetzt worden war – diese Nacht in den Straßen schliefen. Ich hatte fünf Tage einer ermüdenden Reise hinter mir, ich hatte an den unmöglichsten Orten geschlafen, mein Arm schmerzte sehr stark, und jetzt jagten mich diese Dummköpfe hin und her, und ich mußte wieder auf der Erde schlafen. So weit ungefähr reichten meine Gedanken. Ich stellte keine konkreten politischen Überlegungen an.

Ich suchte nach einem Ort, wo ich mich hinlegen konnte, ohne daß mich ein neugieriger Polizist fand und nach meinen Papieren fragte. Ich versuchte es in einem Luftschutzbunker, aber er war gerade frisch ausgehoben worden und tropfte vor Feuchtigkeit. Dann fand ich die Ruine einer Kirche, die während der Revolution geplündert und in Brand gesteckt worden war. Sie war nur noch ein Skelett, vier Wände ohne Dach, die einen Haufen Schutt umgaben. Ich stöberte in der grauen Finsternis herum und fand eine Art Mulde, in die ich mich hinlegen konnte. Brocken von zerbrochenem Mauerwerk sind nicht gerade gut, um sich daraufzulegen, aber glücklicherweise war es eine warme Nacht, und es gelang mir, einige Stunden zu schlafen.

JULIAN GORKIN

Der spanische Sozialist gehörte zum Führungsgremium der POUM. Er war Chefredakteur des Parteiblatts ,,La Batalla". Wie Andrés Nin war Gorkin anfänglich Kommunist gewesen, hatte sich aber nach längerem Aufenthalt in der Sowjetunion vom Stalinismus losgesagt. Bei der Säuberung in Spanien wurde er 1938 im berüchtigten POUM-Prozeß von Barcelona zu 15 Jahren Gefängnis verurteilt. In seinem Buch ,,Stalins langer Arm" schildert er seine Verhaftung:

Gefangener des NKWD

Am Morgen des 16. Juni hielt das Exekutivkomitee der POUM im Maurin-Institut, dem ehemaligen Palast der Vize-Königin, seine tägliche Sitzung ab. Anwesend waren Nin, Andrade, Gironella, Pedro Bonet, Jordi Arquer, Solano und ich. Wir sprachen darüber, ob ich am Prozeß teilnehmen solle, der gegen mich als Chefredakteur der ,,Batalla" angestrengt war. Wir befürworteten eine Teilnahme, weil sie Gelegenheit böte, die stalinistischen Verleumdungen zu zerstören und die Wahrheit über die ,,Maitage" zu sagen. Die kommunistischen Blätter forderten meine Todesstrafe, aber ich wollte den Nachweis erbringen, daß Spanien noch nicht Rußland war und das Volk sich noch durchsetzen konnte.

Wir beendeten gerade unsere Sitzung, als plötzlich Polizei ankam und Nin verhaftete. Wie durch ein Wunder waren Andrade und die anderen bereits fort, während ich in den zweiten Stock gegangen war. Vom Fenster sah ich Nin zwischen Polizisten in Zivil hinausgehen. Ich ahnte nicht, daß ich ihn zum letztenmal sah. Ich blieb mit Maurins Bruder, und dort hat uns die Polizei in der Nacht verhaftet.

Die Abteilungen der Polizeidirektion, wohin man uns bringt, sind voller Polizisten. Es ist eine Nacht emsiger Jagd, alle Kräfte sind eingesetzt.

Man führt mich in den Keller: Zelle Nr. I, dem Eingang gegenüber. Dort sind zwei Unbekannte, die sich bald vorstellen. Der eine war Politkommissar der CNT-Division an der Huesca-Front, der andere war ein deutscher Anarchist. Sie sagen mir, daß die Kerker voller POUM-Anhänger seien, darunter José Excuder, den ich beim Gang zur Toilette bemerkte. Auch David Rey ist da. Haben sie ihn also ebenfalls verhaftet? Er ist einer der besten Parteimitglieder. Als alter CNT-Kämpfer verbrachte er mehrere Jahre in den Gefängnissen der Monarchie. Rasch sagt er mir:

,,Sie haben Andrés Nin erschossen!"

,,Das ist nicht möglich!"

,,Du wirst sehen."

,,Hier ist sprechen verboten!" schreit ein Posten.

Ich gehe in den Kerker zurück. David Reys Worte hämmern in meinem Schädel. „Sie haben Andrés Nin erschossen!" Woher weiß er das? Ein ernsthafter und ausgeglichener Mann, von allen geachtet und im allgemeinen gut informiert. David Rey spricht niemals leichthin. Wie betäubt werfe ich mich auf die Bank. So viele Menschen, für die wir Zuneigung empfanden, sind schon gefallen! Aber Nin war für mich, für uns alle, ein besonderer Fall. Nin besaß die besten menschlichen Eigenschaften: Er war gut, offen, loyal, er kannte weder einen höheren noch einen niederen Menschen. Fest in seiner Überzeugung, verstand er zuzuhören, und wenn er einen ideologischen oder politischen Unsinn vernahm, lachte er aus ganzem Herzen.

Sehr früh am Morgen – vielleicht fünf Uhr – höre ich meinen Namen rufen und die Namen von Andrade, Bonet und Excuder. Eilig mache ich mich fertig. Vor der Polizeidirektion stehen fünf Autos. In jedes muß einer von uns mit drei Polizisten und dem Fahrer. In den letzten Wagen sehe ich drei Männer steigen, offensichtlich Ausländer. Ich glaube, die beiden Typen wiederzuerkennen. NKWD-Agenten.

Julian Gorkin

Die Wagen fahren ab. Die wundervolle Plaza de Cataluña überquerend, sage ich mir: „Lebewohl, ich werde dich gewiß nicht mehr wiedersehen!" Die Wagen biegen nach links durch die Diagonale. Zweifellos bringt man uns in den Wald von Ordal. Das ist ein sehr geeigneter Ort für einen Massenmord. Eine unbestimmte Angst überfällt mich: Vielleicht erlebe ich jetzt meine letzten Minuten. In diesem Augenblick dreht sich der vorn sitzende Polizist zu einem seiner Kollegen um und sagt: „Man hat mir Mandelmilch empfohlen ..."

Mein Herz schöpft Hoffnung: Man bringt uns nach Valencia! Wieviel Mandelmilch habe ich in jener Stadt meiner ersten Kämpfe getrunken! In meinem Mund spüre ich den Geschmack dieses Erfrischungsgetränks, weiß wie Milch, das die Valencianer so schätzen. Der Polizist zu meiner Rechten fragt mich: „Sie sind doch Valencianer, nicht wahr?"

„Ja, ich stamme aus der Provinz Valencia."

„Ich kenne Sie, ich habe Sie auf mehreren Kundgebungen sprechen hören. Nie hätte ich geglaubt, daß ich Sie so wegführen müßte."

Sein Ton ist freundlich, plötzlich fast freundschaftlich. Er ist Katalane. Von neuem fragt er mich:

„Tun die Fesseln weh?"

„Etwas. Aber was mir wirklich weh tut ist, daß Sie sie mir angelegt haben."

„Das ist das erste Mal in meinem Leben, daß ich einen Menschen wie Sie abführe. Ah, die Politik! Täglich mehr ekeln mich gewisse Dinge an."

Der Polizist neben dem Fahrer wendet sich um und sagt zu ihm:

„Lockere ein wenig die Fesseln."

Endlich Valencia. Man bringt uns zur Allgemeinen Sicherheitsdirektion. Die Polizisten, die mit mir waren, schließen die Fesseln und wünschen mir Glück. Durchsuchung, Identitätskontrolle, dann ist jeder von uns in einer kleinen Zelle mit Holzbank eingeschlossen, völlig isoliert. Wie lange werden sie uns so halten? Alles ist neu und verrät Improvisation. An den Wänden zwei Bleistiftinschriften: ,,Der du hier eintrittst, laß jede Hoffnung fahren:" Ein Intellektueller, der Dante gelesen hat? Und die andere: ,,Ich bin Italiener und hergekommen, um gegen Mussolini zu kämpfen. Morgen um 5 Uhr werden sie mich erschießen. Dino Maretti."

Ich verbringe die Nacht zusammengekauert auf meiner Bank. Am nächsten Vormittag überstellt man uns in eine Zelle des ersten Stocks. In den benachbarten Zellen entdecke ich ein Dutzend Parteifunktionäre, darunter Sixto Rabinad und Luis Postela. Kurz darauf gibt Rabinad mir eine Decke und ein in Papier gewickeltes Sandwich. Es ist ein Zeitungsausschnitt mit einem Artikel des ehemaligen CNT-Ministers Juan López, der gegen unsere Verhaftung und gegen die Beschuldigung protestiert, derzufolge wir ,,Agenten des spanischen und ausländischen Faschismus" seien. Er schreibt: ,,Nin, Gorkin, Andrade, David Rey und ihre Genossen haben tausendmal mehr für die revolutionären Ideen in Spanien getan als die José Díaz, Jesús Hernández und Vicente Uribe*, die auf Moskaus Befehl sie heute beschuldigen, faschistische Agenten zu sein und sie verhaften lassen. Handelt es sich um die erste Rechnung, die Stalin präsentiert?"

Nach vier Tagen Einzelhaft werden alle POUM-Funktionäre im Hof versammelt. Wir umarmen uns herzlich.

Wir werden ins Modellgefängnis gebracht. Ich kenne es gut: Dort war ich schon in Haft unter der Monarchie und unter der Republik. Es fehlte nur noch, dort unter der Revolution eingeschlossen zu sein.

Im Modellgefängnis zu Valencia gab es gewöhnlich vierhundert Häftlinge, einen Monat nach unserer Überführung erreichte die Zahl zweitausendzweihundert. Das Gefängnis mit vier Galerien auf zwei Stockwerken, um eine zentrale Treppe angelegt, war überfüllt. Für einen Gefangenen vorgesehene Zellen enthielten jetzt fünf, und von Hofgang war keine Rede. Gitter sperrten jeden Flur ab, auf einer Eisenbrücke waren Maschinengewehre installiert, die jeden Versuch einer Meuterei hinfällig machten.

Die erste Galerie beherbergt ungefähr fünfhundert Antifaschisten. In der zweiten findet man eine aus Dieben, Zuhältern und anderen Randexistenzen bestehende Bevölkerung. Wie die Tage verstreichen, bemerke ich, daß das Gefängnis ein genauer Spiegel der Evolution des Landes ist, seiner politischen und gewerkschaftlichen Strukturen, seiner Institutionen. War es nicht immer so bei verratenen Revolutionen oder Revolutionen, die sich selbst aufgegeben haben? Ganze Stadtverwaltungen sind im Gefängnis; solche, die zu

* *Führungsspitze der PCE*

Beginn des Bürgerkriegs gebildet worden sind. Man beschuldigt sie imaginärer Straftaten, während sie sich nur der kommunistischen Infiltration und Herrschaft entgegenstellten. Auch gibt es vollzählige Versorgungskomitees: Man wirft ihnen Geldunterschlagungen vor, Benutzung von Schiffen für den Handel mit Frankreich, Holland und anderen demokratischen Ländern. Man beschuldigt sie, auf eigene Rechnung ohne Regierungserlaubnis Waffen erworben zu haben. Aber ohne diese Operationen hätte Hunger geherrscht, die Milizionäre hätten nach dem Zusammenbruch des Staates nicht kämpfen können. Was ehemals als verdienstvolle Tat galt, ist inzwischen ein Anklage- und Strafobjekt geworden.

Ungefähr zweihundert Häftlinge, zumeist antistalinistische Antifaschisten, sind durch die „Tscheka" von Santa Ursula geschleift worden. Ich habe ihre fürchterlichen Berichte angehört und aufgeschrieben. Die Leiter dieser „Tscheka" sind fast alle Ausländer. Santa Ursula ist ein Nonnenkloster. Als die Stalinisten beschlossen, daraus eine „Tscheka" zu machen, reinigte man gerade den Friedhof. Die Tschekisten hatten eine diabolische Idee: Sie ließen den Friedhof so, wie er war, mit offenen Gräbern, Skeletten und neu hingebrachten verwesenden Leichen. Und dort schließen sie viele Nächte lang widerspenstige Gefangene ein. Sie wenden brutale Folterungen an: Gefangene werden tagelang an den Füßen aufgehängt, sie werden in enge Schränke eingeschlossen mit einigen kleinen Löchern zu Atmen, bis sie die gewünschten Erklärungen abzugeben bereit sind. Noch eine schrecklichere Marter ist der „Schubkasten". Der Gefangene muß sich in eine viereckige Kiste hineinzwängen und mehrere Tage zusammengekauert verbringen; manche sind so acht oder zehn Tage geblieben, ohne sich bewegen zu können. Holt man sie aus der Kiste – das heißt, wenn sie bereit sind, die gegen sie erhobenen Anklagen anzuerkennen –, bleiben sie erschöpft am Boden, unfähig, ihre steifen, geschwollenen Beine zu bewegen. Das sind einige der in der „Tscheka" von Santa Ursula gebräuchlichen Martern. Infolge der Proteste, die dem Justizminister zu Ohren gekommen sind, wurde eine Untersuchung eröffnet. In Schränken und Kisten fand man Nahrungsreste und Exkremente. Die gefolterten Häftlinge, die in Santa Ursula oder im Modellgefängnis infame Monstrositäten unterschreiben mußten, sind bleich, mager, gealtert. Aber konnten die Schlußfolgerungen des eingesetzten Sonderrichters daran irgend etwas ändern? Santa Ursula entging genauso wie die anderen stalinistischen „Tschekas" der ministeriellen Kontrolle, weil die wirkliche Kontrolle vom NKWD ausgeübt wurde und die kommunistischen Polizisten seiner erschreckenden Disziplin unterworfen waren.

Einer der sympathischsten Häftlinge der ersten Galerie ist der aus Polen stammende Dr. Warschawski. Bei Ausbruch des Spanischen Bürgerkriegs wohnte er in Montpellier, wo er Medizin studiert hatte. Dem Kommunismus nahestehend, reiste er nach Barcelona. Dort stellte er sich den PSUC-Milizen zur Verfügung, man sandte ihn nach Albacete, und dort trat er den Internationalen Brigaden bei. Kurz darauf warf man ihn ins Gefängnis. Sein politisches Verhalten befriedigte André Marty nicht. Als Arzt arbeitete er auf der Krankenstation, dafür gaben ihm die Häftlinge etwas Nahrung und Kleidungsstücke.

Eines Tages kommt er in meine Zelle: ,,Willst du ein Opfer des NKWD sehen? Komm mit in die Krankenstation.''

Unterwegs erzählt er: ,,Es handelt sich um einen schwedischen Schiffskapitän. Sie haben ihn vor sechs Monaten in Cartagena verhaftet. Noch weiß er nicht genau, wessen er beschuldigt ist. Er war in Santa Ursula, wo man ihn aufs Schlimmste gefoltert hat.''

Das Sterbende liegt in einem kleinen Zimmer der Station. Bei seinem Anblick erschrecke ich. Knochiger Kopf mit wachsgelber Haut, lange Nase und hervorspringende Backenknochen, weißblonde, auf dem Schädel klebende Haare. Warschawski hebt das Bettuch hoch und zeigt einen geschundenen Körper, blasse, pergamentene Haut, mit blauen Stellen und Wunden bedeckt, Spuren der erlittenen Marter. Die Knochen stehen hervor. Der Kranke sieht mich mit weit aufgerissenen Augen starr an, der Blick eines Verzweifelten. Seine Lippen wiederholen wie unter Zwang: ,,Die Elenden! Die Elenden!'' Ich drücke seine vom Todesschweiß feuchte Hand. Am nächsten Morgen teilt Warschaski mir mit, daß der Gequälte ausgelitten hat.

Da ist auch ein alter deutscher Kommunist namens Baunrück, ein ausgezeichneter Mann und ein aufrechter Kommunist. Er organisierte in Köln den Vertrieb der illegalen Presse; von der Gestapo entdeckt, gelang ihm die Flucht nach Frankreich. In den Internationalen Brigaden hatte er an mehreren Fronten gekämpft. Aber dieser Kommunist nahm nicht alle Erklärungen unbesehen hin, erlaubte sich Kritiken und abfällige Bemerkungen. So wurde er verhaftet, sein Prozeß wird vorbereitet. Vorwand: Man beschuldigt ihn, an Pariser Freunde eine Postkarte gesandt zu haben mit dem Bild der Arena von Albacete, wo Truppen untergebracht sind . . .

,,Man wird Sie freilassen'', beruhigen ihn die Häftlinge.

WILLY BRANDT

Der 24jährige deutsche Emigrant wird 1937 von seiner Partei, der SAP (Sozialistische Arbeiterpartei), von Oslo nach Barcelona geschickt, um über die verworrene politische Szene zu berichten. In seinen „Briefen des Genossen Willy" an die deutschen Freunde macht er seiner tiefen Enttäuschung Luft.
Die Zerschlagung der POUM, der spanischen Bruderpartei der deutschen SAP, wird für Willy Brandt zu einem Schlüsselerlebnis. Bei seiner Rückkehr aus Barcelona rechnet er in Paris in einer Rede vor dem SAP-Vorstand mit den Kommunisten ab.

Hetze und blinder Terror

Die Komintern und ihre spanischen Sektionen, die KP und die PSUC wie auch die Vereinigte Jugend, geben vor, eine radikale Demokratie mit stark sozialem Inhalt zu erstreben. In den früheren Monaten hieß es bei ihnen einfach: Erst den Krieg gewinnen, über das Weitere unterhalten wir uns hinterher. Und das hatte etwas Bestechendes. Es kam aber auch vor, daß dieselbe KP in ihrem Zentralorgan für die demokratische Republik und in Frontzeitungen für den Sozialismus kämpfte. In der letzten Zeit hat José Díaz den Versuch unternommen, eine Parole zu lancieren, die stärker den Doppelcharakter des Kampfes zum Ausdruck bringt, indem er sagte: Den Krieg gewinnen und die Volksrevolution retten.

Willy Brandt

Um was handelt es sich wirklich? Es handelt sich darum, daß die Führung der UdSSR, der die Komintern untergeordnet ist, in Spanien die Niederlage Deutschlands und Italiens wünscht. Die Führung der UdSSR hält die Weltkriegsgefahr für äußerst akut. Auf die internationale Arbeiterklasse setzt sie schon lange nicht mehr. Sie versucht, die Niederlage Hitlers und Mussolinis und die Verhinderung des Sieges von Franco durch Paktieren, vor allem mit Frankreich und England, zu erreichen. Deshalb ist die Komintern bestrebt, die spanische Revolution in den bürgerlich-demokratischen Rahmen hineinzuzwängen.

Die Russen wollen wirklich Franco schlagen. Und ohne die russische Waffenhilfe wäre es dort unten schon längst ausgewesen. Das muß man ganz klar aussprechen. Aber an diesem Punkte zeigte sich wieder mit ganzer Schärfe das Ineinandergreifen des Fortschrittlichen und Rückschrittlichen. Mit dem aktiven Eingreifen der Russen im vorigen Oktober ist zweifellos ein Bruch in ihrer seit vielen Jahren verfolgten Außenpolitik erfolgt. Sie haben damit begonnen, wieder eine aktive, selbständige außenpolitische Linie zu verfolgen. Und an jenem Punkt deckten sich ihre Interessen mit denen der spanischen und internationalen Arbeiterklasse. Der Einsatz der Russen für die Vernichtung Francos war eine außerordentlich fortschrittliche Angelegenheit. Aber die Russen entwickeln eben ihre neue außenpolitische Aktivität im Rahmen ihrer veränderten Konzeption. Sie lieferten und liefern nicht ohne Bedingungen. Bedingungen, die sich aus ihrer Konzeption ergaben, daß aus internationalen Gründen in Spanien nicht über die demokratische Republik hinausgegangen werden kann und darf.

Aber die Dinge haben ihre Konsequenzen. Das Hineinzwängen in den demokratischen Rahmen führte dazu, daß auch solche revolutionären Errungenschaften abgebaut werden, die bereits in der Julirevolution gemacht wurden. Das führt zu Zusammenstößen mit den weitertreibenden Teilen der Arbeiterklasse.

Um die von ihnen erstrebte Monopolisierung der Führung zu erlangen, scheuen die Kommunisten kein Mittel. Doch in einer Situation, wo alles auf die Sammlung der Kräfte gegen Franco ankommt, müssen die Methoden der KP, die Methoden der Verleumdung ihrer proletarischen Widersacher, der Hetze und des blinden Terrors gegen sie, der Absorbierung und Vernichtung aller anderen die Kampfmoral untergraben und lebensgefährlich für den antifaschistischen Krieg werden. Diese Methoden drohen die ganze internationale Arbeiterbewegung erneut zu vergiften und zurückzuwerfen, sie drohen, die Ansätze der Einheitsentwicklung in einen Scherbenhaufen zu verwandeln.

In Spanien haben sie bereits dazu geführt, die positive Entwicklung der anarchistischen Massenbewegung zu bremsen und teilweise eine gefährliche Rückentwicklung auszulösen.

Die KP ist heute die ausschlaggebende politische Kraft im antifaschistischen Spanien. Wenn sie auch nicht die Führung der Regierung in Händen hat, so beherrscht sie doch heute den größten Teil des Staatsapparates. Die Offiziere sind zum größten Teil bei ihr organisiert, die Polizei ist überwiegend in ihren Händen. Spanien ist in einer Entwicklung zur kommunistischen Parteidiktatur.

DEUTSCH-ITALIENISCHE INTERVENTION

Die Intervention der beiden faschistischen Großmächte begann mit dem ersten Tag des Spanischen Bürgerkrieges. Mussolinis Italien war bereits an der Vorbereitung des Franco-Putsches gegen die Republik aktiv beteiligt gewesen. Hitler schaltete sich unmittelbar nach Ausbruch der Kämpfe ein. Deutsche Transportmaschinen mit deutschen Besatzungen flogen Francos marokkanische Kolonialtruppen, die den Kern seiner Streitmacht bildeten, über die Straße von Gibraltar auf das Festland. Bald darauf wurde die „Legion Condor" aufgestellt, die eine Präsenzstärke von 10 000 Mann erreichte und entscheidenden Anteil am Sieg Francos hatte. Offiziell handelte es sich um deutsche „Freiwillige", in Wirklichkeit waren es ausgesuchte Offiziere und Mannschaften der Luftwaffe, die zum Kampfeinsatz nach Spanien abkommandiert wurden. Für die deutsche Luftwaffe war der Spanische Bürgerkrieg eine günstige Gelegenheit, um die neuen Kampfflugzeuge und Bomber (Me 109, Ju 87, He 111) zu erproben, die bald darauf Hitlers Blitzfeldzüge im Zweiten Weltkrieg ermöglichten. Das traurigste Kapitel der deutschen Intervention in Spanien ist die Zerstörung der baskischen Stadt Guernica. Hier wurde der Welt erstmals das Inferno des modernen Luftkrieges vorgeführt.

Das faschistische Italien engagierte sich zahlenmäßig noch weitaus stärker als Hitler-Deutschland. Mussolini entsandte Heeresverbände, die sich auf dem Höhepunkt der Intervention auf 50 000 Mann beliefen und in geschlossenen Divisionen operierten. Die italienische Luftwaffe flog nach eigenen Angaben 5318 Einsätze, die Piloten leisteten 135 265 Flugstunden. Die italienische Flotte war mit 91 Schiffen, darunter zahlreichen U-Booten, am Seekrieg beteiligt. Rund 6000 italienische Soldaten fielen in Spanien.

Auch die italienischen Kriegsmateriallieferungen an Franco waren beträchtlich. Sie beliefen sich auf 763 Flugzeuge, 1930 Feldgeschütze, rund 250 000 Infanteriewaffen und 7663 Kraftfahrzeuge sowie Tausende von Tonnen Munition.

HANNES TRAUTLOFT

Der junge Oberleutnant der Luftwaffe gehörte zur ersten Gruppe deutscher Flieger, die 1936, als Zivilisten getarnt, nach Spanien geschickt wurde. Im Zweiten Weltkrieg stieg Trautloft zu einem der erfolgreichsten Jagdflieger auf. Nach dem Kriege ging er zur Bundesluftwaffe, wurde Chef des Stabes, Stellvertreter des Inspekteurs und später Kommandierender General der Luftwaffengruppe Süd. 1970 trat er als Generalleutnant in den Ruhestand. – In seinem 1940 erschienenen Buch „Als Jagdflieger in Spanien" schildert er seine ersten Kampferfahrungen als „Legionär". Es ist der Bericht eines Soldaten.

Als Legionär in Spanien

31. Juli 1936

An diesem Morgen werden 86 Zivilisten in Döberitz von Generaloberst Milch verabschiedet. Für den Außenstehenden sicher ein merkwürdiger Anblick, als sie in ihrem Räuberzivil vor dem Generaloberst strammstehen, die Hände an die nicht vorhandene Hosennaht legen und mit ,,Augen rechts!'' gemeldet werden.

Ein Omnibus fährt vor, ein zweiter, und nach wenigen Minuten schwirren wir die Heerstraße entlang nach Berlin. Die Olympiade steht bevor, die Ausländer sind bereits eingetroffen. Als wir das olympische Dorf passieren, stehen Engländer und Franzosen am Eingang und schauen interessiert unseren Omnibussen nach. Behaglich ist uns dabei gerade nicht.

Als ,,Reisegesellschaft Union'' steigen wir in den FD-Zug, der uns nach Hamburg bringt. Dort steht auf dem Bahnsteig ein Herr, der eine lange Stange mit einer Papptafel trägt: ,,Reisegesellschaft Union''. Wir scharen uns um ihn, und ,,ohne Tritt'' geht es mit den Koffern zum Bahnhof hinaus. Neugierig schauen die Menschen uns nach. Diese Reisegesellschaft kommt ihnen, scheint's, sonderbar vor, ich sehe, wie viele die Köpfe schütteln.

Im Omnibus geht es zum Hafen. Paß- und Zollkontrolle sind schnell erledigt. Immerhin ist es später Nachmittag geworden, als wir zu der versteckten Ecke des Hafens kommen, wo unser Schiff liegt, die ,,Usaramo''.

Wir gehen an Bord, während die ,,Usaramo'' sich Kiste um Kiste einverleibt: unsere Flugzeuge samt dem, was so dazugehört. Wenn, denke ich, jetzt das Drahtseil des Krans reißt, die Kiste aufs Hafenpflaster saust und auseinanderbirst? Ein Zufall kann das bewirken; irgendein lächerlicher, im voraus nie zu berechnender Zufall kann hier mit einem Schlag das Geheimnis der ,,Reisegesellschaft Union'' enthüllen. Wie ein Alp bedrückt mich diese Sorge die ganzen Stunden, da ich an Bord stehe und dem Verladen zuschaue.

Hoyos und ich liegen in einer Kabine. Schlafen können wir fürs erste nicht. Lange unterhalten wir uns über den Krieg, der vor uns liegt, über die Kameraden, die zu Hause geblieben sind.

6. August 1936

Seit fünf Tagen sind wir an Bord der ,,Usaramo'' und schwimmen Spanien entgegen. Wir Jagdflieger sind zu sechst und kennen einander seit unserer Ausbildungszeit in Schleißheim; auch die sechs Kampfflieger an Bord sind uns in Deutschland jeder schon mal über den Weg gelaufen; mit ihnen wie mit unseren Mechanikern und Waffenwarten, anständigen, tüchtigen Jungens, sind wir uns auf dieser Seefahrt schnell nähergekommen und fühlen uns jetzt schon als Familie.

7. August 1936

Im Morgengrauen zeigt der Käpt'n geradeaus: ,,Das ist Cádiz.'' Ich starre hin, seltsam bewegt. In Cádiz sollen wir an Land, die Stadt also wird der Ausgangspunkt meines weiteren Schicksals sein. Am Kai stehen spanische Offiziere und Mannschaften, winken und rufen uns Worte der Begrüßung – verstehen tun wir zwar keins – zu. Alle sind bewaffnet.

Plötzlich hören wir hoch in der Luft ein lautes Pfeifen, ein Heulen, und da krachen auch schon die ersten Granaten um unser Schiff, allerdings 100 Meter und manche noch weiter entfernt. Alles, was an Land soeben noch kreuchte, ist mit aufgeregtem Geschrei im Handumdrehen verschwunden. Nur wir sitzen an Deck und sehen uns an, ich glaube, mit reichlich komischen Gesichtern, wozu unser Grammophon einen Tango spielt. Wir lassen es spielen und suchen die roten Kriegsschiffe, die uns hier befunken, zu entdecken. Vergeblich; wir können die Abgabe ihrer Visitenkarten zur Kenntnis nehmen, die Granaten, die Schuß um Schuß in die See fahren und haushohe Wassersäulen aufsteigen lassen. Mittlerweile haben die Küstenbatterien das Feuer aufgenommen; wie wir später hören: auf einen roten Kreuzer, der aus Ärger, daß er unsere ,,Usaramo'' nicht erwischte, wenigstens den Hafen hat beschießen wollen.

Hannes Trautloft

9. August 1936

Unsere sechs Jagdflugzeuge sind tatsächlich eingetroffen, die guten alten Heinkel-Maschinen He 51. Unverzüglich machen wir uns an ihren und gleichzeitig an den Aufbau der Werft, mit Gesichtern, die vor Freude strahlen. Unser Bodenpersonal arbeitet vorbildlich, und wir Flugzeugführer helfen in beinahe fieberhaftem Eifer mit. Vom Morgengrauen bis zum Eintritt der Dunkelheit wird geschafft, um nicht zu sagen: geschuftet.

10. August 1936

Abends kommen wir zum erstenmal mit italienischen Freiwilligen – Kampffliegern – zusammen. Sie haben es bequemer gehabt als wir: sie konnten ihre Maschinen schnurstracks nach Sevilla fliegen. Die meisten tragen bereits Legionärsuniform, einige laufen allerdings noch in einem tollen Räuberzivil herum, machen aber nichtsdestoweniger einen guten Eindruck. Wir sind verblüfft, wie viele deutsch sprechen, bis diese uns sagen, daß sie Südtiroler sind. In einigen Tagen sollen auch italienische Jagdflieger eintreffen.

11. August 1936

Eberhard fliegt die erste Maschine ein. Wir alle freuen uns wie Schneekönige – jetzt können die „rojos" (die Roten) kommen. Nachmittags fliege ich die zweite ein und kann nicht umhin, ihre Maschinengewehre gleich auszuprobieren. Unterhalb von Sevilla entdecke ich ein Nebenflüßchen des Guadalquivir, ballere los und kann im Wasser die Einschläge gut beobachten. Dabei habe ich freilich nicht mit den Bauern gerechnet, die auf den Feldern arbeiten. Obwohl sie erkennen können, daß ich kein Roter bin, stürzen sie bei den ersten Schüssen in panischem Schrecken davon und laufen wie um ihr Leben in den Schutz ihrer Häuser.

25. August 1936

Ungeduldig stehen wir bereits im Morgengrauen auf dem Flugplatz. Die Motoren laufen warm. Sowie von der Front rote Flugzeuge gemeldet werden, sollen wir starten. Endlich schrillt der Fernsprecher und aufgeregt schreit uns der spanische Verbindungsoffizier zu: „Bombardeo rojo!" Wir flitzen in unsere Maschinen, er kann uns gerade noch den Ort auf der Karte zeigen, und schon fliegen wir in der Kette der Front zu. Diesmal haben wir die Sonne genau im Rücken, die Roten können uns also schlecht erkennen – ein erhebliches Plus für das, was bevorsteht. Wir fliegen auf Escorial zu, von dort kam die Meldung. Ich lade die Maschinengewehre durch, jage etliche Probeschüsse heraus, beide Gewehre schießen ausgezeichnet. Wir suchen den Horizont ab, sind schon dicht vor Escorial und können noch immer keinen Roten entdecken.

Plötzlich gibt Eberhard das Angriffszeichen und drückt in Richtung Madrid im Sturzflug nach unten weg. Ich sehe ihm nach und erkenne etwa 2 Kilometer vor uns und gut 500 Meter tiefer einen roten Breguet. Ruhig fliegt er auf uns zu. Ich schalte das Visier ein, mit Händen, die vor Aufregung zittern. Im Sturzflug sehe ich plötzlich links dicht neben mir noch zwei rote Breguets. Als sie uns erkennen, machen sie schleunigst kehrt. Ich greife den nächsten an. Knüppel den anderen. Im Angriff sehe ich, wie der Beobachter sein Maschinengewehr auf mich richtet, und dann leuchtet drüben auch schon das Mündungsfeuer auf. Es sieht ganz harmlos aus. Ich fliege auf etwa 30 Meter heran und lasse meine Maschinengewehre sprechen, in deren ersten Garben mein Gegner in seinem Sitz verschwindet; sein Maschinengewehr steht senkrecht gen Himmel. Steil drückt jetzt der Rote im Sturzflug weg. Meine zweite Garbe ist nur kurz, aber sie sitzt gut, denn plötzlich bäumt sich der Breguet auf, rutscht über die Tragflächen ab, saust in steilem, führerlosem Sturzflug in die Tiefe und schlägt nördlich des Dörfchens Colmenar hart auf. Mein erster Abschuß! Zugleich der erste Abschuß der deutschen Legion! Schnell, sehr schnell ist das alles gegangen, und doch sehe ich vor mir noch jede Bewegung des Gegners.

Ich sehe mich nach Knüppel und Eberhard um. In gleicher Höhe, etwa 800 Meter vor mir, fliegt der zweite Rote. Eberhard greift ihn steil von unten an, und plötzlich schlägt aus der rechten Rumpfseite eine lange Stichflamme heraus, der Breguet saust als brennende Fackel in die Tiefe.

Knüppel hat Pech. Seine Maschinengewehre haben Hemmung, er muß den Angriff abbrechen. Der Rote reißt aus. Ich versuche ihn zu fassen, er drückt jedoch so steil nach unten weg, daß ich nicht herankomme. Auf weite Entfernung schieße ich hinter ihm her, einen Gruß wenigstens soll er nach Madrid mitnehmen.

Von der Front aus hat man unsere Erfolge bereits nach dem Flugplatz durchgegeben. Unsere Mechaniker heben uns aus den Maschinen, gratulieren und freuen sich mit uns allen.

Mein erster Luftkampf. Im Rückblick stellt sich mir alles ganz einfach dar; und alles ging so schnell, daß ich noch gar nicht recht fasse, was sich eigentlich abgespielt hat.

19. November 1936

Der erste Schnee. Unsere Flugzeuge sehen am Morgen winterlich aus. Alte Jungensinstinkte melden sich, noch vor einer Woche hätten wir flugs eine muntere Schneeballschlacht veranstaltet.

Heute haben wir Besseres vor. Am Nachmittag sollen wir den Roten schweren Kummer machen: den größten Luftangriff, den Madrid bisher auszuhalten hatte. 23 Bomber, begleitet von 24 Jägern, starten. Mit solchem Aufgebot müssen wir schon anrücken, um etwas auszurichten; Kühnheit und Jagdkunst allein schaffen's nicht.

Ungestört erreichen wir Madrid. Serienweise sausen die Bomben herunter, und diesmal ist ihre Wirkung ungeheuer. Dort, wo die Stellungen der Roten liegen, sehe ich ganze Häuserblocks in sich zusammenstürzen. Alles, meint man, was dort im Umkreis kreucht und fleucht und nicht erschlagen wird, müsse in panischem Entsetzen davonjagen.

Und die roten Jäger? Wiederum fliegen sie in gemessenem Abstand auf und ab und schauen unserem „Prozessionszug" zu. Scheuen sie unsere zahlenmäßige Übermacht? Oder geht sie, die zum größten Teil keine Spanier sind, deshalb das Verderben dort unten innerlich nur wenig an? Sonst, zum Teufel, müßten sie sich doch in blinder Wut auf uns stürzen und wäre es tausendmal gleichbedeutend mit ihrem sicheren Untergang.

Und doch, so schrecklich das Bombardement war, die Roten sind aus ihren Stellungen nicht gewichen. General Francos Truppen können nicht in die Stadt eindringen, nur im Universitätsviertel gelang es ihnen, den Manzanares zu überschreiten.

WERNER BEUMELBURG

Beumelburg gehörte zu den meistgefeierten Literaten des nationalsozialistischen Deutschland. In zahlreichen Dokumentar-Romanen („Douaumont", „Sperrfeuer um Deutschland") heroisierte er den Krieg als Lebenselement des nordischen Menschen. Im gleichen triumphalen Stil schildert er in seinem Buch „Kampf um Spanien" (1939) den Einsatz der Legion Condor. Es handelt sich um eine „im Auftrag des Reichsluftfahrtministeriums" geschriebene offiziöse Darstellung, mithin um ein Paradebeispiel nationalsozialistischer Kriegspropaganda.

30 000 sterben bei Brunete

Der graue Morgen des 25. Juli begann mit starken roten Angriffen gegen den Nordrand von Brunete, die den geplanten nationalen Angriffen zuvorkamen. Aufgefangene Funksprüche berichteten davon, daß die rote Heeresleitung die Absicht habe, unter allen Umständen das Blatt an diesem Tage zu wenden und in einem einzigen Zuge den immer unerträglicher werdenden Druck der tapferen Angreifer zu beseitigen. Die deutschen Aufklärer bestätigten diese Nachricht durch ihre Meldungen. Von seinem Gefechtsstand aus beobachtete der Stab der Legion, daß der gesamte Raum zwischen Valdemorillo, Villanueva de la Canada, Quijorna und Villanueva del Prado voller roter Infanterie und Tanks steckte.

So entschloß sich denn der deutsche Befehlshaber, ganze Arbeit zu verrichten und den Roten diesen Tag in ein Unheil zu verwandeln, das ihnen jegliche Kraft und jeglichen Willen zur Fortsetzung ihrer Angriffe nehmen sollte. Die Befehle ergingen sofort.

Was nun folgte, war in diesem Kriege noch nicht erlebt worden und geschah auch in seinem ganzen Verlaufe nicht mehr. Die gesamte spanische, der deutschen Führung unterstellte Artillerie nahm das konzentrische Feuer auf die genannten Räume auf. Die gesamte schwere deutsche Flak ließ von der Bekämpfung der feindlichen Flieger ab und beschoß die Dörfer und ihre Ausgänge mit allem, was aus den glühenden Rohren hinausging. Mitten in diesem Lärm nahten die ersten Ketten der schweren Bomber heran.

Es flogen die deutschen Kampfstaffeln dreimal. Es flogen die Aufklärerstaffeln dreimal. Es flogen dreimal die gesamten deutschen Jäger zu Tiefangriffen. Es flogen zwei- und dreimal die dem deutschen Befehlshaber unterstellten spanischen Verbände, Jäger und Aufklärer. Es flogen zweimal – sie hatten den langen Anflug von Soria her – die italienischen schnellen Bomber. Es flog alles, was überhaupt fliegen konnte. Es wurden Bombenlasten herangeschleppt, die kaum vorstellbar waren. Auf den Plätzen arbeitete das Bodenpersonal in der glühenden Hitze bis zum Umfallen. Aber es gab kein Erlahmen. Es ging um eine gründliche Abrechnung, und jedermann hatte das begriffen.

Um die Mittagszeit begann die Hölle und hielt ohne Unterbrechung zwei Stunden lang an. Es war, als ob vor diesem grausigen Schauspiel alles andere seine Bedeutung verliere. Es tackte kein Maschinengewehr. Es fuhr kein Tank. Es regte sich kein Mensch, und es regte sich kein Tier. Auch die Artillerie verstummte, nachdem sie ihre Munition verschossen. Es gab überhaupt nichts anderes mehr als das ohrenbetäubende Geprassel der Bomben jeglichen Kalibers, als den schwarz verwehenden Rauch über dem glutheißen Schlachtfeld und als das endlose Auf- und Abgleiten der furchtbaren Vögel am Himmel. Es war wie ein Gottesgericht, wie der Ausbruch einer Vergeltung, die Himmel und Hölle gemeinsam beschlossen, und die armen Dörflein verloren ihr kärgliches Leben mit ihren zerberstenden Mauern, ihren aufreißenden Straßen, ihren zerwühlten Feldern.

Danach kam das Ende.

Zuerst einzelne Trupps, dann zersplitterte und zerfetzte Einheiten, schließlich ganze Abteilungen der Roten verließen, von der Panik ergriffen, ihre Stellungen und flüchteten im Zickzacklauf rückwärts, um dieser Hölle zu entrinnen. Sie wurden erbarmungslos von den Tieffliegern gefaßt.

Werner Beumelburg

Dann griffen diese Bewegungen rechts und links über.

Dann liefen sie in die Täler, um den feuernden Geschützen zu entgehen. Dort fielen die Kampfstaffeln über sie her und zerwarfen sie.

Dann konnte man beobachten, wie die Roten von Norden her Kavallerie und Maschinengewehre einsetzten, um die Flüchtenden aufzuhalten. Die Angst besiegte die Angst, und der irre Lauf um das nackte Leben begann.

Dann wurde es mählich Abend, und die Flieger ließen von ihrem Handwerk ab, denn es gab keine Bomben mehr. Die Leute auf den Flugplätzen fielen vor Überanstrengung um.

Dieser Tag, der 25. Juli 1937, beendete die Schlacht von Brunete nach einer Dauer von drei Wochen. Die Navarrabrigaden besetzten, den Roten folgend, geeignete Stellungen nördlich des Dörfleins und gruben sich dort ein.

Hinter ihnen lag ein grausiges Feld der Vernichtung und des Todes. Hinter ihnen lagen tapfere Angriffe ohne Zahl und blutige Opfer. Hinter ihnen lag das ganz verwüstete und niedergebrochene Dörflein Brunete, ein Gewirr von Mauerresten und Leichen, die in der Gluthitze zu verwesen begannen und einen unerträglichen Geruch verbreiteten – das Dörflein, um das dreißigtausend Menschen hatten sterben müssen.

GALEAZZO CIANO

Der italienische Außenminister und Schwiegersohn Mussolinis hinterließ mit seinen persönlichen Tagebüchern ein einzigartiges Zeitdokument, das den Hintergrund der deutsch-italienischen Intervention in Spanien unverhüllt darstellt.

Ciano sieht den Spanischen Bürgerkrieg vor allem als italienischen Krieg zur „Errichtung des römischen Weltreichs am Mittelmeer". Seine Tagebuchnotizen dokumentieren in ihrer Mischung aus Naivität, Zynismus und Brutalität in exemplarischer Weise die Mentalität des italienischen Faschismus.

Im Zweiten Weltkrieg geriet Ciano in Opposition zum faschistischen Regime. Er wandte sich gegen die Allianz mit Hitler und gegen die Fortsetzung des Krieges. 1944 wurde er in einem Schauprozeß als Verräter zum Tode verurteilt und auf Befehl seines Schwiegervaters Mussolini hingerichtet.

Die Toten erzählen nichts mehr

25. August 1937

Heute ist Santander dem Stoß unserer Legionen erlegen. Habe dem Duce am Flughafen Meldung erstattet, während wir die Teilnehmer des Wettfluges Damaskus–Paris erwarteten. Er war glücklich darüber. Er erklärte mir, daß er heute von mir eine frohe Botschaft erwartet habe. Ein großer Sieg – der von heute. Ich glaube, daß die Gefangenen mehr als 50 000 sein werden. Ich denke zurück an die Tage von Guadalajara.* Damals war es vielen ängstlich zumute. Russo und ich bekamen in jenen Tagen fast graue Haare, aber den Glauben verloren wir nicht.

26. August 1937

Der Sieg von Santander hat große Ausmaße angenommen. Wenn er auch noch nicht den Anfang vom Ende bedeutet – das noch fern ist –, so ist er doch für das rote Spanien ein harter Schlag. Habe befohlen, heute nacht Valencia mit den Geschwadern von Palma zu bombardieren. Der Augenblick muß ausgenützt werden, um den Feind zu terrorisieren.

29. Oktober 1937

Heute früh Verleihung der Medaillen an die Witwen der in Spanien Gefallenen. Gut verlaufene Feier. Aber als ich so viel Menschen in Trauerkleidern vorbeimarschieren sah und in so viel rotgeweinte Augen blickte, fing mein Gewissen zu schlagen an, und ich

* *In der Schlacht bei Guadalajara erlitt das italienische Hilfskorps eine schwere Niederlage.*

stellte mir die Frage, ob dieses Blut zu Recht vergossen worden sei. Ja: das war die Antwort. In Málaga, in Guadalajara, in Santander ist unsere Kultur und unsere Revolution verteidigt worden. Und das Opfer ist notwendig, wenn man die kühne und starke Seele der Völker schaffen will. Die Verwundeten waren stolz. Einer von ihnen, der beide Hände und ein Auge verloren hatte, sagte: ,,Ich wünsche mir nur eine neue Hand, um nach Spanien zurückkehren zu können.'' Es klingt wie eine Antwort aus einem Schulbuch, und ich habe sie von einem Zwanzigjährigen gehört, der glücklich war, weil der Duce einen Augenblick bei ihm stehengeblieben war. Die Deutschen, die mit uns waren, haben etwas gelernt.

Galeazzo Ciano

20. Dezember 1937

Die Nachrichten aus Spanien sind nicht gut. Die Offensive auf Guadalajara ist infolge der inneren Schwankungen des Kommandos von Franco und des Präventivangriffs der Roten bei Teruel auf unbestimmte Zeit hinausgeschoben worden. Unsere Generale werden unruhig, und mit Recht. Franco fehlt es an einem synthetischen Begriff von der Kriegführung. Er leitet die Operationen als großartiger Bataillonskommandeur. Sein Ziel ist immer das Terrain. Niemals der Feind. Und er wird sich nicht klar darüber, daß man den Krieg durch Vernichtung des Gegners gewinnt. Nachher wird die Besetzung des Territoriums eine recht einfache Angelegenheit. Berti* will herkommen, um Besprechungen zu führen. Er wird die Zurückziehung eines großen Teils der Freiwilligen vorschlagen. Nach 16 Monaten sind jetzt viele müde. Man muß sich vergegenwärtigen, daß nur eine Elite den Endsinn eines ideologischen Krieges verstehen und mitfühlen kann, eines Krieges, der fern der Heimat und ohne unmittelbare, greifbare Erfolge geführt wird.

21. Dezember 1937

Der Duce hat Berti zum Bericht kommen lassen. Ich habe ihn auf einen Artikel der ,,Action Française''** aufmerksam gemacht, in dem gesagt wird, daß die autoritären Staaten mit dem Angriff vielleicht nicht einmal das Jahr 1941 abwarten. Mussolini hat geantwortet: ,,Tatsächlich, ich bereite für die Italiener die größte Überraschung vor. Sobald es in Spanien zu Ende ist, werde ich ein Kommuniqué veröffentlichen, das als klassisch gelten wird.'' Das erinnerte mich an den August 1935, als er die Home Fleet in Alexandrien und vor Malta überraschend angreifen wollte. Damals sagte er mir: ,,Man kann den Lauf der Geschichte in einer Nacht ändern.'' Dann tat er es doch nicht, weil keine genauen Informationen über die Stärke der englischen Flotte vorlagen und weil unsere Marine bremste. Aber seitdem denkt er über einen solchen Plan nach und will ihn zum Reifen bringen.

* *Kommandeur des italienischen Expeditionskorps*
** *Sprachrohr der französischen faschistischen Bewegung ,,Action Française''*

19. März 1938

Franco ist optimistisch über die Lage. Er glaubt jedoch nicht an einen plötzlichen Zusammenbruch der roten Republik. Er sieht noch Widerstand in Katalonien und die Notwendigkeit voraus, in Richtung auf den Rio Segre zu stoßen, um Barcelona den elektrischen Strom abzuschneiden.

Die Offensive wird heute abend wieder aufgenommen. Noch keine amtliche Nachricht, aber eine dienstliche Meldung, die die schönsten Hoffnungen auf einen Erfolg rechtfertigt. Gerade vor einem Jahr verbrachte ich meinen scheußlichsten Tag: Guadalajara.

20. März 1938

Heute morgen hat mir Perth* eine Aufzeichnung überreicht**, um auf die Bombardierung von Barcelona aufmerksam zu machen, wobei er hinzufügte, daß dadurch vielleicht eine für die Fortführung der italienisch-britischen Verhandlungen ungünstige Stimmung erzeugt werden könnte. Ich antwortete, daß die Initiative für die Operationen bei Franco liege und nicht bei uns: wir könnten daher wohl einen mäßigenden Einfluß ausüben, aber keine Verpflichtungen übernehmen. Die Wahrheit über die Bombardierung von Barcelona ist die, daß sie Valle*** von Mussolini anbefohlen wurde, und zwar im Parlament, ein paar Minuten vor dem Beginn der Rede über Österreich. Franco wußte nichts davon und bat gestern, wir möchten sie unterbrechen, aus Furcht vor Komplikationen im Ausland. Mussolini ist der Ansicht, daß diese Luftangriffe vorzüglich geeignet seien, die Moral der Roten zu brechen, während die Truppen in Aragonien im Vormarsch sind. Und damit hat er recht. Als ich ihn über den Schritt von Perth informierte, war er nicht sehr bekümmert, im Gegenteil, er erklärte seine Zufriedenheit darüber, daß die Italiener endlich einmal durch ihre Angriffslust Schrecken verbreiteten, statt als Mandolinenspieler Gefallen zu erregen. Seiner Meinung nach steigert das auch unser Ansehen bei den Deutsche, die den totalen und unbarmherzigen Krieg lieben.

6. April 1938

Harter spanischer Widerstand in der Nähe von Tortosa. Der Duce befahl der Luftwaffe auf den Balearen, die spanischen Truppen mit starken Verbänden im Rücken anzugreifen. Franco wünscht keine Bombardierung von Städten, aber in diesem Fall lohnt das Spiel den Einsatz.

8. Juni 1938

Die internationale Presse ist wegen der Luftangriffe Francos sehr aufgeregt. Aus einer abgefangenen französischen Meldung scheint

* *Britischer Botschafter in Rom*

** *Es handelt sich um einen scharfen Protest der britischen Regierung*

*** *Kommandeur der italienischen Luftwaffe*

hervorzugehen, daß in Barcelona die ganzen Benzindepots brennen: 65 000 Tonnen. Man rechnet, daß der Brand vier Tage dauert, und alle Schiffe haben den Hafen verlassen müssen, weil das brennende Öl auf dem Wasser liegt und von den Strömungen an die Schiffe herangetragen wird.

9. Juni 1938

Der französisch-britische Lärm wegen der Bombardements von Franco geht weiter. Ich glaube nicht, daß etwas Konkretes dabei herauskommt. Der Duce hat unterdessen beschlossen, die Höhe der Verstärkungen, die wir nach Spanien schicken, hinaufzusetzen, und in diesem Monat und im Juli werden statt 1000 je 2000 Mann abgehen. Insgesamt 4000. Und auch die können noch erhöht werden.

26. August 1938

Der Duce ist über Franco entrüstet wegen des ,,ruhigen Optimismus'', mit dem er Krieg führt. ,,Die ruhigen Optimisten – sagt er – enden unter der Straßenbahn, kaum daß sie in der Früh aus dem Hause gehen.''

29. August 1938

Der Duce ist immer mehr gegen Franco verstimmt wegen dessen lauer Kriegführung. Er fürchtet, daß sehr ernste Überraschungen eintreten können. ,,Notiere in deinem Buch'' – sagte er mir – ,,daß ich heute, 29. August, die Niederlage Francos voraussage. Dieser Mann kann oder will nicht Krieg führen. Die Roten sind Kämpfer, Franco nicht.''

15. Januar 1939

Die Nachrichten vom Vorstoß der Truppen in Katalonien werden immer besser. General Gambara hat die Aufgabe, alle spanischen Kräfte mitzureißen, glücklich gelöst. Es beginnen Gerüchte über eine massive französische Intervention umzulaufen. Ich glaube nicht daran. Um jetzt, bei der herrschenden Kriegslage, wirksam einzugreifen, müßten die Franzosen starke Kräfte senden, sonst würden sie Gefahr laufen, zusammen mit den Katalanen überwältigt zu werden. Dazu sind sie aber nicht in der Lage. Sie müßten viele Leute aufbieten. Zudem kann ein Land, das in der zweiten Hälfte des vergangenen Jahres einen Überschuß von vierzigtausend Toten über die Neugeborenen hatte, sich den Luxus nicht erlauben, das Blut seiner wenigen Söhne zu verschwenden. Eines steht jedenfalls fest, wenn Frankreich sich einmischt, tun wir es auch. Heute morgen sagte Mussolini: ,,Wenn Paris Truppen sendet, schiffen wir dreißig Bataillone in Valencia aus, auch wenn das den Weltkrieg zum Ausbruch bringen sollte.''

26. Januar 1939

Während ich beim Golf war, traf die Nachricht von der Einnahme

Barcelonas ein. Ich ließ die Nachricht dem Duce nach Terminillo übermitteln und vereinbarte mit Starace die Kundgebungen, die aus diesem Anlaß in ganz Italien stattfinden sollten. Es genügte, die Stunde zu vereinbaren, irgendwelche Nachhilfe war nicht notwendig, weil das Volk über diese Neuigkeit spontan begeistert war. Auch der Duce war ergriffen, obwohl er unerschütterliche Ruhe zur Schau tragen wollte. Aber er hat allen Grund, befriedigt zu sein, denn der Sieg in Spanien trägt nur den einen Namen, den Mussolinis, der das Unternehmen mit Mut, Sicherheit und Festigkeit führte, auch dazumal, als jene, die heute Beifall spenden, noch größtenteils gegen ihn waren.

22. Februar 1939

Der Duce ist sehr befriedigt über Francos Beschluß, dem Antikominternpakt beizutreten. Es ist ein Ereignis von grundlegender Bedeutung, das künftig seinen Einfluß auf alle europäischen Vorgänge haben wird. Nach drei Jahrhunderten der Untätigkeit wird Spanien wieder ein lebendiger und dynamischer Faktor, und, was am wichtigsten ist, in einem gegen Frankreich gerichteten Sinn. Die Toren, die so viel gegen unsere Einmischung in Spanien gemeckert haben, werden vielleicht eines Tages begreifen, daß am Ebro, in Barcelona und in Málaga die wirklichen Grundlagen des römischen Weltreichs am Mittelmeer gelegt worden sind.

Ankunft Gambaras*. Er erstattet einen sehr guten Bericht über die Lage in Spanien. Entweder fällt Madrid binnen kurzem von selbst, oder fünf Kolonnen versetzen Ende März dem roten Spanien den Todesstreich. Die Lage in Katalonien ist gut. Franco verbessert sie mit einer sorgfältigen und strengen Ausputzerei. Auch viele Italiener sind gefangengenommen worden: Anarchisten und Kommunisten. Ich berichte dies dem Duce, der mir befiehlt, sie sämtlich erschießen zu lassen, und beifügt: „Die Toten erzählen nichts mehr."

11. März 1939

Gambara berichtet über seine Unterredung mit Franco. In der Zeit zwischen dem 16. und 18. März wird der Endkampf beginnen. Wir gehen gegen Toledo vor. Die Unterredung war militärisch und politisch sehr ergiebig. Franco drückte sich eindeutig gegen die Monarchie aus und erklärte, wenn die Monarchie überhaupt wiederhergestellt werden sollte, sei dies noch eine Frage von vielen Jahren.

26. März 1939

Die Nachrichten von der Übergabe Madrids bestätigen sich nicht. Franco hat den Angriff begonnen. Morgen greift auch das italienische Freiwilligenkorps ein. Die Aussichten sind sehr gut, obwohl die Roten noch auf ihren Stellungen Widerstand leisten wollen.

* *Letzter Kommandeur des italienischen Expeditionskorps.*

28. März 1939

Madrid fällt und mit der Hauptstadt alle andern Städte Rot-Spaniens. Der Krieg ist zu Ende. Es ist nur ein neuer ungeheurer Sieg des Faschismus, vielleicht der größte bisher.

Kundgebung auf der Piazza Venezia anläßlich des Falles von Madrid. Der Duce strahlt. Er zeigt auf die Karte Spaniens in dem geöffneten geographischen Atlas und sagt: „Er ist fast drei Jahre lang offen gewesen, jetzt genügt es. Aber schon muß man eine andere Seite aufschlagen." Dabei denkt er an Albanien.*

* *Am 7. April 1939 landeten italienische Truppen in Albanien.*

Bildnachweis

ADN-Zentralbild 52, 60, 176; Agencia EFE 41, 136; Antifafot Madrid 178/79; Archiv für Kunst und Geschichte 166/67, 283; Armengol, Manuel 111; Associated Press 38, 132/33, 149; Bildarchiv Preußischer Kulturbesitz 145, Rücks.; Bollinger, Hans D. 110; Camera-Press 70; Centeles 130/31; CIFRA GRAFICA 124, 126/27, 128, 182/83, 200/01, 203; Culver-Picture 232; Deutsche Presse Agentur 108, 269, 281; Deutscher Militärverlag 134; Ediciones Acervo 174/75; Ediciones Urbion 141 (Canet), 169 (Espert), 120 (Fontseré), 192 (Pilyot), 129 (Raga), 193 (SIWE), 164 (Rafael Tona), 161 (Wolf) 165 (E. Boluda), 181 (Parilla), Rückseite Helios, Editorial Ariel 14, 189; Farabola Mailand 168; Foto Alfonso 136, 202; Frahm, Charlotte 273; Galdano, Jose Lazaro 135, 144, 148, 195; Gardner, G. 144; Gil, Bernardo (Sammlung Mugarza) 9, 72, 100, 178, 184/85, 190/91, 194, 196/97; Gonzalez, Jesus Lozano 83, 160; Gonzales 142; Gostony 77, 180; Heartfield, John 137; Holtschmitt, Dr. Ernst 68; Hubmann-Foto 150/51; Informaciones Graficas 74; Instituto Municipal de Historia 45, 118/19, 124; Keystone 23, 25, 44, 47, 56, 58, 62, 65, 125, 158/59, 162/63, 171, 186/87, 193, 194, 227; Libreria Editorial San Martin 51, 253; Lobalo, Rafael S. 117; Magnum/Robert Capa Titel, 43, 54, 156/67, 172/73, 199, 204/05; Müller Volkhart 106; Novosti-Press 177; Österreichische Nationalbibliothek 18, 49, 52, 59, 227; Ringart, N. 86; Rodriguez, Manuel Lopez 104; Simon, Sven 63, 112; STERN-Archiv 145, 152, 217; Süddeutscher Verlag Bilderdienst 32, 61, 94, 140, 146/47, 153, 158; Times 239; Ullstein-Bilderdienst 13, 19, 40, 42, 56, 64, 121, 138/39, 152 o., 154/55, 243, 262; Viollet, H. Roger 90, 122/23, 188, 210, 223; Walter-Foto 76.

Die Textbeiträge des Anhangs ,,Augenzeugen berichten" wurden folgenden Werken entnommen:
S 209: Georges Bernanos, ,,Die großen Friedhöfe unter dem Mond", Verlag der Zwölf, München (© Librairie Plon, Paris). S. 215: Arthur Koestler, ,,Ein spanisches Testament", Europa-Verlag, Zürich. S. 222: Antoine de Saint-Exupéry, ,,Romane und Dokumente", Karl Rauch Verlag, Düsseldorf 1966. S. 226: Louis Delaprée, ,,Belagertes Madrid", © G.P. Putnam's Sons, New York. S 231: Ernest Hemingway, ,,49 Depeschen", Rowohlt Verlag, Reinbek. S. 239: G.L. Steer, ,,Der Untergang Guernicas", © Curtis Brown Ltd., London. S. 242: Ilja Ehrenburg, ,,Menschen, Jahre, Leben", Kindler Verlag, München. S. 252: Gustav Regler, ,,Das Ohr des Malchus", Kiepenheuer & Witsch Verlag, Köln. S. 256: Alfred Kantorowicz, ,,Spanisches Tagebuch", Aufbau-Verlag, Berlin (© Konkret Literatur Verlag, Hamburg). S. 261: George Orwell, ,,Mein Katalonien", Diogenes Verlag, Zürich. S. 268: Julian Gorkin, ,,Stalins langer Arm", Kiepenheuer & Witsch Verlag, Köln. S. 273: Willy Brandt, ,,Draußen", Schriften während der Emigration, Verlag J.H.W. Dietz, Bonn. S. 276: Hannes Trautloft, ,,Als Jagdflieger in Spanien", Albert Rauch Verlag, Berlin. S. 280: Werner Beumelburg, ,,Kampf um Spanien", Gerhard Stalling Verlag, Oldenburg. S. 282: Galeazzo Ciano: ,,Tagebücher 1937/38", ,,Tagebücher 1939/43", Wolfgang Krüger Verlag, Hamburg (Frankfurt).